Verlaine

Poëmes saturniens,
Fêtes galantes,
Romances sans paroles

Steve Murphy est professeur de Littérature française à l'université Rennes 2. Il a rédigé toutes les pages du présent volume à l'exception de la section "Approche stylistico-grammaticale" de la partie Travail du texte.
Georges Kliebenstein est maître de conférences en Stylistique à l'université de Nantes. Il a rédigé la section "Approche stylistico-grammaticale" de la partie Travail du texte.

Direction éditoriale des *Clefs concours - Lettres* :
Dominique Moncond'huy.

La collection *Clefs concours - Lettres XIXe siècle* est dirigée par
Henri Scepi.

Conseiller grammaire XIXe siècle : **Noël Dazord**.

Édition : Michèle Mirroir, Sophie Delhaume et Philippe Lemarchand.

© Atlande, 2007 Tous droits réservés
ISBN : 978-2-35030-044-3

CLEFS CONCOURS   LETTRES XIXᵉ SIÈCLE

Steve Murphy   Georges Kliebenstein

Verlaine

Poëmes saturniens,
Fêtes galantes,
Romances sans paroles

Atlande

SOMMAIRE

LE TRAVAIL DU TEXTE

Notice

Un système de circulation entre fiches est proposé en cours de texte.
Exemple : (v. Repères).
Les renvois à la bibliographie sont indiqués entre crochets.
Exemple : [BERNADET, 2007] renvoie à l'ouvrage de A. Bernadet de 2007 cité dans la bibliographie. Les lettres suivant la date (a, b ou c) permettent de différencier les ouvrages ou articles publiés par l'auteur la même année suivant leur ordre d'apparition dans la bibliographie. Un auteur entre crochets sans indication de date renvoie au seul ouvrage de cet auteur cité dans le présent ouvrage.
Les références bibliographiques citées en cours de texte sont des références annexes ne figurant pas dans la bibliographie.
Pour faire court, nous utiliserons parfois dans ce volume les abréviations *A* (*Les Amies*), *BC* (*La Bonne Chanson*), *FG* (*Fêtes galantes*), *PS* (*Poëmes saturniens*) et *RSP* (*Romances sans paroles*).
L'* placé avant un mot, selon l'usage, signale qu'il s'agit d'un terme restitué.

AVANT-PROPOS

Il faut, d'abord, faire abstraction de l'image d'un Verlaine vieilli qui orne les couvertures de livres concernant même le poète des années 1860 et 1870, comme si l'essence du poète se trouvait dans les photos de ses ultimes lustres, alors que paradoxalement, on a généralement édicté la parfaite infécondité du poète de cette même période. Rimbaud aura pour toujours 17 ans, Verlaine plutôt 47. Le poète au regard perçant mais vieilli, ou pire, son avatar au regard flottant, affalé sur la banquette du café avec des accessoires inséparables de poète et de buveur – de buveur plus que de poète – ne doivent pas faire oublier qu'au moment d'envoyer pour impression le manuscrit de ses *Romances sans paroles*, Verlaine avait… 28 ans. Tandis qu'à l'en croire, certains de ses *Poèmes saturniens* remonteraient à la classe de troisième. Il faut se méfier de cette idée d'une vétusté inerte, d'une écriture alimentaire, d'une perte de verve et d'humour, d'un tarissement de l'élan expérimental. Car ces lieux communs de la critique verlainienne des années 1930-1970, qui ont la vie dure, ont une pertinence discutable pour les dernières années du poète. Pour les premières, ils frisent le ridicule.

Dans le présent ouvrage, nous n'avons pas voulu refaire le travail accompli sous la direction d'Arnaud Bernadet dans *Verlaine première manière* (CNED/Presses universitaires de France, 2007). Le volume prend une forme complémentaire, dans l'espoir de contribuer également à une lecture nouvelle de Verlaine. Il s'agira de désamorcer des pièges tendus tantôt par cette œuvre qui est souvent d'une redoutable duplicité, tantôt par une tradition critique souvent empêtrée dans de graves illusions de perspective touchant aussi bien l'histoire littéraire (avec des définitions unilatérales et réductrices du Parnasse) que l'histoire de l'art et de la musique (une importation sans discernement de catégories comme l'impressionnisme et de termes et concepts artistiques et musicaux dont on perçoit mal le caractère métaphorique), sans oublier tout ce que l'on a pu écrire au sujet des caractéristiques censément immanentes des vers impairs ou encore du parfait apolitisme de Verlaine – idée qui aurait fait sourire ses amis et fulminer rageusement Leconte de Lisle.

La critique a accompli depuis un quart de siècles d'importantes avancées.

1° Le travail d'édition avait été considérablement avancé notamment par Jacques Robichez (Verlaine, *Œuvres poétiques*, Garnier, 1995 [1969], désormais *OP*), mais les éditions de la Pléiade de Jacques Borel (*Œuvres poétiques complètes*, 1989 [1962], désormais *OPC*, et *Œuvres en prose complètes*, 1972, désormais *Pr*) sont lacunaires et surtout fautives, comme l'est forcément l'édition Poésie-Gallimard, point de référence principal de ce volume (les renvois entre crochets et sans sigle désignent l'emplacement des poèmes dans cette édition). L'édition en livre de poche des *Poëmes saturniens* procurée par Martine Bercot résulte plus d'une compilation à partir des travaux de Jacques-Henry Bornecque et de Jacques Robichez que d'une recherche nouvelle (1996), mais elle présente une annotation généralement fiable et très utile pour les renvois à Baudelaire et pour la dimension artistique du recueil. Celles d'Olivier Bivort, dans la même collection, apportent des recherches réellement neuves, avec une ample documentation philologique qui manquait à leur prédécesseur et une annotation succincte mais lexicographiquement et référentiellement précise ; leurs introductions, pour les *Fêtes galantes* en particulier, représentent un apport à la recherche qui dépasse largement les besoins de la bonne "vulgarisation" (*Fêtes galantes, La Bonne Chanson*, précédés des *Amies*, 2000, et *Romances sans paroles* suivi de *Cellulairement*, 2002). Nous avons pour notre part publié une édition des *Romances sans paroles* qui fournissait, grâce à l'aide de Jean Bonna et Jean-Jacques Lefrère, l'essentiel des manuscrits du recueil, avec une présentation et une annotation détaillées (Champion, 2003). Notre édition critique des *Poëmes saturniens* est en voie d'impression et celle des *Fêtes galantes* en voie de rédaction. Nous avons beaucoup puisé dans le premier volume de la *Correspondance générale* de Verlaine, dû au travail colossal de Michael Pakenham (Fayard, 2004, désormais *CG*, 1). Pour Baudelaire, nous avons souvent fait référence à la Pléiade de Claude Pichois en deux volumes (Gallimard, 1973, désormais *CB*).

2° On a considérablement avancé sur le plan de l'analyse de la versification de Verlaine, grâce aux travaux révolutionnaires de Benoît de Cornulier, mais aussi à ceux de Jean-Michel Gouvard, Jean-Louis Aroui, Dominique Billy, Alain Chevrier, Bertrand Degott. Le chapitre sur la versification s'appuie sur ces recherches, tenant compte aussi bien des *Poëmes saturniens* que des *Fêtes galantes* et *Romances sans paroles*. Car si ces deux derniers recueils sont seuls désignés pour l'analyse grammaticale et stylistique, il va sans dire que l'explication de texte, mais aussi plus généralement une compréhension des stratégies des *Poëmes saturniens*, requiert une compréhension au moins partielle de la versification verlainienne, faute de quoi ce sont d'innombrables marqueurs de lyrisme ou d'ironie, de pathétique ou d'érotisme, qui disparaissent de vue. Quel que soit le "thème" ou problème abordé, l'analyse des procédés formels de Verlaine offre à l'exégèse une très riche pâture.

3° L'analyse historique et idéologique de l'œuvre a beaucoup avancé, grâce en particulier aux travaux d'Arnaud Bernadet (voir Arnaud Bernadet commente *Fêtes galantes, Romances sans paroles*, précédé de *Poëmes saturniens*, Gallimard, "Foliothèque", 2007, désormais *AB1* et *L'Exil et l'utopie. Politiques de Verlaine*, Publications de l'université de Saint-Étienne, 2007, désormais *AB2*).

4° Pour les rapports à l'art et à la musique, on lira en particulier les travaux précités d'Arnaud Bernadet et les articles récents portant sur ces questions de Pascal Lécroart, Henri Scepi et Nicolas Wanlin, ces approches aidant à mettre en place des mises en garde épistémologiques indispensables si l'on veut éviter le piège d'une métaphoricité conceptuelle qui tourne à vide, ou en accumulation de clichés. Voir, dans *Lectures de Verlaine*, PU de Rennes, 2007, les articles d'Arnaud Bernadet ("De la technique à l'éthique : le zigzag et le fouillis de l'eau-forte. 'Marine' et 'Effet de nuit'"), Pascal Lécroart ("Mythes et réalités : la 'musique' de *Romances sans paroles*"), Henri Scepi ("Diction et figuration : remarques sur les relations de l'image et du texte dans quelques poèmes de Verlaine") et Nicolas Wanlin ("Le dispositif du paysage dans *Poèmes saturniens* et *Fêtes galantes*").

5° Pour les *Romances sans paroles*, il faut souligner le grand intérêt du site de Christian Hervé, que nous recommandons vivement : http://perso.wanadoo.fr/romances-sans-paroles

6° On trouvera particulièrement utile l'anthologie d'articles et de recensions portant sur l'œuvre de Verlaine publiée par Olivier Bivort (*Verlaine*, Presses de l'université de Paris-Sorbonne, 1997, désormais *OB*).

Lire *Poèmes saturniens*, *Fêtes galantes* et *Romances sans paroles* exige que l'on ait une idée des maillons qui manquent dans le panorama des stratégies poétiques de Verlaine entre le milieu des années 1860 et le moment où le poète a envoyé le dernier de ces recueils à Lepelletier, le 19 mai 1873. Aussi faut-il lire *Les Amies*, *La Bonne Chanson*, et connaître un peu le projet des *Vaincus*, recueil que Verlaine n'a jamais publié mais qui devait suivre *Fêtes galantes*, puis succéder de peu à la publication des *Romances*. Nous avons pour cette raison fourni de rapides évocations de ces recueils, ce qui s'avère particulièrement important pour *Les Vaincus*, puisque pour cette série on ne dispose pas d'un manuscrit, ni même d'une table des matières, d'où l'oubli critique, jusqu'à une date récente, de cette partie de l'œuvre qui prouve l'importance de la réflexion politique de Verlaine.

Tandis que nous avons organisé l'approche des *Poëmes saturniens* et des *Fêtes galantes* selon un certain nombre de problématiques permettant à la fois de proposer des lectures et de démonter des illusions de perspective, pour les *Romances*, nous avons procédé surtout par une analyse plus linéaire, afin d'essayer de respecter plus qu'on ne le fait d'habitude le mouvement d'un "calendrier et un itinéraire" (Jean-Marie Gleize, cité par Henri Scepi dans *Verlaine première manière*, *op. cit.*, p. 113). Les exercices sont envisagés non pas sous la forme de modèles (ce qu'a fait en bonne et due forme le volume *Verlaine première manière*), mais sous celle d'observations qui problématisent dans le but de stimuler les interrogations des lecteurs de ces recueils afin de les aider à comprendre des textes dans leurs détails significatifs, mais aussi dans le contexte des stratégies qui présidaient à leur création.

REPÈRES

ET

PROBLÉMATIQUES

VERLAINE PRÉSATURNIEN

En 1862, Verlaine envoya "Fadaises" à Carjat dans l'espoir vain d'une publication dans sa revue *Le Boulevard* ; l'année suivante il réussit à placer "Monsieur Prudhomme" dans la *Revue du Progrès* de son ami Louis-Xavier de Ricard. En 1865, c'est dans *L'Art* du même Ricard que Verlaine commença pour de bon sa carrière d'homme de lettres avec des essais consacrés à Baudelaire et à Barbey d'Aurevilly. Sur la couverture de *Ciel, rue et foyer*, publié chez Alphonse Lemerre la même année, on trouvait annoncés, sous le nom de Verlaine : "POEMES ET SONNETS (sous presse) ;/LES DANAÏDES : ÉPIGRAMMES (Études antiques) en préparation." On ne sait rien du second projet, qui se réfère probablement au "Tonneau des Danaïdes" de Baudelaire, mais aussi, par l'indication entre parenthèses, aux *Poèmes antiques* de Leconte de Lisle dont la préface, en 1852, accordait une signification stratégique au mot "étude(s)". On retiendra l'idée d'une inspiration épigrammatique, celle-ci n'étant pas sans importance pour les *Poëmes saturniens*, ni pour la suite de l'œuvre, comme le disent assez des titres ultérieurs comme *Épigrammes* et *Invectives* ; le projet des *Vaincus* sera aussi à ranger dans cette catégorie d'œuvres satiriques et combatives. C'est cependant surtout le premier titre qui attire l'attention et si l'on allait trop vite en besogne en en faisant déjà, à peu de choses près, le recueil des *Poëmes saturniens* tel qu'on le connaît aujourd'hui, on peut penser que ce projet regroupait au moins une partie importante du recueil publié une année plus tard.

Verlaine et le Parnasse

S'il fallait donner une définition du Parnasse en termes de conditions nécessaires et suffisantes, on aboutirait à une conception fondée sur une poignée de paramètres, découlant de débats esthétiques et éthiques, mais aussi de filiations et d'amitiés. Comme l'a confirmé [MORTELETTE, 2005] dans son *Histoire du Parnasse*, l'histoire et la préhistoire du Parnasse ne pourront être analysées sérieusement sans tenir compte des revues de l'époque, mais aussi des salons, cénacles et groupements d'amis, bref d'épicentres de discussion doctrinale, de lieux de lecture de poèmes, de cercles de convivialité. Entre 1865 et 1866, Verlaine se trouvait au cœur de cette nébuleuse. Dans sa "Critique des *Poèmes saturniens*", il écrira : "Puis, car n'allez pas prendre au pied de la lettre mon 'Art poétique' de *Jadis et Naguère*, qui n'est qu'une chanson, après tout, – JE N'AURAI PAS FAIT DE THÉORIE." [*Pr* 722]. Même ironie dans son autoportrait des *Hommes d'aujourd'hui* : "il lança deux nouveaux livres, l'un de critique, *Les Poètes maudits*, dont on parla et écrivit beaucoup, y cherchant des théories, que sais-je ! l'autre de vers, *Jadis et Naguère*, qui eut un franc succès." [*Pr* 767]. Et s'il affirma donc sa répudiation de la théorie, dans l'idée surtout d'arracher son "Art poétique" à l'emploi… peu nuancé qu'en faisaient certains doctrinaires symbolistes, ce fut en critique, et un peu quand même en théoricien, qu'il procéda dans ses essais sur Baudelaire et sur Barbey qui donnent une précieuse fenêtre sur sa conception de la poésie à un moment où la composition du recueil était sans doute déjà bien engagée.

Le Parnasse a été défini surtout en référence à l'esthétique de Leconte de Lisle. Il s'agirait d'un mouvement antiromantique, visant l'impassibilité à la place de la passion (on a vite trouvé le sobriquet "les Impassibles" pour désigner les Parnassiens), se réfugiant dans la tour d'ivoire de l'Art pour l'Art en répudiant la modernité, avec du coup une nette préférence pour le passé et pour des échappées vers d'autres climats (la Grèce et l'Inde antiques, notamment) ; les préoccupations politiques seraient récusées et on se livrerait au culte de la Beauté en dehors de tout élan éthique, le tout étant accompagné d'une exigence de rigueur formelle rétrograde (on a pu aussi appeler les Parnassiens "les Formistes"). Même pour Leconte de Lisle, une telle conception s'avère réductrice puisqu'il s'agissait d'un poète qui avançait avec ses compères sur le plan de la versification et dont l'œuvre n'était pas exempte d'implications idéologiques. Pour Gautier, la même réduction a été accomplie, son poème "L'Art" ayant servi à construire une image unilatérale et statique de la poésie parnassienne, mais aussi de l'œuvre du poète : on en est arrivé à faire d'*Émaux et camées* le parangon avant la lettre du recueil parnassien avec des objectifs de sculpteur et d'artisan, sans émotion, sans musique, sans enjeux éthiques, sans idéologie, focalisé exclusivement sur la beauté plastique et picturale et sur la forme poétique. Étonnant rétrécissement d'une œuvre où "Lacenaire" se penche sur l'éthique de l'art en soulevant la question de la peine capitale, où "Tristesse en mer" cultive résolument la mélancolie poétique, où "Vieux de la vieille" évoque les vétérans bonapartistes peu avant le coup d'État et où la "Préface" congédie la révolution de 1848 tout en l'évoquant. Pour Banville, avec les évocations de la société moderne des *Odes funambulesques*, les poèmes souvent intensément mélancoliques des *Exilés*, ses rapports ambivalents – un mélange de soutien et de contestation – avec le pouvoir impérial, ces critères définitoires montrent tout aussi clairement leur impertinence.

Verlaine soulignera, comme Ricard et comme le fondateur du *Parnasse contemporain* Catulle Mendès, que le Parnasse n'avait ni chef ni, à proprement parler, de doctrine directrice, malgré l'existence d'un certain nombre de préoccupations fédératrices et notamment le refus du "Débraillé" manifesté par beaucoup de versificateurs de l'époque. Ainsi, parmi les critiques les plus sévères de la prétendue impassibilité de Verlaine, on trouvait le parnassien Albert Glatigny... qui allait cependant reprocher au poète saturnien, dans la même recension, de s'être drapé dans les habits du romantisme le plus extravagant. L'ironie voudra que si l'on écartera Verlaine, Mallarmé, Cros et Rimbaud du Parnasse, on n'en fera pas de même de François Coppée, poète sentimental, parfois autobiographique, dont les *Poèmes modernes* seraient bien plus éloignés des critères définitoires précités. Mais Coppée faisant partie du jury du troisième volume du Parnasse, aux côtés de Banville et d'Anatole France, ce poète qui déroge tant aux traits censément définitoires du mouvement reste à sa place dans l'histoire littéraire, totalement atypique mais néanmoins indéboulonnable.

Pour comprendre l'effervescence poétique des années 1860, il faut remonter à la crise du romantisme qui s'était manifestée dès les années 1840, et qui était dans les années 1850 un fait généralement admis, en particulier pour ce qui concerne la poésie lyrique. Dès 1852, Baudelaire déversait sa dérision sur "L'École païenne" – il pensait en particulier à Banville et à Nerval – c'est-à-dire sur des poètes qui prêchaient l'oubli du moderne, en faveur d'un néopaganisme utopique. La même année, Leconte de Lisle faisait le procès du lyrisme romantique dans la préface à ses *Poèmes antiques*, constatant la lassitude du public devant l'incessante répétition, sous toutes ses formes, du "thème personnel", devant la complaisance et l'impudeur de confessions poétiques à la Musset. Leconte de Lisle allait jusqu'à reprocher au romantisme français d'avoir été dès ses origines englué dans l'imitation, accusation grave s'agissant d'un mouvement dont l'esthétique mais aussi l'éthique supposaient une recherche de l'expression individuelle et de l'originalité face aux valeurs d'un classicisme rétrodéfini en termes d'imitation et du respect docile de modèles prétendument intemporels.

Ces créations de la Muse pamphlétaire convergent assez avec la critique menée par Flaubert contre ces mêmes tendances littéraires, sa redéfinition de l'instance narrative étant à maints égards comparable à celle du sujet lyrique chez un Baudelaire. Mais tandis que pour certains, cette lutte pour la rénovation prenait la forme d'une mise en cause du romantisme en tant que tel, pour d'autres, l'objectif était plutôt de retrouver le souffle perdu, l'élan révolutionnaire, de la génération romantique de 1830. En 1866, année de naissance du *Parnasse contemporain*, sous forme d'abord de fascicules et ensuite d'une publication en volume, puis quelques mois plus tard des *Poëmes saturniens*, le problème était en partie démographique. Si Hugo était toujours (très et même, pour certains, trop) vivant – ses *Chansons des rues et des bois* avaient paru l'année précédente –, Lamartine et Musset avaient depuis longtemps abandonné la poésie, Nerval était mort. Restaient, certes, ceux qui allaient être les "tétrarques" du

Parnasse : Gautier, Banville, Leconte de Lisle et – ce qui peut surprendre aujourd'hui – Baudelaire. Rimbaud, évoquant les "seconds romantiques" dans sa lettre dite du Voyant, en mai 1871, choisira exactement ces mêmes noms. De ces quatre poètes, ni Gautier ni Banville n'ont répudié le romantisme dont ils étaient des représentants chevronnés et ils ne faisaient aucun secret de leur admiration pour Hugo ; il est vrai que Baudelaire ironisait sur certains traits de la production romantique, mais dire qu'il était un adversaire du romantisme serait fausser le sens contemporain de ses prises de position, qui visaient plutôt à éviter les écueils qui menaçaient tous les poètes lyriques. Leconte de Lisle était le seul "tétrarque" à afficher des positions franchement antiromantiques.

La principale absence fut celle de Hugo – absence, évidemment, de taille. Mais ce ne fut pas le *Parnasse contemporain* qui refusa d'accueillir Hugo, ce fut ce dernier qui n'accepta pas d'y participer. Ce qui ne veut pas dire que les romantiques brillèrent par leur absence. Vacquerie, un des poètes les plus proches de Hugo n'a pas manqué à l'appel, mais on y trouve aussi d'autres romantiques, les vieux comme Antoni et Émile Deschamps, mais aussi les jeunes. Soumettant la nomenclature du Parnasse à une taxinomie carnavalesque, Rimbaud relevait aussi bien les "écoliers" que "les morts et les imbéciles", après avoir nommé une série de poètes dont chacun avait écrit son propre *Rolla*, l'imitation de Musset étant pour lui l'un des traits frappants de ce volume collectif. Il n'allait donc pas de soi, cinq ans après la création du *Parnasse contemporain*, qu'il s'agissait là d'une revue antiromantique.

Il faut rendre justice à Mendès et au *Parnasse contemporain*, dont la principale aspiration était de publier des textes émanant de bons poètes vivants. Car qui connaissait Verlaine à cette époque ? La revue a eu le mérite de donner une large place non seulement à des poètes célèbres, à des figures qui ne passaient pas pour des génies mais qui étaient incontournables par leur importance dans la communauté des poètes, mais aussi à de jeunes talents totalement inconnus du public. Verlaine et Mallarmé, bientôt Charles Cros ; Rimbaud, accueilli par Théodore de Banville en 1871, a essayé d'y publier des textes en 1870 ; si le *Parnasse contemporain* n'était pas entré en hibernation après la Commune, peut-être lui aurait-on accordé aussi une petite place. Mais en 1876, la situation allait être bien différente. Le jury – Anatole France surtout – s'assura l'exclusion de Mallarmé (dont la langue dérogerait aux idéaux de clarté d'un Rivarol), Cros (qui s'était disputé avec France pour les beaux yeux de Nina de Callias) et Verlaine (ivrogne, communard, homosexuel : cela faisait beaucoup pour un seul poète…). Mais il faut préciser qu'il avait été question auparavant d'écarter Leconte de Lisle. Puisqu'il est resté, il a été possible de construire une définition autour de lui… et d'évacuer de toute définition du Parnasse ces Verlaine et Mallarmé qui incarnaient ce que le mouvement avait d'avant-gardiste au profit d'un Parnasse parfaitement rétrograde. On sait cependant que Leconte de Lisle et surtout Banville ont participé à la révision de la versification classique déclenchée par les romantiques, et en particulier par Hugo.

Verlaine et Baudelaire

Commentant, sans en nommer l'auteur, l'essai que lui avait consacré Verlaine, le poète des *Fleurs du Mal* faisait état, non sans inquiétude, de la formation d'une "École Baudelaire" [PICHOIS, 1973, t. 2, p. 625-626]. Il n'a pas passé en revue les exagérations et puérilités dont il se plaignait, mais on peut penser que le caractère compromettant de l'essai tenait en partie pour lui à une insistance gênante sur des aspects du recueil auxquels la censure s'était intéressée, et peut-être aussi à une explication peu nuancée de la critique baudelairienne de l'inspiration et de la passion.

Pour l'inspiration, l'une des principales sources des débats était "La Genèse d'un poème" où Baudelaire avait importé le récit de genèse qu'était "The Philosophy of Composition" de Poe. L'auteur américain y racontait comment il aurait composé son poème le plus célèbre à l'époque, "Le Corbeau", grâce à une série de décisions logiques destinées à programmer l'émotion du lecteur. Cette histoire extraordinaire a sans doute été prise, par certains, au pied de la lettre : la logique se serait substituée à l'inspiration et le poème mélancolique de génie ne serait plus désormais, comme selon le contrat éthique de la poésie romantique, un poème *écrit par* un mélancolique, mais un texte écrit *pour rendre* mélancolique le lecteur. Serait ainsi résilié le contrat de communication fondé sur l'expressivité, remplacé par un autre contrat, antinomique, supposant la capacité de déclencher les affects du lecteur. Il s'agissait d'une fiction génétique, qu'il fallait prendre avec un grain de sel. Cette fiction devait beaucoup de son impact (car il s'agissait bien de programmer en partie la réception de l'essai aussi) à sa démystification mystifiante de l'acte de création. Poe s'attaquait au mythe d'une création spontanée ou surgissant de crises d'inspiration, rappelant sardoniquement à quel point pour sauvegarder cette image, les poètes lyriques refusent de laisser examiner leurs brouillons. En remettant en valeur l'importance de la facture du poème, du choix des mots et en général de l'apport décisif de la conscience critique du poète, bref en rappelant que la création est en partie une question de stratégies et de tactiques, Poe est tombé à point nommé pour contrer les facilités qui avaient tant contribué à la crise du lyrisme en France. Asselineau et Mallarmé n'étaient sans doute guère les seuls à comprendre – puisqu'ils avaient lu attentivement Poe aussi bien que Baudelaire – qu'en réalité ni l'un ni l'autre ne croyait à une création exclusivement rationnelle. C'est ce qu'impliquait Baudelaire en écrivant, dans sa préface à l'essai de Poe, que ce dernier "répétait volontiers, lui, un original achevé, que l'originalité est chose d'apprentissage, ce qui ne veut pas dire une chose qui peut être transmise par l'enseignement" [*CB : OC 2* 343]. Poe était du reste, écrivait Baudelaire, dans une incidente savoureuse, "– l'un des hommes les plus inspirés que je connaisse –", mettant de l'"affectation à cacher la spontanéité, à simuler le sang-froid et la délibération". "Il n'y a, dis-je, que les amateurs de hasard, les fatalistes de l'inspiration et les fanatiques du *vers blanc* qui puissent trouver bizarres ces *minuties*. Il n'y a pas de minuties en matière d'art." Commentant l'article de Poe, Baudelaire écrit que "Les partisans de l'inspiration quand même ne manqueraient pas d'y trouver un blasphème et une profanation ; mais je crois que c'est pour eux que l'article a été spécialement écrit." [*CB : OC 2* 335] C'est ce même genre de blasphème que commet Baudelaire et Verlaine lui emboîte le pas dans son propre essai. Baudelaire ne rejette pas plus l'inspiration que Leconte de Lisle (la préface aux *Poèmes antiques* convoque souvent le concept et ses synonymes et métonymes, comme le mot *souffle*), seulement il tient à la définir autrement que dans les termes d'un lyrisme ingénu. Poe "avait certes un grand génie et plus d'inspiration que qui que ce soit, si par inspiration on entend l'énergie, l'enthousiasme intellectuel, et la faculté de tenir ses facultés en éveil. Mais il aimait aussi le travail plus qu'aucun autre […]" [*CB : OC 2* 343] L'éveil, justement, et non la transe…

Les attaques que Verlaine lançait contre les Passionnistes et les Progressistes (nous y reviendrons), reprenaient l'argumentation de Baudelaire, qui s'attaquait à "l'hérésie de *l'enseignement*, laquelle comprend comme corollaires inévitables l'hérésie de la *passion*, de la *vérité* et de la *morale*." [*CB 2* 333] Il ne s'agissait cependant pas de prôner l'impassibilité :

> Tout ce qui fait le charme, la grâce, l'irrésistible d'une chanson enlèverait à la Vérité son autorité et son pouvoir. Froide, calme, impassible, l'humeur démonstrative repousse les diamants et les fleurs de la muse ; elle est donc absolument l'inverse de l'humeur poétique.
>
> [*CB 2* 333]

Ainsi, lorsque Verlaine parle de la froideur de passages du poème que le lecteur pouvait trouver si empathique "Les Petites Vieilles", son point de vue ne rejoint pas forcément celui de l'auteur du poème. Mais comme Poe, comme Baudelaire, Verlaine a certainement tenu à exagérer, à se lancer dans ce qui devait apparaître comme une suite de paradoxes agaçante pour des lecteurs toujours persuadés que l'inspiration jaillit spontanément du fond de l'être. Mais comme Baudelaire et Poe, il voulait à la fois planifier les réactions de ses lecteurs et faire œuvre de provocation, l'un de ses objectifs étant... publicitaire : les membres de l'équipe de *L'Art* espéraient attirer l'attention sur des idées, mais aussi sur leurs propres œuvres. En s'attaquant à Barbey d'Aurevilly, Verlaine savait qu'il polémiquait avec l'un des plus brillants polémistes de son temps ; pour Barbey, ce moustique était inoffensif, mais il a dû tout de même être un peu piqué. Son portrait de Verlaine dans ses "Trente-sept médaillonnets du Parnasse contemporain" en faisait "Un Baudelaire puritain, – combinaison funèbrement drolatique, – sans le talent de M. Baudelaire […]", en réponse sans doute à la manière dont Verlaine l'accusait d'être un "puritain de la poésie" [*Pr* 618], commentant la manière dont Barbey s'était attaqué aux *Odes funambulesques*. Beaucoup des recenseurs allaient déplorer l'influence accaparante des *Fleurs du Mal* sur les *Poëmes saturniens*, mais Barbey essaie aussi, sans doute, à distinguer l'élève de son maître, d'autant que l'attaque de Verlaine se trouvait au milieu de la publication en feuilleton de l'article consacré à Baudelaire ; comme l'a souligné André Guyaux (*Baudelaire. Un demi-siècle de lectures des* Fleurs du mal *(1855-1905)*, Presses de l'université Paris-Sorbonne, 2007, p. 1074), Barbey avait essayé d'aider Baudelaire lors de son procès et l'acte de les présenter d'une manière antinomique n'allait pas sans perfidie.

Mentionnant élogieusement Sainte-Beuve dès la première page, l'article sur Baudelaire prend pourtant le contre-pied de l'argumentation que ce dernier avait proposée pour légitimer sans conviction *Les Fleurs du Mal*. L'auteur des "Rayons jaunes" affirmait que Baudelaire avait investi des domaines thématiques obscurs et scabreux parce qu'on avait épuisé les ressources des territoires habituels du lyrisme. Ainsi s'expliquerait la construction, "par-delà les confins du romantisme connu", de "*la folie Baudelaire*" (c'est Sainte-Beuve qui souligne), "ce singulier kiosque, fait en marqueterie, d'une originale concertée et composite, qui, depuis quelque temps, attire les regards à la pointe extrême du Kamtschatka romantique" (voir André Guyaux, *op. cit.* p. 347). Verlaine part non pas du lieu extrême et "réput[é] inhabitable" comme Sainte-Beuve, mais de lieux communs, censément surpeuplés, comme l'amour ("Comment l'auteur a-t-il exprimé ce sentiment de l'amour, le plus magnifique des lieux communs, et qui, comme tel, a passé par toutes les formes poétiques possibles ?"), avant d'aborder d'autres "lieux communs" comme l'ivresse procurée par le vin et "la *Mort*, troisième lieu commun, hélas ! le plus banal de tous !" La conclusion sonne comme une réfutation de l'argumentation de Sainte-Beuve : "Traiter des sujets éternels, – idées ou sentiments, – sans tomber dans la redite, c'est là peut-être tout l'avenir de la poésie, et c'est en tout cas bien certainement là ce qui distingue les véritables poètes des rimeurs subalternes." [*Pr* 600].

Verlaine commencera par mettre en scène un prétentieux qui se moque de Baudelaire en n'y voyant, sardoniquement, que "celui qui a chanté la Charogne !" [*Pr* 599]. Mais tandis que le lecteur s'imagine ensuite que Verlaine parlera de toute autre chose en laissant ce poème scandaleux de côté, le poète-critique reviendra au poème dans le but de prouver qu'"Une charogne" suffit bien pour comprendre le génie de Baudelaire. Au lieu comme beaucoup de ceux qui défendaient le poète d'essayer d'attirer l'attention sur des textes moins inquiétants, Verlaine entretient le scandale, visant un affrontement, éthique aussi bien qu'esthétique, et nullement une réhabilitation.

Passion et impassibilité

Quelques mois après la publication de ces essais, *L'Art* avait disparu, mais le *Parnasse contemporain*, rêvé par Mendès avant la naissance de la revue de Ricard, a largement compensé cette perte. Verlaine y publiera sept poèmes dans la livraison du 28 avril 1866 et un autre dans le fascicule consacré aux sonnets des collaborateurs de la revue, publié en fin de série. Un seul des poèmes ne sera pas retenu dans les *Poëmes saturniens*, mais il est crucial pour appréhender l'ironie qui irrigue les textes qui semblent les plus platement didactiques de Verlaine – et qui leur confère une autre dimension, souvent insoupçonnée par la critique qui, du coup, lui impute les préceptes même dont il voulait se moquer. Car comme Baudelaire, le Verlaine de cette période a horreur du didactique s'il n'est pas épicé par l'ironie…

Vers dorés

L'art ne veut point de pleurs et ne transige pas,
Voilà ma poétique en deux mots : elle est faite
De beaucoup de mépris pour l'homme et de combats
Contre l'amour criard et contre l'ennui bête.

Je sais qu'il faut souffrir pour monter à ce faîte
Et que la côte est rude à regarder d'en bas.
Je le sais, et je sais aussi que maint poète
A trop étroits les reins ou les poumons trop gras.

Aussi ceux-là sont grands, en dépit de l'envie,
Qui, dans l'âpre bataille ayant vaincu la vie
Et s'étant affranchis du joug des passions,

Tandis que le rêveur végète comme un arbre
Et que s'agitent, – tas plaintif, – les nations,
Se recueillent dans un égoïsme de marbre.

Placé en tête des poèmes de Verlaine publiés dans le premier volume du *Parnasse contemporain*, ce poème sert de prologue. Lepelletier affirme qu'il avait une version intitulée "Frontispice" et la métaphore filée du faîte et de la côte, désignant évidemment le mont Parnasse, pourrait suggérer que le poème avait été composé pour remplir cette fonction dans son tir groupé de poèmes, mais peut-être aussi dans le livre qu'il projetait ; il est vrai que Lepelletier indique que le poème daterait du 13 mars 1864 [*OPC* 1067] et dans ce cas (si le texte n'était pas très différent), la montagne métaphorique aurait pris une nouvelle signification avec la naissance du *Parnasse contemporain*. On n'a pas manqué de voir ici l'expression d'un ralliement aveugle à l'Art pour l'Art. Avec une isotopie militaire appuyée : "combat... bataille... vaincu... affranchis du joug... nations", Verlaine fait penser aux guerres qui avaient ponctué l'histoire de la France impériale, mais aussi à des guerres de libération nationale comme celle qui se développait en Italie à l'époque. À ce "tas + plaintif" des millions qui souffrent, et au "rêveur" qui "végète" romantiquement avec une ironie assez baudelairienne — à l'invitation de participer à l'hommage à Denecourt, qui avait créé tant de promenades dans la forêt de Fontainebleau, Baudelaire se disait "incapable de [s']attendrir sur les végétaux" et indifférent à l'âme "des légumes sanctifiés", participant à l'hommage par des poèmes avant tout... —, Verlaine oppose un art *égoïste*, évacuant aussi bien l'amour ("criard") que l'ennui ("bête"). Pourtant, cette éviction de l'émotion et cette substitution de l'esthétique à l'éthique ne découlent ni de la poétique baudelairienne (le titre des *Fleurs du Mal* posant au contraire d'emblée la question morale), ni d'une transcription loyale des théories d'un Leconte de Lisle dont Verlaine reprend ici des maillons [*AB2*, p. 38-40]. La critique de l'utilitarisme poétique est poussée si loin qu'elle n'en est plus que la caricature avec sa réduction des objectifs de l'Art à un "égoïsme de marbre", avec des implications directes pour le Gautier de *L'Art*, qui a servi de manifeste pour les tenants de l'Art pour l'Art. De deux choses l'une : soit il s'agit d'une parodie involontaire perpétrée par un jeune poète naïf, soit Verlaine se livre ici à un travestissement résolu, renvoyant dos à dos l'utilitarisme et l'Art censément détaché du réel en poussant l'idée de l'art pur assez loin pour qu'il en devienne ostensiblement choquant, tandis que pour les tenants de cette conception, il était souvent question d'atténuer la visibilité de cette indifférence proche du solipsisme. La critique n'a généralement pas hésité à se ruer sur la première option, celle qui accorde le moins d'acuité intellectuelle au poète, pariant sur la spontanéité de Verlaine et sur une production accidentelle de platitudes (voir le parallélisme plat du *v.* 4 et le chiasme du même tonneau au *v.* 8). On verra cependant que dans les *Poëmes saturniens*, Verlaine reprendra cette stratégie avec tout autant de perfidie joyeuse.

Manifestes et métatextes : passion ou impassibilité ?

On peut tenir pour emblématique des débats contemporains l'enchaînement entre "Initium" et "Çavitrî", le mot "Passion" étant le dernier mot de l'un, les mots "faisons-nous impassibles" se trouvant au pénultième vers de l'autre. Si cette antinomie renvoie à un débat brûlant de l'époque, il le fait avec une double perversité ; l'éloge de la Passion se fait d'une manière si stéréotypée qu'on ne peut qu'y voir, comme pour "Il bacio", une parodie d'une certaine forme d'ingénuité romantique adolescente (il n'est pas impossible que Verlaine ait ainsi révisé en le recyclant un poème réellement ingénu…) ; l'injonction de "Çavitrî" n'est pas moins retorse, comme l'est l'apparent éloge de la fleur quasi artificielle d'"Un dahlia". Avant cependant de relire ces poèmes, rappelons un intertexte baudelairien capital, qui a lui aussi donné du fil à retordre aux interprètes :

La Beauté

Je suis belle, ô mortels ! comme un rêve de pierre,
Et mon sein, où chacun s'est meurtri tour à tour,
Est fait pour inspirer au poète un amour
Éternel et muet ainsi que la matière.

Je trône dans l'azur comme un sphinx incompris ;
J'unis un cœur de neige à la blancheur des cygnes ;
Je hais le mouvement qui déplace les lignes,
Et jamais je ne pleure et jamais je ne ris.

Les poètes, devant mes grandes attitudes,
Que j'ai l'air d'emprunter aux plus fiers monuments,
Consumeront leurs jours en d'austères études ;

Car j'ai, pour fasciner ces dociles amants,
De purs miroirs qui font toutes choses plus belles :
Mes yeux, mes larges yeux aux clartés éternelles !

Le poème a pu être lu selon une logique antiromantique, voire néoclassique. Ces études austères, ce refus du "mouvement qui déplace les lignes", feraient du poème un manifeste parnassien avant la lettre. Cependant, si la notion de l'étude (se reliant étymologiquement à la docilité des poètes, *docilis* venant de *docere* "enseigner"), cette impassibilité de la Beauté semblent aller dans ce sens, c'est passer à côté de l'amour et de la souffrance des artistes qui, eux, sont des "amants" qui ne pourront jamais que s'approcher de la Beauté, sans attendrir ce cœur de pierre. Banville, n'admettant comme sonnet régulier que ceux pourvus du schéma rimique abba abba ccd ede, trouvait bizarre dans son *Petit Traité de poésie française* (publié sous forme de livre en 1872) que Baudelaire ait choisi une forme irrégulière pour "Le Rebelle" : "Mais n'est-il pas étrange que le grand poëte Charles Baudelaire ait fait un Sonnet irrégulier, précisément pour affirmer la divine beauté de la Règle ?". Comme "Le Rebelle", dont le titre impliquait la portée de cette appropriation de la forme du sonnet à son contenu conflictuel, "La Beauté" est un sonnet (donc une forme surtout *pré*classique et *post*classique) dont "les deux quatrains sont écrits sur des rimes différentes" (Banville), un sonnet "libertin". Le poème se conforme ainsi à une conception romantique de la création comme expérience douloureuse, tout en rappelant, à titre de garde-fou, l'importance du travail.

Dans "Çavitrî" (p. 68), Verlaine se réfère à une histoire qu'il a pu lire, comme "Lénore" de Bürger (intertexte capital de "Cauchemar"), dans un recueil romantique intitulé *La Pléiade*, dans la traduction d'un oncle de Ricard. L'expression "faisons-nous impassibles" a suscité un réflexe interprétatif consistant à y reconnaître l'expansion allégorique d'un slogan parnassien. La référence à cette notion va de soi, mais l'injonction est accompagnée d'une condition essentielle : il faut faire cela *"Ainsi que* Çavitrî" : "Mais, *comme* elle, dans l'âme ayons un haut dessein." (nous soulignons). Cette impassibilité est le moyen exigé par son dessein : elle doit rester immobile pendant trois jours et trois nuits "Pour sauver son époux", les premiers mots du poème précisant le dessein désigné en fin de poème et imposant l'idée d'une fin qui n'est autre, en dépit de cette impassibilité de posture physique, que l'amour passionné de l'héroïne pour son mari. Cette nouvelle manière d'éviter le mouvement qui déplace les lignes n'est pas le sceau d'un refus de l'émotion ou d'un ralliement à quelque néoclassicisme, le but étant de préconiser l'expression *indirecte* de l'émotion. En adoptant la posture énonciative de la déploration larmoyante, Çavitrî aurait dit d'une manière convenue son émotion... et son époux serait mort. De même, le poète doit éviter l'expression trop directe des sentiments, recette désormais inefficace, les larmes élégiaques ayant... saturé le marché poétique. Le métatexte cautionne moins une poétique à la Leconte de Lisle qu'il ne la met en boîte, le choix de ce récit étant peut-être en partie dû aux possibilités trivialement comiques de l'expression "rigide... comme un pieu" dans le récit hindou, qui désigne assez la raideur d'une certaine démarche que Verlaine récusait.

"Un dahlia" (p. 73) a pu également être qualifié d'"emblème, plutôt que symbole, de l'impassibilité dont Verlaine se fait le champion temporaire et studieux" [BERCOT, 1996, p. 185]. Le poème présente d'abord un mouvement analogique des plus sinueux où le titre débouche sur l'évocation d'une "courtisane" comme si celle-ci est le comparant du dahlia, avant que le dahlia n'apparaisse comme le comparant de la courtisane, pour revenir à la fin à l'impression que le dahlia est malgré tout le comparé de la courtisane. Pragmatiquement, le texte n'est pas moins tordu : cette Beauté-là, contrairement à celle de l'intertexte baudelairien, n'est ni fière ("sans orgueil"), ni féminine (il s'agit d'une fleur au nom masculin, qualifié de "roi", dans un texte écrit en rimes exclusivement masculines, annulation de l'alternance en genre qui impliquerait ici cette absence de féminité). Surtout, il s'agit d'une fleur inodore et les mots "Tu ne sens *même* pas la chair, ce goût qu'*au moins*/Exhalent celles-là qui vont fanant les foins" (nous soulignons) attestent que, loin des femmes désirables en partie *par* leurs parfums des *Fleurs du Mal*, cet "Idole" n'a ni l'odeur des foins coupés, ni même celle de la transpiration, parfums de la Nature et odeurs corporelles naturelles qui, sans être l'idéal pour l'énonciateur, sont tout de même préférables à l'absence totale d'odeur de cette fleur exotique importée, objet d'expérimentations horticoles qui la placent à la frontière entre le naturel et l'artificiel. Ainsi, l'"Idole insensible à l'encens" ne *sent* pas l'odeur et ne dégage aucune impression olfactive. Avec son regard de ruminant, qui suppose le caractère mélioratif du regard de vache pour l'antiquité grecque, mais aussi, stéréoscopiquement, l'incongruité d'un tel compliment pour une femme du XIXe siècle – Baudelaire avait plaisanté sur cet anachronisme dans "L'École païenne" [*CB* 2 45] – l'Idole en question représente un idéal négatif, un contrat de communication où l'émotion, ici métaphorisée sous la forme de réactions olfactives, brille par son absence, pour l'objet du culte comme pour ses thuriféraires. Bref, le poème livre l'image parodique d'une poésie impassible qui laisse impassibles les lecteurs.

Il faut, de même, une certaine naïveté pour passer à côté de l'ironie des formules les plus provocatrices de l'"Épilogue" portant sur le fait de faire des "vers émus très froidement" (p. 93), avec l'interrogation rhétorique pince-sans-rire : "Est-elle en marbre, ou non, la Vénus de Milo ?" Mais cette naïveté apparaissait constamment dans les comptes rendus de l'époque : on n'a pas compris ce que ces énoncés avaient de sérieux (ce n'est pas l'émotion de l'auteur ou du sculpteur qui seule permet d'aboutir au chef-d'œuvre) et en même temps ce qu'ils avaient de potachique (être "de marbre" a une signification triviale, supposant la frigidité d'une femme ou l'impuissance d'un homme), humour surdéterminé par la référence de "Marco" aux *Filles de marbre*, pièce célèbre à l'époque de Barrère et Thiboust où Marco était une courtisane sous le Second Empire, l'actrice gratifiée de ce rôle étant dans le premier acte bel et bien une statue qui prend vie grâce au sculpteur Phidias (cf. "Croquis parisien"). Il ne s'agit pas réellement de prêcher l'impassibilité de la poésie et à ce stade conclusif du recueil, où la provocation, néanmoins, continue, le lecteur de "Mon rêve familier" ou "Après trois ans" devait être en mesure de le comprendre.

Quant au "Prologue", il suffit de lire les commentaires acerbes de la critique verlainienne pour se dire que si vraiment tout cela était à prendre au pied de la lettre, le poète était tout de même assez inepte avec ses redondances ronflantes qui frisaient le pléonasme. Dans l'expression "régnaient + leur règne", l'emplacement de la césure ne fait que souligner l'apport informatif médiocre du COD ; pour les mots "Une connexité grandiosement alme/Liait [...]", l'enjambement, de même, ne débouche que sur une évidence puisqu'une connexité est un lien, le verbe li[er] donnant ainsi une suite déceptive et dégonflante au vers grandiose et surtout grandiloquent qui précédait. Quoiqu'il repose en partie sur l'emploi d'épithètes des textes hindous visés, le vers "Valmiki l'excellent à l'excellent Rama" fait partie des chiasmes laborieux à lire, mais d'une grande facilité rhétorique, dont le passage abuse d'une manière si voyante. Dans ces métatextes qui donnent l'impression d'afficher la loyauté de Verlaine envers Leconte de Lisle et une conception antiquisante, volontiers épique, de la poésie, il ne s'agit justement que d'une impression. Ces poèmes sont à lire au second degré, suivant la logique à la fois du pastiche (calque d'aspects stylistiques et thématiques des œuvres de Leconte de Lisle, mais aussi du Hugo de *La Légende des siècles*, sans oublier entièrement Banville) et de la parodie, des éléments déconcertants signalant l'humour de ce qui est autant une entreprise de transformation qu'un exercice d'imitation. Avec sa reprise de l'onomastique philologisante de Leconte de Lisle, avec ses orthographes idiolectales maintes fois mises en boîte par la critique contemporaine, le "Prologue" montre comment Verlaine ne procédera pas dans le recueil, le toujours malléable, Verlaine tient à laisser entendre ses divergences face mode d'emploi fonctionnant en effet a contrario. Car dans ce Parnasse aux options de certains illustres contemporains, par des signaux ironiques que la critique, s'accrochant au littéral et tenant les métapoèmes pour des manifestes explicites, s'est empressée d'occulter.

Lorsqu'on entre en quelque sorte dans le vif du recueil, ce sont surtout les références appuyées à Baudelaire qui sautent aux yeux. D'où une autre forme de polyphonie, non parodique. Paradoxalement, l'impact de Baudelaire apparaît surtout dans les poèmes les plus originaux du recueil : à titre de point de référence théorique, de modèle formel et sémantique, mais aussi par des éclats citationnels (Lefébure écrivait à Mallarmé que "toutes les impressions un peu mélancoliques ou crispées [de Verlaine] lui viennent des Fleurs du mal, avec les mots mêmes" ; cette citation provient de Stéphane Mallarmé, *Correspondance 1862-1871*, éd. Henri Mondor, Gallimard, 1959, p. 236-237, n. 1), sans toutefois que les poèmes concernés finissent par reprendre la manière de Baudelaire.

La méthode verlainienne poursuit le travail de redéfinition du sujet lyrique entrepris par Baudelaire, d'une manière très proche de la révision des procédures narratives accomplie par Flaubert. De même que le narrateur flaubertien perdait une grande partie de ses propriétés de quasi-personnage, auquel le lecteur pouvait prêter le visage d'un Stendhal ou d'un Balzac, le sujet baudelairien semblait s'éclater sous la force entropique d'une démultiplication d'instances d'énonciation. Il serait naturellement naïf de prêter à Hugo, ou à Balzac ou Stendhal, une énonciation univoque, enracinée dans l'expression directe et "sincère" (Les guillemets sont ici essentiels. Ceux qui parient sur la sincérité de Verlaine pour justifier éthiquement son œuvre ont tendance, de ce fait même, à discréditer ses parodies ou à prendre pour des actes d'énonciation spontanés des textes qui n'ont que l'apparence de la spontanéité. La "naïveté" verlainienne requiert une analyse non naïve…) mais le travail du lecteur cherchant à déduire l'opinion de l'auteur devant tel ou tel énoncé en discours indirect libre n'est pas si différent de ce que ce même lecteur doit entreprendre pour comprendre comment Verlaine se situe face à un discours comme celui de "L'Angoisse". Même en mettant de côté les personnages qui parlent dans les poèmes, comme le héros éponyme de "Monsieur Prudhomme" dont le discours apparaît en discours indirect libre, précisément, les versions antérieures lui prêtant même des traits de prononciation idiosyncrasique ou d'intonation insistante (version de 1862 : "Il hait Victôre Hûgô, pourrsuit le Prrréjugé,/Il est utilitairre" ; version de 1863 : "Monsieur Machin, *un jeune homme* COSSU ;"), ou le sujet féminin collectif de "La Chanson des ingénues", les poèmes à la première personne qui ne spécifient pas l'altérité de l'énonciateur ne sont pas pour autant des représentations directes ou mêmes indirectes du poète.

On a pu déplorer la présence de poèmes comme "À une femme" ou "Lassitude", qui semblaient rompre l'atmosphère engendrée par des poèmes comme "Nevermore [I]", "Après trois ans" et "Mon rêve familier", comme s'il s'agissait de l'inclusion de poèmes pourvus d'une moins grande maturité que les sonnets préférés par la critique. Cette combinaison ne résultait cependant pas d'un déficit de réflexion de la part du poète. D'abord fallait-il être sensible à l'humour de "Lassitude" [42], poème que l'on a pu prendre pour un document exposant par le menu le manque de virilité de Verlaine, comme si la logique de "Triolets à une vertu pour s'excuser du peu" [*OPC,* 1389-1390] ("Petit poisson deviendra grand/Pourvu que L'on lui prête vie." – *id est*, *vit*) était déjà en place, mais… ingénument et sans impulsion humoristique. Avec ses allusions à Baudelaire (et notamment "Sed non satiata" dont le titre latin exhibait, plutôt que de la voiler, la référence à l'insatiabilité légendaire de Messaline, mais aussi à "Sonnet d'automne" avec son humour similaire), le sonnet offrait un lyrisme élégiaco-comique, montrant un sujet qui n'a envie que de dormir, alors que sa partenaire aspire à poursuivre le combat amoureux sur le terrain de guerre d'un lit de plumes (cf. la citation de Gongora placée en épigraphe), sonnant "l'oliphant" tandis que le sujet plaintif, à court de munitions, n'a pas vocation, comme Roland, de mourir sur le champ de bataille (cf. Reddition" : "Plaisir infernal qui me tue/Et dans lequel je m'évertue/À satisfaire ta luxure." [*OPC* 1400]). Très proche de la logique des *Fêtes galantes* (voir "Dans la grotte" et "Lettre"), "À une femme" [44] propose de même un locuteur comique par l'hyperbolique représentation de ses tourments. De sorte que la section "Melancholia" présente un mélange trop compliqué de sujets presque burlesques et de sujets plus sérieusement élégiaques pour que le lecteur puisse, en toute sécurité, assimiler ce chœur de sujets à la première personne au poète empirique Verlaine. Dans "Paysages tristes", de même, le sujet peut être presque effacé, comme dans "L'Heure du berger", où on peut tout au plus déduire de l'évolution de l'atmosphère du paysage une tristesse, et peut-être, en fin d'évocation, un espoir du locuteur. Ces procédés divers permettent, avec l'indéfinition référentielle qui les accompagne, de parvenir à une relative dépersonnalisation qui, aujourd'hui sans doute moins flagrante, était sans aucun doute une source de désorientation pour des lecteurs habitués aux modèles autobiographiques du lyrisme romantique (Dépersonnalisation ne veut pas dire impersonnalité, voir notamment Victor Brombert, "Lyrisme et dépersonnalisation : l'exemple de Baudelaire", *Romantisme*, 6, 1973, p. 29-37).

Titres

La titrologie saturnienne est une affaire complexe : il s'agit souvent d'émettre des signaux fallacieux ou pervers, de proposer des balises destinées en principe à sécuriser la lecture, semées comme des fleurs... aux bords béants des précipices herméneutiques. "Résignation" propose un sujet, au début de "Melancholia", qui s'empressera de montrer qu'il est loin d'être résigné, confirmant obliquement, pour le lecteur attentif, ce que l'apparente résignation du Poëte du "Prologue" pouvait avoir de trompeur. "Le Rossignol" et "L'Heure du berger" commenceront par l'évocation d'oiseaux qui ne sont pas des rossignols et d'un objet qui n'est justement pas l'étoile du berger, Vénus. "Sub urbe" peut signifier ce qui se trouve en contiguïté avec la ville, mais aussi, par l'ambiguïté de la préposition latine, ce qui se situe en dessous de la ville : sa population défunte qui n'en est pas moins, par instants... très remuante. On ajoutera toutes les connotations intertextuelles des titres, comme pour "Nevermore" qui peut suggérer la tragédie d'un lyrisme romantique ou... la mise en place calculée d'une mélancolie qui n'est pas celle du poète, suivant la logique (officielle) de "La Genèse d'un poème". Sans oublier la réflexivité d'"Initium" qui *initie* la série sans titre global qui forme la seconde moitié du recueil et "Après trois ans" qui est précisément le troisième poème de "Melancholia", se référant à "Trois ans après" de Hugo qui était... le troisième poème de sa section des *Contemplations*.

Le titre "Poëmes saturniens" est évidemment le plus crucial de ces signes souvent machiavéliques, permettant d'indexer ce poème à la fois sur la mélancolie romantique (notamment sur le modèle hugolien, où l'on trouve côte à côte les poèmes "Melancholia" et "Saturne") et sur le modèle baudelairien.

Le titre renvoie implicitement à l'"Épigraphe pour un livre condamné" de Baudelaire, qui figurait dans le Parnasse contemporain. Ce texte publié d'abord en septembre 1861 a pu être destiné à la seconde édition, puis écarté, ou composé peu de temps après la sortie du volume en vue de la troisième édition. Toujours est-il que cette référence, qui pouvait échapper au lecteur mais dont Verlaine a confirmé le caractère intentionnel — il parlera en 1893 de "naturelles péripéties qu'une manière de fatalité, qu'autrefois il appelait être 'saturnien' et qu'à présent il nomme moins baudelairement le train-train de l'existence, commande." [*Pr* 424] —, a de riches implications dans son postulat de ce que Baudelaire appelle, dans ses projets de préface pour *Les Fleurs du Mal*, une "rhétorique profonde" [*CB* 1 185] :

> Épigraphe pour un livre condamné
>
> Lecteur paisible et bucolique,
> Sobre et naïf homme de bien,
> Jette ce livre saturnien,
> Orgiaque et mélancolique.
>
> Si tu n'as fait ta rhétorique
> Chez Satan, le rusé doyen,
> Jette ! tu n'y comprendrais rien
> Ou tu me croirais hystérique.
>
> Mais si, sans se laisser charmer,
> Ton œil sait plonger dans les gouffres,
> Lis-moi, pour apprendre à m'aimer ;
> Âme curieuse qui souffres
> Et vas cherchant ton paradis,
> Plains-moi !... Sinon, je te maudis !

Ce sonnet dont l'inspiration remonte au romantisme frénétique et noir n'est pas plus à prendre au pied de la lettre que l'ouverture des *Chants de Maldoror*. Il nous donne cependant des clefs pour la lecture des *Fleurs du Mal* qui, ayant en aval l'École Baudelaire, ont en amont le Lycée Satan où le lecteur aurait dû apprendre une rhétorique un peu plus perverse que celle de Fontanier ou Du Marsais (en classe dite de rhétorique, aujourd'hui la classe de première). Le lecteur générique de la poésie lyrique devra se méfier de cette œuvre qui n'est ni paisible, ni sobre, ni bucolique, ni dédiée au "bien". Il se trouve au contraire devant une œuvre violente, avec des composantes dionysiaques et urbaines. Celui qui souffre, à la recherche de "[s]on" paradis personnel (il ne s'agit précisément pas de celui du catholicisme) dois ressentir de la sympathie, sans que cela ne débouche sur l'empathie d'une identification. S'il s'englue dans l'œuvre, ce compagnon possible, curieux comme un albatros, sera pris dans la même malédiction que le sujet ; s'il ne le plaint pas il sera tout de même maudit. La seule solution serait de tenir à distance le sortilège : comprenant cette rhétorique, le lecteur pourra (peut-être) résister aux impressions sulfureuses dégagées par le texte.

Se trouvant avant le "Prologue", le poème "Les Sages d'autrefois [...]" [33] constitue bien une sorte d'épigraphe, imprimée en italiques et suivie des initiales de Verlaine, ce qui lui confère un "statut auctorial [...] manifeste" [voir SCEPI in BERNADET, *Verlaine première manière*, 2007]. Cela ne veut pas dire que l'on échappe ainsi à l'obliquité, puisque ces vers proposent un mode d'emploi qui, si l'on s'y tient, dysfonctionnera aussi magnifiquement que celui du "Prologue". Opposant les "Sages d'autrefois" à leurs homologues d'aujourd'hui, selon une opposition temporelle qui régira aussi "Prologue" et "Résignation", Verlaine propose une explication humorale de la mélancolie des Saturniens, mais s'il suggère que les sages d'aujourd'hui (visant sans doute notamment les rationalistes) ne sont pas meilleurs que les anciens, il ne cautionne pas leur savoir et il s'agirait plutôt de renvoyer dos à dos ces deux "sagesses". Si les sages modernes ont raillé les sages anciens, ce serait la preuve d'une idée de supériorité déplacée, satanique dans la logique littérale de l'essai de Baudelaire "De l'essence de rire", mais justement, comme l'avait fait Baudelaire dans l'essai en question, Verlaine raille, implicitement, les sages modernes, se plaçant consciemment dans cette même position de supériorité illusoire. Il s'agit d'un discours qui n'exprime pas la vision du monde du poète, mais ajoute l'humour aux humeurs dans un badinage qui confère une légitimation rhétorique au titre du recueil, avant de montrer ce que l'on peut considérer comme les phases d'une crise où il faut cependant résister à toute lecture naïvement fataliste.

Comme soulagée de pouvoir s'accrocher à un texte où Verlaine s'exprimerait directement, la critique a bien voulu édicter le caractère parfaitement saturnien, en effet, du poète ("tu me croirais saturnien", aurait pu affirmer Verlaine, moyennant un petit ajustement de l'intertexte baudelairien), non sans puiser dans l'iconographie abondante des dernières années de sa vie, oubliant que le Verlaine de cette époque était tout sauf sur la pente descendante de sa vie, gravissant au contraire avec confiance et verve – et humour – la pente escarpée du mont Parnasse. Ses lettres, les témoignages de ses amis, montrent au contraire un poète qui traversait une période assez... joviale et très dynamique.

L'expression "Influence maligne" est elle-même une allusion maligne et il suffit de lire les réactions au recueil pour comprendre qu'en effet, on l'accuse de subir une influence maligne, celle de l'auteur des *Fleurs du Mal*, dont l'impact apparaît jusque dans la technique rythmique de Verlaine : "Par la logique d'une + Influence maligne." offre un vers terminal correspondant parfaitement à la *logique* que Verlaine a attribuée à l'emploi par Baudelaire – "je crois, le premier en France" – de vers comportant des proclitiques (en principe inaccentuables) avant la césure. Ce vers ne peut être lu que comme un 6-6 discordant et il confirme et dramatise l'allusion à Baudelaire. L'influence serait surtout maligne pour deux autres raisons. D'une part, parce qu'elle pousserait Verlaine dans la direction de ce que plusieurs recenseurs appellent le "parti pris" – c'est-à-dire un choix systématique et conscient de la bizarrerie, pour s'originaliser. D'autre part, parce que cela l'aurait amené à se vouer à l'horticulture baudelairienne, mêlant l'exotique à l'artificiel, la Beauté au Mal, privilégiant le macabre et le satanique. Sur ce dernier point, on s'étonnera peut-être des imputations de satanisme (d'un satanisme postiche, selon les recenseurs), mais cela s'explique moins par les quelques manifestations gothico-spectrales (comme "Cauchemar") ou légèrement diaboliques ("Femme et chatte" notamment) que par une assimilation traditionnelle comme le montre ce commentaire d'Olivier Meslay dans *Mélancolie, génie et folie en Occident*, volume dirigé par Jean Clair, Réunion des Musées nationaux/Gallimard, 2005, p. 314 :

> La proximité de Satan et de Saturne dans les univers mythologiques et bibliques a rendu plus confuse encore, ou plus riche, la personnalité de ce dieu. Si Saturne est le père de tous les dieux, Satan est lui le fils maudit, celui du moins qui dirige tous les anges rebelles.

L'antique et le moderne

Alors qu'en 1826, Vigny avait publié ses *Poèmes antiques et modernes*, tout se passe comme si beaucoup de poètes se sentaient dans l'obligation de trancher entre ces deux sources d'inspiration. Leconte de Lisle opta surtout pour le passé, comme en témoignent les *Poèmes antiques*, ou le cas échéant pour le déplacement géographique, préconisant pour la rénovation de la poésie une période d'étude des sources d'inspiration en principe non polluées de l'antiquité, période qui ne semble pas faire de ce renouveau une urgence, puisqu'elle pourrait durer "un siècle ou deux, si toutefois l'élaboration des temps nouveaux n'implique pas une gestation plus lente"... On imagine la stupeur de Rimbaud devant un plan aussi fumant et on peut penser que Verlaine avait eu la même impression d'une étrange démission, d'une capitulation devant la crise du lyrisme contemporain. Maxime Du Camp a pour sa part parié sur l'option inverse avec ses *Chants modernes* qui chantaient l'éloge de la modernité industrielle, économique, des nouvelles inventions, de la vapeur, etc. Le moins que l'on puisse dire, c'est cependant que ce choix ne lui a pas vraiment réussi et, avant l'intimisme et le misérabilisme des *Poèmes modernes* de Coppée (1867-1869), ce sont avant tout Hugo et, bien entendu, Baudelaire, qui seront les principaux vecteurs poétiques d'une ouverture sur la modernité de l'expérience urbaine. C'est cette différence que relève Rimbaud dans sa lettre dite du Voyant en mai 1871 :

> Les seconds romantiques sont très *voyants* ; Th. Gautier, Lec. de Lisle, Th. de Banville. Mais inspecter l'invisible et entendre l'inouï étant autre chose que reprendre l'esprit des choses mortes, Baudelaire est le premier voyant, roi des poètes, *un vrai Dieu*.

Si les autres poètes mentionnés n'ont guère passé tout leur temps à "reprendre l'esprit des choses mortes", on comprend que pour Rimbaud, Baudelaire a su faire du neuf précisément avec ce qui est vivant, et c'est bien pour cela que Verlaine a consacré un essai à Baudelaire plutôt qu'à Leconte de Lisle. Et s'il a essayé de s'attirer ainsi l'attention d'un petit public de poètes, critiques et amateurs de la poésie, il s'est gardé de larder ses *Poëmes saturniens* de dédicaces aux puissants de l'époque : malgré des rapports à l'époque convenables avec les "tétrarques", aucun ne sera gratifié d'une dédicace, tandis que si Ricard en reçoit un, c'est plutôt sans doute par amitié et par gratitude, alors que pour Mendès, c'est un mélange sans doute d'amitié, de reconnaissance et d'admiration pour *Philoméla*, l'un de ses premiers livres de chevet. Coppée était un ami proche à l'époque et il allait le rester quelque temps encore ; il était aussi peu connu que Verlaine. Mais qui avait entendu parler de Boutier ou de Winter ? Bref, s'il avait un sens de l'opportunité, sa vie entre 1865 et 1874 est loin de présenter des indices d'un opportunisme. Au contraire, s'il donne des poèmes à une revue de Gautier, certains d'entre eux semblent dialoguer d'une manière assez caustique avec des textes de l'auteur d'*Émaux et Camées*...

Dans son essai sur Baudelaire, la nouveauté des *Fleurs du Mal* est située du côté du moderne et Verlaine privilégiera pour ses citations la section "Tableaux parisiens" ajoutée dans la seconde édition, en 1861, employant quatre fois l'adjectif *moderne* pour insister lourdement sur ce trait pour lui crucial :

La profonde originalité de Ch. Baudelaire, c'est, à mon sens, de représenter puissamment et essentiellement l'homme moderne ; et par ce mot, l'homme moderne, je ne veux pas, pour une cause qui s'expliquera tout à l'heure, désigner l'homme moral, politique et social. Je n'entends ici que l'homme physique moderne, tel que l'ont fait les raffinements d'une civilisation excessive, l'homme moderne, avec ses sens aiguisés et vibrants, son esprit douloureusement subtil, son cerveau saturé de tabac, son sang brûlé d'alcool, en un mot, le *biliosonerveux* par excellence, comme dirait H. Taine.

Ce qui n'a pas empêché la critique, en supposant à nouveau l'inconséquence du poète, de lui imputer une propension toute parnassienne à se réfugier dans l'évocation de l'antiquité, ce dont témoigneraient les passages hindouïsants et hellénisants du "Prologue" et de "Nocturne parisien", sans oublier "Çavitrî" et "Croquis parisien" avec ses allusions à Phidias, Marathon et Salamine. Ces textes sont loin cependant de témoigner d'une attitude révérencieuse envers ces héritages classiques ou religieux.

Les recenseurs ont été désarçonnés par l'humour verlainien du "Croquis parisien" p. 46 Il s'agissait d'un "tableau parisien", ou du moins un tableautin, truffé d'allusions aux "Tableaux parisiens" et à d'autres *fleurs du Mal*. Un quatrain évoquant la vie nocturne des *putains* et des adolescents, des *escarpes* et des joueurs, a été supprimé, sans doute sur les instructions de Lemerre ou dans la crainte de celles-ci. Mais l'humour du tableau reste impénétrable si l'on pense que Verlaine s'identifie (si ce n'est peut-être par humour rétrospectif) à ce promeneur qui, rêvant de l'antiquité grecque, se comporte comme un digne représentant de "l'école païenne" : ses rêveries l'empêchent de saisir le riche potentiel poétique de son environnement : les becs de gaz, les formes, ombres et luminosités du ciel urbain, des toits et de la fumée, les bruits qui l'accompagnent. Autrement dit, il navigue en plein anachronisme, le poème laissant voir et entendre, par une sorte de prétérition, comment le sujet ne regarde pas et n'écoute pas, enlisé dans l'inspection des choses mortes.

Il est vrai que le moderne urbain n'est pas au cœur d'une grande partie des *Poëmes saturniens*, même s'il apparaît dans "Nocturne parisien" et dans le "Prologue", mais sans doute s'agit-il aussi de représenter, selon la préoccupation exposée dans l'essai sur Baudelaire, *l'homme moderne*. Mais cet *homme moderne*, se distinguerait-il entièrement de *l'homme moral, politique et social* ?

Un sujet révolté

Dire que le Parnasse était viscéralement et par conviction absolue apolitique serait excessif. Leconte de Lisle, en particulier, ne cachait pas ses convictions républicaines. On allait certes douter de ces principes lors de la découverte de la subvention impériale dont il avait bénéficié, mais ce versant de son œuvre, qui s'exprimait notamment dans son extrême hostilité devant le catholicisme, n'est pas pour autant à négliger (Voir Caroline De Mulder, *Leconte de Lisle entre utopie et république*, Rodopi, 2005). Banville, pour sa part, était capable à la fois d'approuver l'annexion de Nice par Napoléon III, d'où sa légion d'honneur, de buriner des représentations satiriques de la vie sous l'Empire et de soutenir symboliquement Hugo (notamment dans *Les Exilés*). Gautier, qui affichait son apolitisme, émettait cependant des signaux de connivence que le régime impérial ne pouvait méconnaître lorsqu'il s'agissait de poèmes de circonstance glorifiant des membres de la famille impériale. Quant à Baudelaire, désormais réactionnaire et maistrien, bien éloigné des idéologies quarante-huitardes, il n'a pas pour autant "dépolitiqué" son œuvre ; les relations entre la section "Révolte" et ces idéologies, entre "Le Vin des chiffonniers" et le populisme bonapartiste, n'étaient un secret pour personne ; la note dite "paratonnerre" de "Révolte", qualifiant ces poèmes de "pastiche", attirait l'attention sur le rapport entre ces discours et ceux des révolutionnaires "égalitaires" ; Banville, dans la préface aux *Odes funambulesques*, allait relever les rapports entre ces textes et l'idéologie de Proudhon.

Verlaine a-t-il voulu défendre l'égoïsme de l'Art pour l'Art contre l'altruisme tel qu'il se présentait dans *Les Châtiments* de Hugo ? Comme toute l'équipe de l'art, il a défendu les Goncourt lors de la cabale des jeunes républicains contre leur pièce *Henriette Maréchal*, claque motivée uniquement par la connivence entre les Goncourt et la Princesse Mathilde (critique qui pouvait également viser Gautier et bien d'autres). De même, il s'est moqué des Progressistes, qualifiés de "gens inoffensifs, d'ailleurs", mais après l'attaque contre Guizot dès la première page et la référence avant cette mention des Progressistes à "ces temps de mercantilisme", il pourrait s'agir des tenants du Progrès économique bourgeois et non des adeptes de la république ou de la révolution. De même, si Verlaine refuse que la poésie soit subordonnée à la mission consistant à "dégager une atmosphère de justice ou de vérité" – et "tant pis pour M. Proudhon" si ce n'est pas le cas – il ne se réfère pas comme Banville à l'anarchisme du philosophe et économiste, mais à ses idées sur l'art, dont personne aujourd'hui ne conteste le caractère rétrograde et à maints égards réactionnaire.

Dès son premier poème connu, Verlaine affichait son idéologie républicaine. "La Mort" [*OPC* 11] était un hommage à Hugo, envoyé au mage en 1858 – Verlaine avait alors quatorze ans. Politisant le sens des *Châtiments* des motifs pris dans "Mors" (publié dans *Les Contemplations*), dont son titre offrait la traduction, Verlaine faisait de Hugo l'aigle qui s'attaque au vautour qu'est Napoléon III, avec la rime très parlante empire::vampire. En compagnie de Ricard, Verlaine participa à la *Revue du Progrès* et rien n'indique que cette équipe de républicains a retourné politiquement sa veste, contrairement à ce qu'on a pu écrire à ce propos. "Monsieur Prudhomme", représentant comme Crevel (*La Cousine Bette*) et Monsieur Homais (*Madame Bovary*) du bourgeois "juste-milieu", est de ce fait l'emblème non seulement de l'idéologie louis-philipparde qui a triomphé sous la monarchie bourgeoise, mais aussi de son avatar impérial (c'est avec l'arrivée du Second Empire que Homais obtient sa consécration avec la légion d'honneur offerte par le nouveau régime…). Verlaine a été contraint de publier le sonnet sous un pseudonyme, non pas parce que le poème était lui-même très dangereux, mais parce que la revue avait une réputation subversive qui pouvait conduire à son licenciement (Comme l'indique son ami : cf. Louis-Xavier de Ricard, Petits *Mémoires d'un parnassien*, éd. Michael Pakenham, Minard, 1967, p. 40). Verlaine, Lepelletier et Ricard seront tous du côté de la Commune en 1871… et Verlaine finit quand même par perdre son travail.

En réalité, le recueil saturnien contient plusieurs poèmes à haute teneur politique, mais les valeurs avancées en douceur seront toujours camouflées, parfois masquées par une apparence d'apolitisme. Verlaine ne pouvait ignorer que la censure impériale veillait. Ses techniques seront ainsi moins proches de celles des *Châtiments* que de celles des "Petites Épopées" du premier volet de *La Légende des siècles*, publié en 1859. Mais les divergences qui président à la stratégie saturnienne face aux pratiques hugoliennes s'expliquent aussi par la volonté de produire pour l'idéologique aussi une poétique de la suggestion, de l'implicite, du sous-entendu, du paradoxe pragmatique et du retournement inattendu. Sans oublier que l'idéologie de Hugo *n'est pas* celle de Verlaine.

Dans les "Petites Épopées", le jeu hugolien consistait notamment à placer un peu partout des mots fortement investis dans le discours républicain : "Les usurpations, par exemple, jouent un tel rôle dans la construction des royautés au moyen âge, et mêlent tant de crimes à la complication des investitures, que l'auteur a cru devoir les présenter sous leurs trois principaux aspects" écrit Hugo dans sa préface. Aucun républicain ne pouvait douter de la portée de cette insistance et du caractère très volontairement arbitraire de cet exercice de légitimation. De même, la récurrence de mots comme "tyran", postulant en quelque sorte la transhistoricité de tels personnages, ne manque pas de livrer pour chaque despote, non pas certes le portrait de Napoléon III, mais une représentation qui laissait apparaître des ressemblances entre les méfaits des Césars du passé et le césarisme du Second Empire, de sorte que des expressions comme "Le César d'aujourd'hui heurtait celui d'hier." ("Au lion d'Androclès", *v.* 66) et "Quoi, ceci règne ! Quoi, c'est un césar, cela !" ("Eviradnus", *v.* 1042) sortaient de la page pour épingler l'Empereur au pouvoir "aujourd'hui", Napoléon-le-petit.

Chez Verlaine, l'exemple le plus étendu de cette technique est "La Mort de Philippe II" [85-90], où l'on a pourtant voulu voir simplement un long poème historico-descriptif, dans le droit fil des récits épiques et transpositions d'art qui seraient le fonds de commerce de l'entreprise parnassienne. Si le recours à la terza rima du poème et ses relents gothiques font penser notamment à des poèmes de Gautier, comme "À Zurbaran", qui critique vivement le suicide existentiel des moines espagnols et par la même occasion des traits mortifères du catholicisme, la technique de provocation est très hugolienne. Nestor Roqueplan [PAKENHAM in *LV*, p. 144] avait bien compris que les invertébrés qui pullulaient en fin de poème, qui ont tant excité la dérision des recenseurs, comme Verlaine l'avait espéré, venaient tout droit de *La Légende*, et notamment de la fin du "Jour des rois" ("Toi, les poux dans tes trous, toi, les rois dans tes antres !": la rime interne poux::trous de Hugo fournit la rime externe de Verlaine), sans oublier probablement "Une charogne" ("de noirs bataillons/De larves") ; les métonymes de la mort que sont les poux et les vers sont aussi les métaphores de la fonction parasitaire des tyrans. Ce qui est plus important, c'est que partant du modèle hugolien, et notamment de "La Rose de l'Infante", où Philippe II est représenté, Verlaine propose une figure qui peut faire penser à Napoléon III jusque dans l'épervier qui en quelque sorte annonce la rapacité du roi mourant, comme par un rapetissement du symbole de l'aigle bonapartiste, puis précisément dans "l'aigle autrichien" qui, comme chez Hugo, se relie au despotisme impérial français (Nous renvoyons le lecteur à la brillante élucidation de la portée politique de ce poème d'Arnaud Bernadet "L'intime et le politique chez Verlaine. La mort de Philippe II", *Eur*, p. 126-142).

Le poème précédent, "César Borgia" [84], a donné prise à nouveau à l'idée d'une simple "transposition d'art", avec son sous-titre "Portrait en pied", sa présentation de bustes suivie du portrait justement du tyran. On a pu penser que Verlaine sélectionnait les aspects positifs de sa cible historique, compte tenu de ce "front, large et pur", mais c'était faire peu de cas des fonctions ludiques de ce paralogisme voyant. Cet homme, "La main gauche au poignard", était à la fois un adepte de toutes les formes d'assassinat et un voluptueux coupable notamment d'inceste... Par une focalisation externe d'une adroite duplicité, Verlaine laisse imaginer des "pensers + énormes d'aventures" (des pensers tout à fait en dehors des normes éthiques) et des "projets + formidables", avec le même type de césure qui met en relief l'adjectif, renvoyant à l'étymologie de *formidable* de la même manière que dans "La Rose de l'Infante" de Hugo : "Quelqu'un de formidable est derrière la vitre ; [...]" (il s'agit de Philippe II) et "L'armada, formidable [...]" (*v.* 70 et 100). Le formidable, c'est ce qui fait peur, et ce même sens apparaît avec la même mise en relief par la césure dans "La Mort de Philippe II" ("Ululent d'une voix + formidable un cantique.", [86]), sans oublier l'adverbe qui, évoquant les rugissements du tonnerre, remplit le dernier pentasyllabe de "Marine" [49]. C'est cette peur qui explique, autant que le mécénat, "l'usage/Des Espagnols ainsi que des Vénitiens/Dans les portraits de rois et de patriciens", d'où l'apparence élogieuse de ce portrait qui doit cependant laisser poindre aussi le *vrai* caractère de ce personnage. Verlaine s'emploie justement à fournir un message crypté. Au vers 6, "Le duc CÉSAR en grand + costume se détache." en vertu d'une étonnante concentration d'équivoques. Car à ce prince machiavélique (César Borgia aurait servi de modèle au philosophe...), le poème opposera un dispositif lui aussi machiavélique :

– Le substantif "costume" *se détache* de l'adjectif antéposé, mettant en vedette le mot *costume* qui suggère une certaine théâtralité, mais aussi que... l'habit ne fait pas forcément ici le moine.

– Le nom CÉSAR se détache du reste du poème, exception faite pour le titre, par le "grand costume" typographique qu'est l'emploi de majuscules.

– Le nom CÉSAR se détache aussi du prénom dans le titre, justement en majuscules, ce qui permet aussi à ce CÉSAR de se détacher un peu, potentiellement, de la famille Borgia et de la conjoncture historique évoquée.

Sachant à quel point Napoléon III faisait tout ce qu'il pouvait pour se faire comparer à Jules César, le lecteur malin ne pouvait que penser à ce tyran de 1866 que l'on montrait souvent en train de lisser sa moustache et que Rimbaud allait montrer très ouvertement dans "Rages de Césars" et d'une manière plus clandestine dans "Le Châtiment de Tartufe" où le personnage de Molière cache encore l'Empereur, la citation approximative de la pièce en dernier vers : "– Peuh ! Tartufe était nu du haut jusques en bas !" renvoyant le lecteur en catimini à l'acrostiche fourni, de haut en bas forcément, par les majuscules des *v.* 4-11 et celles de la signature "Arthur Rimbaud" du sonnet : "JULES CESAR" – nouveau grand costume typographique de Badinguet dans ce poème qui semble ainsi faire hommage à "César Borgia" tout en en livrant implicitement une exégèse. Pour les poèmes de Rimbaud et de Verlaine, voir respectivement nos livres *Rimbaud et la ménagerie impériale*, PUL/CNRS, 1990, p. 159-177 et *Marges du premier Verlaine*, Champion, 2003, p. 227-234, ainsi que Henri Scepi, "Diction et figuration : remarques sur les relations de l'image et du texte dans quelques poèmes de Verlaine", in *LV* p. 46-47. Pour les suggestions masturbatoires analogues de ces deux poèmes, voir notre édition critique des *Poëmes saturniens*, Champion, 2007, p. 282-286 et 548-549. On trouvera dans la section consacrée aux *Vaincus* et à *La Bonne Chanson* de ce livre le texte d'un sonnet intitulé "César Borgia" de Verlaine, cette fois explicitement érotique.

Le procédé typographique qui sert ici d'interprétant n'a d'équivalent, au sein du recueil, que dans deux autres poèmes, dans "Les Sages d'autrefois [...]" pour le mot "SATURNE" et dans "Nevermore [II]" pour le mot "FATALITÉ". Mais cette constellation de mots mis en vedette semble suggérer discrètement leur relation intime : cet Empereur préside au destin de la France d'une manière qui, selon l'idée du poète, n'aurait rien de vraiment fatal, à condition d'arrêter de vouer un culte à la passivité, aux arcs de triomphe du culte bonapartiste (Il n'est pas impossible que Verlaine ait abandonné ce procédé pour l'adjectif "COSSU" de la version de 1863 de "Monsieur Prudhomme" afin de ménager cet effet...).

N'aurait-on pas ici, cependant, une contradiction flagrante avec le programme avancé dans le "Prologue" [35-37], où l'on n'a cessé, jusqu'à une date récente, de voir un manifeste apolitique et même antipolitique ? Il faudrait cependant tenir compte à la fois des connotations contemporaines de certains mots employés dans le poème et de l'argumentation à maints égards équivoque déployée par le texte. Comme l'a montré Arnaud Bernadet, l'expression "les limbes de l'histoire", suivant en second hémistiche "Dans ces temps fabuleux", ne fait pas que renvoyer obliquement aux catégories au cœur du projet hugolien dans *La Légende des siècles* puisqu'elle désigne sans aucun doute la conception utopique, et plus spécifiquement fouriériste, de l'histoire, comme l'avait fait Baudelaire dans le second titre envisagé pour *Les Fleurs du Mal* : *Les Limbes* (pour Baudelaire, voir Graham Robb, *La Poésie de Baudelaire et la poésie française*, 1838-1852, Aubier, 1993, p. 187-209 et pour Verlaine, [*AB2*, p. 33-52]). La structure argumentative du texte oppose, en gros, le passé, en trois phases (l'Inde, la Grèce, les origines mythiques de la France et de sa poésie), puis "Aujourd'hui". Après avoir montré la collaboration entre les Poètes et les pouvoirs religieux et temporels du passé, le poète déplore la résiliation du "pacte primitif" entre "l'Action et le Rêve", rappelant nettement, comme on le sait depuis longtemps, un passage du "Reniement de saint Pierre" de Baudelaire : "– Certes, je sortirai, quant à moi, satisfait d'un monde où l'action n'est pas la sœur du rêve". La Force ne serait désormais que carnage désordonné, l'Action, non moins déréglée, déferle "en proie aux cent mille délires/Fuligineux d'un siècle en ébullition". Il faut cependant déplier les implications de ces formulations allusives et lapidaires. Car les mots "Fuligineux" et "ébullition" évoquent l'industrialisation (la suie due à la fumée, la vapeur) et plus précisément le développement des chemins de fer, depuis longtemps le symbole par excellence d'une certaine forme de Progrès et de son potentiel déraillement, notamment dans "La Maison du berger" de Vigny. À ce titre, le bruit du train annonce souvent dans la poésie une retraite vers la paix de la Nature ou la tour d'ivoire et c'est cette seconde option que présente le texte, montrant des Chanteurs qui, exilés par le monde, exilent à leur tour ce monde. Quant à la Force, elle ajoute à ces "vacarmes/De la vie" urbaine, en soulignant l'adjectif rejeté, le "choc désordonné des armes/Mercenaires, [...]". Pour tout lecteur attentif de l'époque, il s'agissait de déplorer à la fois les effets de l'industrialisation sur la vie sociale en France et les guerres stimulées fortement par les besoins du bellicisme dynastique de l'Empire, y compris au service d'autres despotismes. Le poème dit quand même, sur le mode de la prétérition, ce qu'il ne dira en principe pas – ce qu'il ne devrait pas pouvoir exprimer. L'idéalisation même de ces Chanteurs est si ostensiblement idéaliste, justement, que l'on sent ici non seulement l'auréole de ce "Sacre des écrivains" que Paul Bénichou a évoqué, avant d'en venir à "l'École du désenchantement" qui l'a suivi, surtout après l'échec de la Seconde République, mais aussi l'ombre de la parodie. Après avoir donné l'impression de louer l'imbrication spirituelle, culturelle et temporelle des chanteurs, prêtres et souverains de l'antiquité et du Moyen Âge, le poème se termine sur une pirouette des plus stupéfiantes, dénonçant l'illusion de ces différentes formes d'engagement dans la vie politique et religieuse. Ces passages consacrés au passé comportaient déjà une charge intertextuelle corrosive et lorsqu'on les regarde de près, on voit bien que ne serait-ce que par la rime conclusive du passage en question, "l'énorme et superbe *tuerie*,/Du temps de l'Empereur à la barbe *fleurie*" n'est pas réellement une célébration des croisades entreprises par un christianisme guerrier (comme l'observe Jacques Robichez, le mot *tuerie*, signifiant notamment "*abattoir*", avait "plus de brutalité sous la plume de Verlaine que de nos jours" [*OP* 497]). Le texte tout entier possède ainsi une fonction critique, anti-idéaliste, répudiant aussi bien la collaboration docile ou symbiotique des poètes avec les différents pouvoirs historiques – au point de "les pouss[er]/Aux guerres", avec un enjambement très insistant – que leurs velléités idéalistes de se créer une communauté utopique détachée de ce "tas plaintif des nations" évoqué par "Vers dorés" avec une logique non moins antiphrastique [*AB2* 38-40].

40

Reste cependant le problème de ce refus de "célébr[er] l'orgueil des Républiques" affiché par la fin du poème. On a pu en inférer que Verlaine ne voulait pas s'opposer dans ce recueil à l'Empire. Comme on vient de le voir, cela supposerait un mode d'emploi ensuite contredit par certains poèmes du recueil. En réalité, pour définir l'idéologie du poète, le mot "République" s'avère insuffisant et potentiellement trompeur. Le prouve en particulier "Les Grotesques" [51], dont la référence à Gautier est systématique et, implicitement, décapante.

– Il reprend le titre d'un livre célèbre portant sur des écrivains marginaux de Gautier (1834-1844).

– Il propose ici le seul poème en quatrains d'octosyllabes à rimes croisées du recueil, reprenant le modèle strophique utilisé massivement et notoirement dans *Émaux et Camées*.

– Comme on le sait (voir notamment [BORNECQUE, 1952, p. 219-220]), il se réfère ici, comme dans "Nuit du Walpurgis classique", à un poème d'*Émaux et Camées*, "Vieux de la vieille".

– Verlaine a réussi à faire publier ce poème et la "Nuit du Walpurgis classique"... dans la *Revue du Dix-neuvième siècle* du même Gautier.

L'opération polémique est nette. Peu de mois avant le coup d'État de Louis-Napoléon Bonaparte, "Vieux de la vieille", poème de ce Gautier prétendument apolitique, célébrait la présence quasi spectrale et grotesque des vétérans bonapartistes, rendant hommage à leur héros devant la colonne Vendôme. Il s'agissait donc d'un poème *utile* pour l'idéologie qui était sur le point de renverser la République et Gautier a été gratifié... de la gratitude des vétérans évoqués. Verlaine met en scène au contraire des "grotesques" révolutionnaires, la rime *libertés::révoltés* accompagnant l'évocation de vaincus qui chantent "des chants bizarres" sur leurs guitares, très proches dans leur lyrisme des dissonances de la musique populaire évoquée dans "Nocturne parisien" [79-80] qui font "Vibrer l'âme aux proscrits, aux femmes, aux artistes.", en dépit de sa discordance brutale : "C'est écorché, c'est faux, c'est horrible, c'est dur, [...]". On peut penser à la critique sous-entendue par Baudelaire lorsqu'il affirme au sujet de Banville : "Aussi, dans ses œuvres, vous n'entendrez pas les dissonances, les discordances des musiques du sabbat, non plus que les glapissements de l'ironie, cette vengeance du vaincu." [*CB* 2 168]...

Ces grotesques traversent un paysage marécageux qui suggère fortement qu'ils se trouvent dans une colonie pénitentiaire. Outre les références de Hugo dans Les Châtiments, on peut penser aux avertissements du Père Duchêne de Vermersch et Humbert à l'époque de la Commune : "Eh ! Eh !... attention mes gaillards !... si les calotins et les jean-foutres de royalistes venaient à triompher, garde à vous !/D'abord on emmènerait à Cayenne ou à la Nouvelle-Calédonie une cinquantaine de milliers de patriotes, la fleur du sans culottisme./Et on leur ferait dessécher les marais et faire la récolte du poivre." (cf. numéro du 21 Germinal). Surtout, la référence à leur châtiment par la Nature, sous l'œil fermé des paradis (la rime *maudits::paradis* étant éloquente...), en fait des ennemis de Dieu, les châtiments étant infligés non pas à l'Empereur et ses sbires, comme le désirait Hugo, mais aux vaincus de deux conjonctures différentes, que Verlaine désigne sténographiquement en parlant des "juins" et des "décembres", visant décembre 1851, mais aussi juin 1848. C'est ici que se comprennent à la fois l'identité de ces grotesques, et la spécificité de la perspective de Verlaine face à celle de Hugo. Laissons la parole à Maurice Agulhon (voir "Introduction", in *1848, une révolution du discours*, éd. Hélène Millot et Corinne Saminadayar-Perrin, Éditions des Cahiers intempestifs, 2001, p. 9) :

> 1848, Qu'est-ce à dire ? Au sens exact, une année du calendrier. En un sens concis et symbolique, c'est la révolution de 1848, qui commence le 24 février. Mais quand s'arrête la révolution ? Avec les journées de Juin, qui sonnent le glas de l'espoir de justice immédiate ? ou bien quatre ans plus tard, au coup d'État du 2 décembre 51, qui abolit la République ?

> Or, on se juge et on se définit par ce choix de réponses. [...] On pourrait dire, en schématisant pour être clair, qu'il était donc plutôt révolutionnaire de désespérer en "juin" avec Baudelaire, et plus républicain de désespérer en "décembre" avec Hugo.

Verlaine se trouve ici du côté de Baudelaire et c'est ainsi qu'il refuse de cautionner, et *a fortiori* de célébrer, "l'orgueil des Républiques". L'énoncé du "Prologue" (p. 37) se lit mieux sous l'éclairage d'un poème intitulé "Des morts", sous-titré "2 juin 1832 et avril 1834" [*OPC* 18-19], évoquant les victimes révolutionnaires du régime de Louis-Philippe :

> Ils ne redoutaient pas pour la France la botte
> Et l'éperon d'un Czar absolu, beaucoup plus
> Que la molette d'un monarque en redingote.

> Ils voulaient le droit et le droit absolus,
> Ils voulaient "la cavale indomptée et rebelle"*,
> Le soleil sans couchant, l'Océan sans reflux.

> La République, ils la voulaient terrible et belle,
> Rouge et non tricolore, et devenaient très froids
> Quant à la liberté constitutionnelle...

>   *Il s'agit d'une citation d'Auguste Barbier désignant la France républicaine

Ces vers, publiés dans le journal *L'Avenir* de Vermersch en 1872 (l'ami de Verlaine, exilé à Londres, était condamné à mort par contumace), dans le cadre d'une conférence du journaliste communard portant sur Blanqui, le révolutionnaire français le plus célèbre, auraient été composés du temps où le poète était toujours au lycée. Leur méfiance face à la "liberté constitutionnelle" vise à la fois la monarchie constitutionnelle de Louis-Philippe et, sans doute, le suffrage universel que le futur Napoléon III avait su exploiter en se servant de la Seconde République avant de recourir à la stratégie plébiscitaire. Mais ce texte montre bien que ce que désire Verlaine, ce n'est pas une République à l'image de celle qui a réprimé les ouvriers en juin 1848, mais la "Sociale", son idéologie pouvant être qualifiée, en gros, de précommunarde, avec son inspiration hébértiste et, sans doute, blanquiste. Malgré son apparence comique, Monsieur Prudhomme se rattache par son statut de bourgeois non seulement au philistinisme d'une classe mercantile, mais aussi à une classe qui, sous Louis-Philippe, a montré sa modération juste-milieu d'une manière que les Canuts lyonnais ont pu apprécier à sa juste valeur antiphrastique. Le bourgeois, pour Verlaine, n'est pas que l'antonyme de l'artiste.

Cette idéologie révolutionnaire prend en considération à la fois la pauvreté et la répression, les cadavres charriés par la Seine dans "Nocturne parisien" pouvant être non seulement ceux de personnes noyées accidentellement, tuées par des criminels ou suicidées, mais aussi les morts des répressions de 1848 et de 1851, provenant notamment des "bouges" des faubourgs ouvriers. Elle a comme composante décisive l'anticléricalisme, qui était aussi celui de Ricard, d'où la dédicace à cet ami de "La Mort de Philippe II" où l'hypocrisie et la cruauté de l'Église sont détaillées avec une force qui permet de trouver très improbable l'évocation de Ricard, pour cette époque au moins, d'un Verlaine républicain mais "farouche catholique de la bonne époque espagnole de l'Inquisition" (cf. Louis-Xavier de Ricard, *Petits Mémoires d'un parnassien*, éd. Michael Pakenham, Minard, 1967, p. 110) ce qui rendrait incompréhensible la composition d'un poème qui s'attaque précisément à l'Inquisition comme le fait "La Mort de Philippe II". Cet anticléricalisme est central dans "Jésuitisme", où la critique s'est contentée de parler d'un sujet hypocrite sans relever les motivations idéologiques du poème, l'allusion à Tartuffe servant d'aiguillage pour que le lecteur saisisse les suggestions de manipulation érotique et même de pédophilie offertes par ce texte, qui s'attaque ainsi directement à la partie de l'Église catholique qui était la bête noire des révolutionnaires et synonyme de casuistique et de machinations. L'anticléricalisme apparaît à la fois dans la fausseté du culte de "Nevermore [II]", dans ses liens troubles avec les arcs de triomphe du bonapartisme, et dans "l'œil fermé des paradis" des "Grotesques", mais on peut ajouter d'autres éléments, souvent appuyés rythmiquement, comme la césure qui coupe le mot complexe "Saint-

+ Esprit" ("Épilogue") ou celle qui souligne l'adjectif dans l'expression "ciel + vide" ("L'Angoisse"). Et avant la punition évoquée par "Grotesques", "Effet de nuit" montre une scène de peine capitale où les pertuisanes et fers qui "Luisent à contresens des lances de l'averse" dans un univers dont Sainte-Beuve a relevé... les effets piquants [*OB* 23, *CG* 1 102], les accessoires de la Passion des suppliciés ("buissons d'épines", "quelques houx") vont de pair avec "Un ciel blafard que déchiquette/De flèches et de tours à jour la silhouette/D'une ville gothique" : les tours de l'aristocratie ont comme garant de leur légitimité les "flèches" pointues des églises qui contribuent à cet univers angulaire et violent du déchiquetage de l'être humain. Il n'est pas possible d'entrer dans le détail ici d'autres éléments idéologiques dans le symbolisme et l'allégorie de poèmes comme "Cauchemar", "Marine" ou "Nuit du Walpurgis classique" qui chaque fois visent l'Empire, et au moins pour deux de ces textes, le prétendu apolitisme de Gautier. Nous renvoyons aux notes dans notre édition des *Poëmes saturniens* [Murphy]. Est-ce en signe de l'approbation du ciel qu'il pleut... des hallebardes ? Si Lorédan Larchey enregistre il tombe des hallebardes, avec l'explication "Mot à mot : pluie à vous percer jusqu'aux os." (*Dictionnaire historique d'argot*, Jean-Cyrille Godefroy, 1872 [1881], s.v. hallebardes), Alfred Delvau donne cette définition : "Lance, s.f. Pluie, – dans l'argot des faubouriens, qui ont emprunté ce mot à l'argot des voleurs./À qui qu'il appartienne, il fait image." (*Dictionnaire de la langue verte*, Slatkine, 1972 [1883]).

Un sujet pervers

La subversion apparaît aussi sous la forme de suggestions sexuelles. Les sous-entendus de ce type prennent souvent une forme idéologiquement et non seulement sémantiquement équivoque. Pour "Croquis parisien", Verlaine a dû se résigner à perdre le mot "putain", comme on l'a vu, mais il n'a pas entièrement vidé le recueil de ses suggestions grivoises ou érotiques, avec la courtisane d'"Un dahlia" et la "gouge" de "Sérénade", avec des évocations très nettes de l'orgasme (ce "spasme obsesseur" de "Lassitude"), des insinuations saphiques ("Femme et chatte", voir Solenn Dupas, "Le chant des "pensers clandestins" : poétiques obliques du désir dans les *Poèmes saturniens*", in *LV*, p. 84-85), ainsi que les accusations portées contre le sujet jésuitique et contre les Jésuites que nous avons déjà relevées et, croyons-nous, contre César Borgia. Mais on doit aussi signaler un implicite potentiellement ou certainement homosexuel, le "sujet pervers et révolté" de la Nature ("Épilogue", *v.* 8 [91]) étant en proie parfois aux désirs que l'on qualifiait couramment d'"antiphysiques" à l'époque, des désirs contre-nature puisqu'ils n'auraient pas leur place dans les desseins de la Création divine :

– Dans "Un dahlia", l'emploi exclusif de rimes masculines pourrait éventuellement suggérer que ce "roi" possède des connotations homosexuelles (voir Solenn Dupas, in *LV*, p. 87), même si nous serions enclin plutôt y voir surtout le signe d'un manque de féminité ; la même caractéristique dans "Croquis parisien" pourrait insinuer que si le promeneur pense à Phidias, à Marathon et à Salamine, et surtout à Platon, c'est qu'il pense à la Grèce antique sous ses formes militaires et viriles, mais aussi à l'homosexualité qui avait sa place dans la civilisation de cette époque (cette civilisation sera une référence centrale pour Gide, que Verlaine n'oubliera pas entièrement dans *Hombres*).

– Plus sûrement, la structure du sonnet "renversé" "Résignation" est le premier exemple chez Verlaine de l'emploi de cette forme de sonnets où les quatrains suivent les tercets, tous les premiers exemples de cet emploi ayant un lien avec l'évocation de l'homosexualité (voir notre article "Sur quelques sonnets renversants de Verlaine", in *Hommage à Louis Forestier*, éd. Gabriele-Aldo Bertozzi, Plaisance, 8, p. 121-131), ici particulièrement oblique (*v.* 13-14 et les connotations de Sardanapale, relevées notamment par Baudelaire en commentant Delacroix) puisque contrairement à "Sappho", publié sous le manteau, ou "Le Bon Disciple" [*OPC* 215], qui n'est connu que grâce à la police belge, il s'agissait de publier le poème à une époque où personne (à l'exception peut-être de Lepelletier) ne soupçonnait la bisexualité du poète. Cette métaphorisation a pu inciter la critique à parler de "sonnet inverti", mais outre le fait que le terme sonnet *renversé* existait bien vers cette époque, le concept d'inversion et le mot *inverti* n'existaient pas encore pour désigner l'homosexualité, d'où le danger d'une assimilation anachronique.

– Dans "Marco", la plupart des lecteurs penseront d'abord que ce prénom normalement masculin désigne un homme, de sorte qu'avec sa rime *hommes::Sodomes* (utilisée fréquemment dans la suite de l'œuvre d'une manière plus explicite), Verlaine semble évoquer un désir "pédérastique". Se référant cependant à une pièce, *Les Filles de marbre*, où Marco est une courtisane, l'alibi survient, rappelant les techniques de travestissement (ou le cas échéant d'hermaphroditisme) qui, couramment, soulevaient la question de l'homosexualité en jouant avec les frontières de l'interdit (par exemple chez Gautier, dans *Mademoiselle de Maupin* ou "Contralto"). En même temps, indiquant le prototype du rythme utilisé dans son poème, Verlaine intitula le modèle "Mignon", à la place de "Rêverie", pour lancer une passerelle discrète entre le personnage féminin de Goethe… et les mignons au sens de ceux d'Henri III, dont il parlera dans un sonnet en rimes masculines probablement composé dans la seconde moitié des années 1860.

Dans tous ces textes, il y a une véritable ambivalence, liée à des contextes d'artifice, de décadence, de corruption. Sardanapale pouvant faire penser autant à la décadence morale de Napoléon III qu'à quelque libération sexuelle, Marco à la vie vénale du Second Empire. Verlaine procède avec une extrême précaution, mais il pose discrètement quelques pions, avant des œuvres ou l'érotisme sera central, explicitement (*Les Amies*) ou d'une manière plus oblique (*Fêtes galantes*), avant l'espèce de *coming-out* qu'impliquent – sans pour autant chanter l'éloge de l'homosexualité – les *Romances sans paroles*. On ne peut pas prendre pour une évidence le fait qu'en 1866, Verlaine était en mesure d'*assumer* pleinement ces désirs, que les révolutionnaires condamnaient autant que l'Église et qu'il était à l'époque presque impensable d'exprimer clairement.

Dispositifs mélancoliques

• L'uniformisation et le cliché

Dans les années 1850 et 1860, la mélancolie a assez mauvaise presse. Les postulats que Rousseau avait développés au début de ses *Confessions* avaient semblé pouvoir légitimer l'exploration sans limite possible de la sensibilité individuelle et une originalisation littéraire irrespectueuse des frontières qui ne pouvait qu'échapper à l'uniformité. Pourtant, aux modèles du classicisme allaient succéder d'autres modèles, romantiques. Effets de mode, de cénacle, d'uniformisation à la base de cette crise du lyrisme déjà évoquée, d'où des vers comme : "nous qu'on ne voit point les soirs aller par groupes/Harmonieux aux bords des *lacs* et nous pâmant", où l'enjambement épingle les "harmonies poétiques" de Lamartine comme dans le "Prologue" le rejet d'"ères/Barbares" visait les *Poésies barbares* de Leconte de Lisle. Mais ce refus dit aussi, comme Flaubert à plus d'une reprise dans *Madame Bovary*, la répudiation du psittacisme consistant à transformer l'originalité et l'individualité d'une œuvre en prétexte à des opérations de recopiage, les "groupes" se livrant à des transes romantiques collectives comme de modernes précieux.

C'est ainsi que la mélancolie verlainienne sera souvent escortée de signaux qui servent à montrer que cette émotion n'est pas servie sans conscience aiguë des dangers qui l'accompagnent. Ainsi, même dans certains des poèmes les plus intensément mélancoliques du recueil, on trouve les marques d'une ironie, d'une distance critique. Dans "À une passante", le sujet baudelairien "crispé comme un extravagant", dans une rue bruyante, permettait par sa posture aux confins du caricatural, par l'écart face au *locus amoenus* bucolique, d'asseoir une nouvelle mélancolie qui allait à nouveau émouvoir. De même, dans "Nevermore [1]", dont le titre lui-même sert de garde-fou potentiel, en rappelant l'essai de Poe et la possibilité d'un poème mélancolique dépourvu de substrat autobiographique réel, "les cheveux et la pensée au vent" rappellent discrètement, comme les "rêveurs" qui viennent "songer, cœur et cheveux au vent" dans "Nocturne parisien", un cliché de l'iconographie romantique, convoqué par Baudelaire dans "Le Voyage" avec une ironie nostalgique et dans "La Béatrice" avec le burin d'une caricature démoniaque portant sur l'histrion lyrique inconscient. De même, l'amour courtois qui caractérise le comportement du sujet dans le passé est beau jusque dans sa stéréotypie dans "Nevermore [1]" : la beauté, dans *Madame Bovary*, provient en partie justement des clichés romantiques, dont Flaubert a réussi par un paradoxe créateur très riche à maintenir une partie de l'impact affectif tout en en entreprenant le démontage culturel. Comme l'a écrit Michael Riffaterre dans "L'illusion référentielle" (in R. Barthes *et alii*, *Littérature et réalité*, Le Seuil, 1982, p. 106) :

Les clichés et stéréotypes ont de longue date encouru le mépris des critiques pour de mauvaises raisons, qui font que la mode littéraire les condamne sans autre forme de procès et donne une prime à l'originalité, à l'inspiration et à tout ce qui y ressemble. Pourtant, les clichés sont partout, tout faits ; ce sont toujours les vestiges de formules heureuses, proférées pour la première fois il y a bien longtemps, et ils sont donc pleins d'une puissance stylistique en conserve, si j'ose dire.

Ainsi s'agit-il bien plus d'essayer de sauver la mélancolie de l'invasion involontaire du cliché que de procéder à l'éviction du clichéique.

En même temps, il fallait empêcher le lecteur de remonter jusqu'à d'éventuels pilotis dans la vie personnelle du poète. Alors que pour Lepelletier, il n'y avait aucune référence autobiographique à chercher, pour J.-H. Bornecque, en particulier, le recueil est devenu en grande partie un hommage à Élisa Dujardin, cousine du poète, d'où une série d'exégèses où le critique s'efforçait de montrer des liens référentiels entre les paysages saturniens et les environs de Lécluse où habitait cette cousine pour laquelle Verlaine avait certainement beaucoup d'affection. Il convient de rester prudent sur ce point, même si quelques détails pourraient aller dans le sens de cette hypothèse, en particulier l'idée que le nom de la cousine (et peut-être de la mère de Verlaine, qui s'appelait aussi Élisa), serait impliqué par "Mon rêve familier" [43] : "Son nom ? Je me souviens qu'il est doux et sonore/Comme ceux des aimés que la Vie exila." (suggestion faite indépendamment par Jean-Pierre Bobillot et Jean-Luc Steinmetz au colloque de Cerisy en 1996). De même, "Après trois ans" [40] propose un petit tableau... du jardin où il manque quelque chose, qui pourrait bien prendre la forme d'un nom... Comme Baudelaire, Verlaine a voulu laisser dans l'ombre tout ce qui relevait de sa vie privée et à vrai dire, de telles hypothèses n'aident que très marginalement à comprendre la mélancolie du recueil.

• Catégories de mélancolie

Verlaine a voulu, par les titres mêmes du recueil, affiner et varier la représentation de la mélancolie en recourant à un éventail de syndromes. S'il suit le fil syntagmatique du recueil, le lecteur lit "Résignation" dans le sillage de deux autres titres apparemment convergents : "Poëmes saturniens" et "Melancholia". Il suffit de lire la table des matières pour comprendre que des textes comme "Angoisse" et "Lassitude" se relient à cette pathologie et pour imaginer qu'"Après trois ans" pourrait avoir une finalité élégiaque (surtout si l'on connaît "Trois ans après" de Hugo) ; pour ceux qui connaissaient "Le Corbeau" de Poe, le titre "Nevermore" n'était pas d'un optimisme béat. Il n'empêche que Verlaine a pu déjouer de plusieurs manières les attentes de lecteurs qui, malgré tout, essayaient sans doute souvent de récupérer une mélancolie reconnaissable, en dépit des déviations qu'il a ménagées. Ce lecteur qui allait se jeter sur l'interjection "Hélas !" dans "Vœu", "Mon rêve familier" et "À une femme" risquait cependant d'être désarçonné par l'incompatibilité des registres et des sujets, deux des poèmes se trouvant à la frontière du parodique.

La mélancolie prendra la forme dans le recueil d'un faisceau de relations distinctes au temps. La forme la plus répandue est celle des regrets, au sens d'une perte ou d'un deuil (notamment en début de recueil), au sens aussi (surtout dans la dernière partie du recueil) de remords. Le passé triomphe sous la forme de hantises, d'obsessions, du retour, émouvant ou terrifiant d'une vie perdue ou d'ombres qui menacent. On trouve aussi cependant des textes qui situent l'insatisfaction et la tristesse dans le présent comme "Lassitude", ou qui la projettent dans l'avenir, comme "Angoisse". L'amoureux incompétent et le sujet qui "pour d'affreux naufrages appareille", en souvenir de la fin du "Voyage" baudelairien ("Ce pays nous ennuie, ô Mort ! Appareillons !"), sont cependant soumis à un traitement corrosif.

Dans "Les Sages d'autrefois, qui valaient bien ceux-ci [...]", Verlaine part d'une antinomie entre *autrefois* et un aujourd'hui impliqué par le déictique "ceux-ci" ; "Prologue" développe longuement une antithèse entre le passé et "Aujourd'hui" ; le sonnet "Résignation" oppose avec une concision contrastive non moins dramatique un passé ("Tout enfant") et, à nouveau, "Aujourd'hui". Ces textes posent ainsi d'emblée des oppositions d'ordre axiologique et même idéologique : l'histoire de l'humanité, de la culture, mais aussi du sujet individuel se décrit-il en termes d'une chute, d'un progrès, de zigzags impénétrables, ou l'aliénation serait-elle un fait anthropologique ? Dans "Résignation", on assiste à une concession partielle au principe de réalité mais aussi à la survie des pulsions utopiques et en quelque sorte antisociales ; dans "Prologue", il en allait déjà du problème de la résignation, le poème récusant à la fois la collaboration avec les pouvoirs spirituels et temporels et toute démission dans le solipsisme. Ainsi, la mélancolie peut se relier à une conception de l'Histoire et de la possibilité d'y trouver un (ou du) sens.

La mélancolie arrivera souvent à la figuration grâce au recours aux schémas traditionnels, archétypaux, de l'enchaînement des saisons et des heures. Il suffit, pour se rendre compte de l'importance de ces phénomènes, qui lient de manière distendue ou au contraire serrée les poèmes, de se pencher sur les trois premières sections du recueil dont le rapport au temps est souvent capital.

Dans "Melancholia", les saisons jouent un rôle important dans "Nevermore [1]" où l'hiver implicite du présent est opposé à deux paliers temporels, un passé automnal aux confins de l'hiver, où les grives sont poussées par l'instinct de migration, et un passé plus éloigné marqué par les "premières fleurs", celles du printemps de l'amour ; dans "Vœu" et "À une femme", les images d'hirondelles, de loups, d'émotions qui se déplacent avec les saisons, reconduisent cette logique de la migration, de la perte.

Les quatre premières "Eaux-fortes" sont puissamment corrélées avec des images nocturnes, les rêveries du sujet virant au cauchemar, à d'obscures allégories, avant de se fixer un instant sur une évocation dans un passé lointain d'une scène d'exécution, puis de revenir au présent dans "Grotesques", où la mention de crépuscules ne situe pas aussi précisément le temps de l'évocation. Dans les "Paysages tristes", c'est surtout à la nuit et à ses frontières que Verlaine s'intéresse. Malgré de fréquents paralogismes commis à ce sujet, "Soleils couchants" ne montre pas le couchant, mais bien, comme le dit l'incipit du poème, "Une aube affaiblie" qui ressemble à un couchant. "Crépuscule du soir mystique" et "Promenade sentimentale" montrent le crépuscule qui se transforme en nuit complète ; "Nuit du Walpurgis classique" évoque la nuit des fantômes qui se dispersent avec l'arrivée de l'aube ; "Chanson d'automne" reprend la logique mélancolique de l'automne, un vent qui rappelle peut-être la bise de "Nevermore [I]", tout en mentionnant une heure qui sonne comme une injonction de remémoration ; "L'Heure du berger" et "Le Rossignol" montrent enfin tous les deux la fin de la journée et la venue de la nuit.

Le recueil peut inscrire la mélancolie dans un contexte urbain et c'est en particulier le cas pour "Nocturne parisien". Mais la mélancolie restera dans ce recueil un phénomène plus souvent lié à la nature et à des paysages, dont la tristesse fonctionne par une projection en soi assez typique des procédures romantiques d'association. Dans "Le Lac", il était question de l'espoir de pouvoir graver le souvenir d'un présent sublime dans la grandeur d'un arrière-fond naturel. Les paysages saturniens échappent cependant en général aux canevas grandioses des scènes de la nature sauvage du romantisme ; on trouve plutôt des paysages qui étaient à la portée du lecteur rural ou de tout citadin qui était en mesure de se promener dans des parcs. Les fleurs, arbres et oiseaux ne sont pas exotiques dans les "Paysages tristes", les trembles, aunes et saules, les éperviers, chouettes et alouettes, font partie de l'expérience normale de la plupart des Français de l'époque.

Il y a, dans ces représentations, une part d'observation, comme pour le vol des chats-huants de "L'Heure du berger" qui semblent ramer avec leurs lents battements d'ailes, ou les mélancoliques appels des sarcelles, les vols de grives, etc. Mais il y a aussi, systématiquement, un appel fait à des valeurs symboliques. Les marécages conservent leur fonction traditionnelle d'indicateur d'enlisement ontologique ou moral ; le rossignol maintient son rôle de répondant allégorique du poète amoureux ; les hiboux n'ont pas entièrement perdu leurs connotations fantastiques, ni les corbeaux leur statut réel, mais aussi symbolique, de charognards. La grive, dans "Nevermore [1]", rappelle, pour le lecteur de 1866, un passage célèbre des *Mémoires d'outre-tombe* où Chateaubriand évoquait un souvenir involontaire, passage que Proust commentera avec émerveillement et qui était, pour le contemporain de Verlaine, ce qu'est pour le lecteur moderne le goût de la madeleine trempée dans la tisane. Autrement dit, le vu, le vécu se trouvent constamment filtrés par la culture, par la lecture, et cela non seulement parce que l'artiste, nécessairement, pense à travers des modèles et des souvenirs livresques, mais aussi parce que Verlaine voudra offrir à ses lecteurs des textes qui inscrivent une réflexion, un travail lucide, et qui refusent visiblement de reconduire en l'état la mélancolie exprimée directement, par jaillissement de l'âme, du contrat lamartinien. Du coup, il incombera à ces lecteurs de faire un travail d'interprétation, pour saisir par exemple les paliers temporels et le symbolisme des oiseaux dans "Le Rossignol", pour comprendre la référence à Vénus anadyomène dans "L'Heure du berger" ou pour imaginer ce qui pourrait manquer au canevas élégiaque d'"Après trois ans". À facture laborieuse, lecture active…

C'est ainsi que Verlaine essayera de prouver à sa manière ce que Poe avait déjà affirmé, à savoir que "La mélancolie est donc le plus légitime de tous les tons poétiques." (cf. Edgar Allan Poe, *Contes, essais, poèmes*, éd. C. Richard, Laffont, "Bouquins", 1989, p. 1011). Il le fera en montrant qu'il n'était pas soumis à la compulsion de répétition des thuriféraires de Lamartine et de Musset, mais sans occulter ce qu'il devait, notamment, à Baudelaire. Il ne s'agit pas de trouver de domaines thématiques inédits, mais d'innover, selon la logique de son essai sur Baudelaire, dans les domaines apparemment ingrats constitués par les "lieux communs". Pour cela, l'une des stratégies sera celle de la répétition, en droite ligne de ce que Poe avait dit des "moyens d'*effet*" assurés par le refrain (cf. Edgar Allan Poe, *Contes, essais, poèmes*, éd. C. Richard, Laffont, "Bouquins", 1989, p. 1011) :

> "Tel qu'on en use communément, le refrain non seulement est limité aux vers lyriques ; mais encore la vigueur de l'impression qu'il doit produire dépend de la puissance de la monotonie dans le son et dans la pensée. Le plaisir est tiré uniquement de la sensation d'identité, de répétition. Je résolus de varier l'effet, pour l'augmenter, en restant généralement fidèle à la monotonie du son, pendant que j'altérais continuellement celle de la pensée [...]"

Verlaine a bien compris à quel point cette méthode se trouvait au cœur de certains procédés de Baudelaire, commentant ainsi l'emploi de répétitions dans *Les Fleurs du Mal* :

> "[...] là où il est sans égal, c'est dans ce procédé si simple en apparence, mais en vérité si décevant et si difficile, qui consiste à faire revenir un vers toujours le même autour d'une idée toujours nouvelle et réciproquement ; en un mot à peindre l'*obsession*. Lisez plutôt, dans le genre délicat et amoureux, *le Balcon*, et dans le genre sombre, *l'Irrémédiable*."

Verlaine pensait plutôt à "L'Irréparable" qu'à "L'Irrémédiable", par un compréhensible glissement synonymique. Il s'agissait de poèmes présentant des quintils où le premier vers était repris exactement ou avec des variations dans le dernier vers du quintil et c'est précisément ce que Verlaine fera dans "Nevermore [II]" avec cette même logique de l'obsession. Mais il ira bien plus loin dans les "Paysages tristes", où trois poèmes de suite, "Soleils couchants", "Crépuscule du soir mystique" et "Promenade sentimentale" déploient un mouvement tournoyant de répétitions, innovant sans doute sous l'inspiration surtout du pantoum qu'est "Harmonie du soir" de Baudelaire (Comme l'a montré Alain Chevrier, "La forme pantoum chez Verlaine", *Revue Verlaine*, 10, 2007, p. 121-148). Car Verlaine n'ignorait pas tout ce que la versification pouvait faire pour donner expression à des émotions, pour figurer dans l'énonciation la force de l'affect, d'où d'innombrables effets de discordance significatifs, pour la mélancolie, mais aussi pour l'ironie, l'horreur ou le sentiment de la beauté.

Impossible cependant de ne pas revenir sur la dimension historique de la mélancolie, déjà entrevue pour "Prologue". La mélancolie avait depuis la Révolution française une relation intime avec les cataclysmes politiques, avec une période de changements de régime rapides et brutaux, avec la Terreur, la révolution "escamotée" de 1830, les événements de juin 48, le coup d'État. Chateaubriand, Musset, Baudelaire, Leconte de Lisle, tous ont à leur manière développé des formes de mélancolie littéraire liées, parfois par la dénégation, aux turbulences d'une histoire déceptive et cruelle. L'échec de 1848 aura une incidence considérable sur la production de Flaubert et Baudelaire, et tout autant sur Leconte de Lisle, sans disparaître de vue dans leur œuvre (voir notamment Ross Chambers, *Mélancolie et opposition. Les débuts du modernisme en France*, Corti, 1987 ; Dolf Oehler, *Le Spleen contre l'oubli. Juin 1848. Baudelaire, Flaubert, Heine, Herzen*, Payot, 1988 (réed. 1996) ; Richard Burton, *Baudelaire and the Second Republic. Writing and revolution*, Oxford, Clarendon Press, 1991 ; Pierre Laforgue, *Baudelaire dépolitiqué, Quatre études sur* Les Fleurs du Mal, Eurédit, 2002). Chez Verlaine, on ne doit pas séparer les allégories du "Cauchemar" et de "Marine", les portraits de la répression d'"Effet de nuit" et des "Grotesques", de la mélancolie d'une aliénation politisée, où la Mort prend une figure bonapartiste, mais aussi, parfois, républicaine. Car la situation historique fait partie de cette encyclopédie de la mélancolie moderne, avec toutes les récriminations et tous les remords que cette période a pu alimenter.

Ce n'est probablement pas un hasard si la sortie de la crise saturnienne annoncée au début de l'"Épilogue" suit de près "Nocturne parisien", "César Borgia" et "La Mort de Philippe II". Car ces textes, avec leur historicité appuyée, ne se limitent pas à s'attrister devant l'oppression. Ils critiquent, résistent et mordent. C'était peut-être ainsi que le futur auteur des *Vaincus* pouvait sortir d'un destin tracé par Saturne, en se rendant précisément compte d'une liberté artistique qui pouvait prendre la forme, sans subordonner l'Art à la Politique, d'une résistance culturelle active.

LES AMIES

Les six sonnets des *Amies* seront publiés dans une petite plaquette, chez Auguste Poulet-Malassis, l'éditeur de Baudelaire – des *Fleurs du Mal*, mais aussi des *Épaves*. Fin connaisseur de la poésie, républicain convaincu, éditeur patenté, y compris dans le domaine des *curiosa*, Poulet-Malassis était sans doute plus proche des préoccupations de Verlaine que Lemerre, qui avait plus ou moins repris son créneau sur le marché de la poésie. Généralement édités dans le cadre de *Parallèlement* où Verlaine les avait repris en 1889, ces sonnets sont cependant un maillon important dans son évolution poétique et leur publication à l'endroit qu'ils avaient occupé par Olivier BIVORT [2000] a été très utile. Poursuivant l'érotisme de certaines pièces des *Poëmes saturniens*, la plaquette annonce aussi l'un des domaines thématiques privilégiés des *Fêtes galantes*. Hommage à Baudelaire, mort le 31 août 1867, le petit recueil constitue en même temps pour Verlaine une manière de reconnaître l'apport de l'auteur de poèmes saphiques condamnés par la justice impériale – son propre recueil sera condamné par le tribunal de Lille en mai 1868 – et de réaffirmer sa loyauté envers ce poète dont on avait tant critiqué l'influence sur les *Poëmes saturniens*. On a pu déplorer le manque de dimension spirituelle dans ces poèmes. Il convient plutôt d'observer que Verlaine arrache ainsi la représentation du saphisme à une problématique de la culpabilité. L'athée qu'il était n'allait guère se contenter d'interpréter la question saphique à travers le catholicisme, mais il faut ajouter que pour lui, la question de l'homosexualité féminine posait forcément celle de l'homosexualité masculine, de sorte que le recueil n'est pas que l'expression de fantasmes d'homme portant sur les femmes, même si le Verlaine profondément bisexuel n'était sans doute pas insensible à cet aspect de la poésie (méta)saphique (Voir surtout Myriam Robic, "Verlaine et le saphisme", *Europe*, n° 936, avril 2007, p. 200-211).

Par son recours à un sonnet renversé comme par ses rimes exclusivement féminines (déjà utilisées notamment dans "Erinna", par Banville, pour figurer explicitement le contenu saphique du texte), Verlaine poursuivait l'emploi de connotations formelles déjà ébauchées dans les *Poëmes saturniens* et qui allaient jouer un rôle dans les recueils suivants. Mais dans les *Fêtes galantes*, le sonnet allait (plus ou moins) disparaître de vue, ainsi que l'influence patente de Baudelaire.

Et, un an écoulé, il imprimait *Pour Cythère*, où un progrès très sérieux fut avoué par la critique. Le petit bouquin fit même quelque bruit dans le monde des poètes. (Verlaine, sous la signature "Pauvre Lelian")

[*Pr* 687]

Impénitent, Verlaine publia un an après les *Fêtes galantes* qui eurent quelque succès et procurèrent, étrangement gracieuses sans conteste et raffinées, non fades, qu'elles étaient, avec un point de mélancolie quelque peu féroce, un regain de lecture aux *Poèmes saturniens*. (Verlaine, sous la signature "Pierre et Paul")

[*Pr* 766]

Gracieuses, mais étrangement ; raffinées, mais non fades ; mélancoliques avec cependant un brin de férocité : revenant sur les *Fêtes galantes* dans les années 1880, Verlaine semble avoir tenu à sous-entendre des restrictions, encourageant le lecteur à ne pas se limiter à l'impression initiale de grâce raffinée et mélancolique ; il fallait aussi retrouver ce qui n'est pas fade, ce qui est étrange et même "quelque peu" féroce, les formules atténuantes typiques du poète attirant l'attention sur ce qui restait, dans le recueil, discret, implicite, à l'état de suggestions qui attendaient le lecteur pour prendre vie. C'est en particulier sur ces caractéristiques du texte que nous voudrions attirer ici l'attention ; elles peuvent en effet aider à se prémunir contre des clichés qui ont fait obstacle à une exploration des stratégies poétiques de ce Verlaine de la fin des années 1860, qui n'avait rien perdu de son acuité ironique, de ses jeux malicieux, en fabriquant ce monde impossible et qui semble à première vue si détaché de tout engagement psychique personnel comme de toute pertinence "sérieuse".

Univers de référence : la poésie

S'il avait déjà lu les *Poèmes saturniens* et *Les Amies*, le lecteur contemporain risquait d'être frappé par un changement d'horizons intertextuels marqué par les *Fêtes galantes*. Les échos faits à l'œuvre de Leconte de Lisle – peu centrales, il est vrai, et parodiques – semblent avoir pour l'essentiel disparu. Surtout, cette innutrition baudelairienne tant déplorée a perdu une part de sa visibilité, sans que la référence disparaisse et surtout sans que les leçons prodiguées par Baudelaire aient perdu pour Verlaine de leur force. On verra du reste que dans "L'Amour par terre", la référence baudelairienne réapparaîtra.

On dirait en revanche qu'avec un mimétisme plus discret, transformant ses modèles de manière plus complète, Verlaine se penche toujours autant sur les œuvres des deux autres tétrarques du Parnasse.

Est toujours présent, en filigrane, ce Gautier qui avait été un intertexte privilégié de l'un des deux "poëmes saturniens" les plus proches de l'univers de référence des *Fêtes galantes*, cette "Nuit du Walpurgis classique" qui ressuscitait des spectres du monde "aulique" de Versailles et, en général, des parcs de Lenôtre. On n'a pas manqué de relever les poèmes de Gautier qui avaient pu contribuer à l'idée que Verlaine se faisait des emplois poétiques possibles de ce monde du XVIIIe siècle : l'admirable séquence de poèmes en décasyllabes 4-6 "Rocaille", "Pastel", "Watteau" des *Poésies diverses*, puis les "Variations sur le carnaval de Venise" dans *Émaux et Camées*, où Arlequin, "Cassandre son souffre-douleur", "Le blanc Pierrot", "Le Docteur bolonais", Polichinelle, Trivelin, Colombine et Scaramouche font revivre les personnages de la Commedia dell'Arte dans le carnaval du XIXe siècle grâce à une énumération sténographique de leur apparence physique et vestimentaire (le masque de "nègre" d'Arlequin, l'éventail ou le gant de Colombine), de leur psychologie de convention. On y voit aussi bien la violence franche d'Arlequin, avec sa batte habituelle impliquée par l'action de "ross[er]" Cassandre, que des actes de séduction et "Un domino ne laissant voir/Qu'un malin regard en coulisse/Aux paupières de satin noir." Monde de masques et d'apparences souvent trompeuses. On pourra ajouter comme intertexte plausible le poème "Le Banc de pierre", poème en huitains composés de 7 décasyllabes 4-6 suivis d'un octosyllabe qui a vraisemblablement été un intertexte important de "Colloque sentimental" et qui était le deuxième poème dans le premier volume du *Parnasse contemporain*, la participation de Gautier étant placée au tout début de la revue.

On peut cependant penser que Verlaine s'est encore plus fortement imprégné du monde poétique de Banville, auteur très proche du monde des "Caprices" où Verlaine avait inséré "La Chanson des ingénues", l'autre "poëme saturnien" proche de la veine d'inspiration des *Fêtes galantes* – et Banville a particulièrement apprécié ces "Caprices" qui, intertextuellement, lui ressemblaient. Lorsqu'il passe en revue les caractéristiques des acolytes de Leconte de Lisle, Banville et Baudelaire, c'est "une certaine afféterie" qui le frappe chez les "tenants" de Banville [*Pr* 829], très compatible avec ce monde des "fêtes galantes" (cf. les "mille façons et mille afféteries" de "L'Allée" [100] ; Francis Magnard parlera de "veine curieuse de recherche et d'afféterie voulue" [*OB* 49, *CG* 1 970]). Dans une série de "trios" de petites têtes caricaturées, Verlaine transforme Banville en Gille (Ce dessin est reproduit dans Christian Galantaris, Verlaine, Rimbaud, Mallarmé. Catalogue raisonné d'une collection [la collection Édouard-Henri Fischer]. Supplément, Paris et Genève, Éditions des cendres, 2003, n° 288, p. 26), assimilation qui apparaît également dans ses "Souvenirs sur Théodore de Banville" :

> Il était impossible de trouver un plus charmant, un plus brillant causeur, en même temps qu'un hôte aussi affable, d'une malice douce et sans fiel, véritablement unique. Son visage, qui rappelait celui du *Gille* de Watteau, était un aimable et singulier mélange de bonté presque puérile et de finesse infinie.
>
> [*Pr* 282]

Dans une de ses Figurines de poètes, publiée le 2 octobre 1868, Catulle Mendès, avait fait naître Banville de l'amour entre "Appollôn Ekébole" et "une ingénue du théâtre des Funambulesques" de Deburau, Pulcinella : "Physiquement, Théodore de Banville ressemblerait à la lune, qui ressemble à Pierrot", s'il n'avait pas des "soucis" d'un ordre plus profond (voir *Portraits littéraires*, éd. M. Pakenham, University of Exeter, 1979, p. 20). Ce genre de comparaison était courant à un moment où Banville était avant tout, pour beaucoup de lecteurs, le poète des *Odes funambulesques*, mais elle était sans doute surdéterminée, chez Verlaine, par le souvenir des *Cariatides* dont une section fut intitulée "À Clymène. Pastiches" puis, dans l'édition de 1857, "En habit zinzolin" (voir Philippe Andrès, "Verlaine et Banville, parallèlement", in *VALL*, p. 291-306 et Bertand Degott, "Fêtes galantes : le faune et le zinzolin", in [BERNADET, *Verlaine première manière*, p. 84-100]). Les *Fêtes galantes* contiennent justement un poème intitulé "À Clymène", d'abord, dans le manuscrit Zweig, intitulé peut-être "Chanson d'amour" (les dernières lettres sont si fortement barrées qu'il est difficile de confirmer cette hypothèse de Jacques Robichez), puis "Galimathias double" (v. Un style "des plus faciles", Masques, galimathias, philomathie), et un autre qui portait d'abord ce titre, avant d'être renommé "Dans la grotte", poème qui semble précisément prolonger en la radicalisant le sens du "Madrigal, à Clymène" de Banville (poème reproduit plus loin, dans notre explication de "Dans la grotte"). On ajoutera cependant presque tous les poèmes de la section "Les Caprices, en dizains à la manière de Clément Marot" et notamment "Fête galante", "Pierrot" ou "Trumeau". Comme la séquence de trois poèmes de Gautier déjà mentionnés, qui faisaient partie des intertextes de ces poèmes "à la manière de" Marot, les caprices ont été écrits en décasyllabes 4-6, comme certains des poèmes d'"En habit zinzolin", cette fois avec une motivation historique affichée mais un second point de référence que la fin des "Caprices" signale (le 24e et dernier dizain finit sur le vers "Et je lirai les strophes de Gautier." ; cette séquence datée de 1842 suivait de quelques années seulement les poèmes de Gautier dont "Rocaille" porte la date 1835). Ces textes ont bien pu influer sur le choix de ce mètre moins utilisé au XIXe siècle que l'alexandrin et l'octosyllabe pour "À la promenade" et surtout pour les poèmes qui ouvrent et ferment le recueil, les 4-6 jouant ainsi un rôle structurel que l'on peut comparer à celle des Poëmes saturniens, cette fois sans le 5-5 cependant qui devait avoir pour Verlaine des associations peu compatibles avec la versification des XVIIe et XVIIIe siècles (pour l'historique du 5-5, voir Jean-Michel Gouvard, *La Versification*, PU de France, 1999, p. 127-129), motivation pour ainsi dire négative que l'on retrouve pour l'absence (apparente – on y reviendra) du sonnet. Dans les *Fêtes galantes*, "À la promenade" n'occupe pas une position aussi névralgique que les deux autres poèmes en 4-6 ; dans *L'Artiste*, en revanche, si la première série, "Fêtes galantes", commence en janvier 1868 sur "Clair de lune", la seconde, "Nouvelles Fêtes galantes", commence justement en juillet de la même année sur "À la promenade" pour finir sur "Colloque sentimental", ce qui confirme que Verlaine a conféré au 4-6 un rôle privilégié assez tôt dans l'histoire de ce recueil.

On ajoutera enfin, dans la logique de ses références au XVIIIe siècle, au "temps des bergeries" ("L'Allée") et des fêtes galantes, que si Banville a écrit un poème intitulé "Trumeau" – le titre utilisé pour la première publication de "Mandoline" – Hugo avait pensé à ce titre ou à "Dessus de porte" pour "La Fête chez Thérèse", poème publié dans *Les Contemplations* : il s'agissait de l'un des poèmes préférés de Verlaine et selon Lepelletier, l'un des rares poèmes qu'il l'a entendu réciter de mémoire. Il paraît en outre à peu près sûr qu'en écrivant "Le Faune" et "Colloque sentimental", Verlaine pensait à "La Statue" dans le même recueil hugolien (voir notre article "'En tapinois' : 'des sujets érotiques, si vagues' dans les *Fêtes galantes*", in *LV*, p. 177-182).

Univers de référence : la peinture, le livre comme objet

On a souvent procédé comme si ce recueil fournissait une série de transpositions d'art, comme s'il avait été question pour Verlaine de produire un musée virtuel à l'instar des *Phares* de Baudelaire, comme par une arborescence naturelle à partir de l'*ekphrasis* qui s'incarnerait dans certains des *Poëmes saturniens*. Verlaine a lu *L'Art du XVIIIe siècle* des frères Goncourt (1860) et sans doute *Les Peintres des fêtes galantes* de Charles Blanc (1854), ainsi que les chapitres pertinents de la *Galerie du XVIIIe siècle* d'Arsène Houssaye (rééditée en 1858), d'autant que c'est dans la revue *L'Artiste* de Houssaye que parut pour la première fois une grande partie du recueil. Comme l'a cependant montré Jacques Robichez, au-delà de pareilles lectures, où les Goncourt ont joué un rôle central, Verlaine s'appuie plus générale-

ment sur "le goût du Second Empire pour le style Louis XV" [*OP* 66].
À une époque où la redécouverte littéraire et artistique de cette
période a été bien lancée, l'éloge de Watteau n'est plus à faire.

Le "vous" interpellé dans "Clair de lune" [97] est-il, au moins à un
niveau de lecture, Watteau lui-même ? (voir H. Scepi, "Explication de
texte : 'Clair de lune'", in [BERNADET, *Verlaine première manière*, p. 133]).

Ou plutôt "un effet de dédoublement lyrique, le poète s'adressant à
lui-même comme à son lecteur" ? (Voir B. Degott, "Fêtes galantes : le
faune et le zinzolin", in [BERNADET, *Verlaine première manière*,
p. 91]). Si Verlaine enlève le nom du peintre dans ce poème, pour
substituer à "de Watteau" les mots "triste et beau" (voir H. Scepi, *ibid.*,
p. 138 et B. Degott, *ibid.*, p. 87), le titre même du recueil ne manque
pas de faire penser au même peintre et à ses acolytes (cf. le titre du
livre de Charles Blanc), mais en généralisant quelque peu la perspec-
tive pour désigner tout un genre et toute une mode. Le titre "À
Cythère" – localisation, dédicace ou même prière ? – renvoie impli-
citement à des tableaux de Watteau, comme plus spécifiquement encore
Pour Cythère, titre que "Pauvre Lelian" emploie pour désigner le
recueil dans *Les Poètes maudits* qui peut raccourcir le titre
"L'Embarquement pour Cythère" ou suggérer une dédicace ou même
une prise de position ("pour Cythère" et non "contre..."). En même
temps, il n'est pas impossible que Verlaine ait pensé au poème dysto-
pique "Un voyage à Cythère" de Baudelaire. Il reste cependant difficile
de savoir à quel point Verlaine a puisé ses images dans une connais-
sance de gravures montrant des tableaux de Watteau et à quel point son
idée de Watteau se fondait sur des évocations écrites. Pour "Le Faune",
il a presque certainement su l'existence de figures de ce type chez le
peintre, ne serait-ce que par le biais d'évocations écrites comme celles
de Charles Blanc ; pour "Cortège", la référence est quasi certaine
comme l'a montré J.-H. Bornecque qui reproduit un "Cortège" du
peintre où le serviteur noir relève en effet un peu trop la robe de la
belle, trop occupée à parler avec un homme pour s'en apercevoir
[cf. BORNECQUE 1969] et sa reproduction de l'image dans le dossier
non paginé en fin de volume ; un exemple manifeste est "L'Hiver",
auquel on reviendra en commentant "En patinant". On verra du reste
que la sculpture est également mise en scène, avec encore semble-t-il
des modèles littéraires et artistiques identifiables. Comme l'a montré
Éléonore Zimmermann [ZIMMERMANN p. 290-293], Verlaine présente
ici des paysages comportant généralement un nombre assez réduit
d'éléments visuels, quelques couleurs, jeux de lumières et accessoires,
des personnages parfois réduits à un statut de convention, sans psycho-
logie individualisée ; des personnes qui jouent derrière des masques

(comme des acteurs ou des participants à un carnaval ou bal masqué) ou des personnages imaginés comme réels, sans pour autant atteindre par cette animation une épaisseur psychologique. Ces lignes de Nicolas Wanlin dans "Le dispositif du paysage dans *Poèmes saturniens* et *Fêtes galantes*" [in *LV*, p. 135] posent bien le problème :

> Verlaine paysagiste assume, et revendique même, la superficialité : les personnages des *Fêtes galantes* ne sont que des types, des caractères de comédie, des "masques", ses femmes sont "fardées et peintes", bref, sa psychologie se réduit à celle de la peinture. Encore ne choisit-il pas un genre de peinture renommé pour ses qualités d'expression mais plutôt pour l'équilibre entre personnages et paysage. Verlaine n'y cherche assurément pas un moyen de révéler quelque chose de l'âme, mais trouve plutôt dans l'art du paysage, ou encore de la fête galante, une expression emphatique de l'artifice qui préside à toute représentation. Car le paysage n'est pas l'art le plus proche de la nature, comme on pourrait le préjuger, mais au contraire celui qui congédie la nature.

Il arrive cependant, on le verra, que l'épaisseur s'ajoute, ces représentations construisant un réseau serré d'autoréférences qui laissent imaginer au lecteur, au fur et à mesure qu'il entre de plus en plus dans cet univers, la possibilité de psychologies sous-jacentes de sujets – ou même une psychologie unitaire qui pourrait fonder les ironies, mais aussi les désirs et les angoisses, exprimés dans le recueil. Car si les femmes sont "fardées et peintes", cela ne présuppose pas toujours qu'elles n'existent que dans cette surface fausse ; il peut y avoir aussi, comme pour la lectrice de "L'Allée", une fine mouche derrière la perruche apparente, les "mille afféteries" n'étant que "d'ordinaire" réservées à des femmes décoratives mais sans profondeur.

Si l'ambition est en partie d'évoquer un style Régence, avec sa préciosité et son maniérisme, il s'agira aussi, avec un style parsemé d'archaïsmes lexicaux et syntaxiques, d'offrir une manière qui échappe aux normes du XIXe siècle. Cet effet était décuplé, pour le lecteur, par la présentation de ce qu'un entrefilet de l'époque a qualifié de "véritable bijou typographique" [*CG* 1 968]. Avec ses lettrines, avec l'emploi du signe "&" à la place de "et" (sauf dans les titres et en début de vers), avec des *s* à l'ancienne (en forme presque de *f*) sauf dans les titres, en début de vers et en fin de mot, ce petit volume donnait une impression (aux deux sens du mot) archaïque, en corrélation avec la période référée. En même temps, par certaines allusions synchroniques que le lecteur attentif de l'époque pouvait récupérer, par des traits formels ultramodernes, Verlaine s'adonnait aussi au plaisir, si souvent cultivé dans les travestissements et parodies, de l'anachronisme, de l'interférence de registres et de connotations historiques.

On connaît depuis longtemps un ensemble de manuscrits autographes et de versions imprimées, provenant de Stefan Zweig, conservés aujourd'hui à Londres, à la British Library. Reproduits dans la série fac-similaire "Les Manuscrits des maîtres" par Messein, en 1920, ces documents auraient servi, pensait-on, à la publication de l'édition originale. En réalité, un autre ensemble, provenant précisément d'Alphonse Lemerre, constitué également d'autographes et de coupures de pré-originales, a été utilisé par l'éditeur, et les manuscrits sont plus nettement calligraphiés que dans l'autre version : outre sa volonté d'être lisible, pour éviter des erreurs d'impression, ces soins particuliers suggèrent sans doute les soins que l'éditeur et ses typographes devront apporter dans la confection de cet ouvrage qui repose sur une certaine concertation entre le poète et son éditeur. La plasticité et le visuel ne se cantonnent donc pas dans le domaine des peintures et sculptures évoquées.

Pulsions textuelles

Parmi les réactions que pouvait programmer le poème il fallait compter, à côté de la mélancolie ou du sentiment de la beauté, le désir sexuel. Ce que n'ignorait évidemment pas Baudelaire, même s'il s'est en général gardé de mentionner cet ingrédient dans la confection de ses recettes poétiques, que les détracteurs n'ont cependant pas manqué d'identifier : Ernest Pinard parlera de "peintures obscènes qui corrompent ceux qui ne savent rien encore de la vie", d'un livre qui "excite les curiosités mauvaises" et constitue "le piment des sens blasés" [*CB* 1 1209]. Remettre "le plaisir" au cœur de l'expérience littéraire, comme Stendhal l'avait fait dans *Racine et Shakespeare*, comme Barthes le fera dans *Le Plaisir du texte*, peut conduire à une véritable poétique de la jouissance, mais aussi à une poétique de la frustration et à une sorte de joute herméneutique avec l'"ennemi lecteur" [*Pr* 618], selon une logique exposée dans "Charles Baudelaire" : "contrarier un peu le lecteur, chose toujours voluptueuse" [*Pr* 612]. Cela peut prendre la forme de provocations visant particulièrement les femmes [*Pr* 602] ou mettant en boîte la naïveté des hommes, dupés par les femmes. Cette question de la duperie est l'un des points de convergence entre stratégies esthétiques et littéraires, la littérature n'étant pas loin d'impliquer, dans l'idée de Verlaine, la perversité de l'auteur – ce qui ne l'empêche pas de donner l'impression d'une "naïveté" – et la perversité potentielle du lecteur. Celle-ci peut prendre la forme d'une méconnaissance totale du texte comme lorsque Charles Bataille lisait "Croquis parisien" ou Jules Lemaître "Crépuscule du soir mystique", mais elle est constamment sollicitée pour que le lecteur refuse au texte toute univocité littérale. Car si le soir est "équivoque", dans "Les Ingénus", c'est comme pour refléter le comportement des protagonistes du poème, mais aussi des stratégies du poète : des paysages pervers de la galanterie succèdent aux "paysages tristes", saturniens. Ces équivoques expliquent la portée des "yeux pervers" de Colombine, qui ne sont pas loin de nous dire le genre de regard que le lecteur est sommé d'adopter, la réflexivité étant encore plus marquée dans "L'Allée", où l'acte de lecture est mis en scène : la lecture de "sujets + érotiques, si vagues" (avec une césure qui insiste sur le premier adjectif) doit exhumer ce qui se trouve "en tapinois" ("Fantoches") dans le texte. Non pas simplement des sujets qui parlent d'amour, selon l'interprétation plate et euphémique que l'on rencontre souvent, mais une lecture qui fait "souri[re]" et "rêv[er]" : connivence *érotique* avec l'auteur, humour du grivois, plaisir de lecture qui conditionne l'interprétation érotique de son jeu manuel avec son éventail ; elle ne lit ce livre érotique que d'une main, fidèle en cela au modèle ambidextre invoqué par Rousseau (voir, reprenant en titre la formulation de Rousseau, Jean-Marie Goulemot, *Ces livres qu'on ne lit que d'une main. Lecture et lecteurs de livres pornographiques au XVIIIe siècle*, Alinéa, 1991). On trouvera du reste comme un écho affaibli de ce scénario dans l'évocation par Verlaine des difficultés d'interprétation de Mathilde, confrontée à ce recueil :

> La pauvre enfant ! Je vous crois que mes vers, les *Poèmes saturniens* [...] et les *Fêtes galantes*, très justiciables de leur intitulé, devaient lui sembler... durs à comprendre ou plutôt à deviner.
>
> [*Pr* 505]

Difficulté pour une part liée au fait qu'elle croyait (d'après Verlaine) que les enfants naissaient "quand on baisait un homme sur la bouche" [*Pr* 526], d'où un poème dont le statut reste incertain (provenant de ses tiroirs ou de sa mémoire ? ou encore invention humoristique après coup ?) où avec des allusions au Baudelaire d'"À celle qui est trop gaie" – "Ton corps ingénu vers quoi rampe/Mon désir guettant tout espoir" – l'idée que ce même corps "vibre en la nuit nuptiale", Verlaine aurait fait part de sa compétence encyclopédique supérieure : "Tu parles d'avoir un enfant/Et n'as qu'à moitié la recette./Nous baiser sur la bouche, avant,/Est utile, certes, à cette/Besogne d'avoir un enfant." [*Pr* 529]. Avec son enjambement des plus significatifs, soulignant et pour ainsi dire dysphémisant l'euphémisme, le poème repose néanmoins sur des sous-entendus que la réceptrice était en principe incapable de saisir. Humour peut-être bien apocryphe, du point de vue de la véracité de ces *Confessions*, mais qui est pour beaucoup dans le contrat de communication des œuvres de ce type, qui tirent beaucoup de plaisir aussi de lecteurs et de lectrices inexpérimentées ou incompétentes.

La galanterie – raffinée ou du moins compliquée – laisse apparaître le soubassement sexuel de ces fêtes, comme si ce raffinement, ce maniérisme, n'étaient qu'un vaste euphémisme, tendant à la légitimation sociale d'une jouissance (ou désir de désir) qui n'aurait pour se distinguer (pour maintenir la distinction sociale) que sa sinuosité et, souvent, son ratage. Ce n'est donc pas un hasard si le fait d'être *dupe* est un élément capital dans cet univers. Baudelaire, déjà, faisait de la lucidité une valeur centrale, insistant sur le fait que Poe "ne fut jamais dupe !" [*CB* 2 321]. Verlaine, dans son essai de 1865, ne procédait pas autrement dans cette parenthèse décisive : "(Recette : la poésie ne consisterait-elle point par hasard à ne jamais être dupe et à parfois le paraître ?)" [*Pr* 608]. Les erreurs de lecture n'étaient pas tant un regrettable accident de parcours nécessité par la peur de la censure, qu'une source de jubilation sardonique. Baudelaire s'expliquait dans un de ses projets de préface pour *Les Fleurs du Mal* sur sa réticence à essayer d'expliquer sa méthode : "les uns savent ou devinent, et […] les autres ne comprendront jamais" [*CB* 1 185]. Pour l'érotisme et l'humour, il fallait éviter de neutraliser l'envie justement de deviner. Comme pour les parodies des *Poëmes saturniens*, il ne faudra jamais expliquer "le mécanisme des trucs" [*CB* 1 185] – contrairement au critique (piètre vocation…).

La duperie galante ne s'accomplit cependant pas sans la complicité des victimes. Certes, Colombine "Conduit son troupeau/De dupes" d'une main de maîtresse, mais si "Les Ingénus" sont trompés par le jeu de séduction de ces jeunes femmes qui laissent apercevoir par intermittence, comme accidentellement, leur peau blanche, c'est qu'ils le veulent bien. Ils n'ont pas tout à fait l'innocence de Jérôme qui, dans le récit gidien *La Porte étroite*, pense que sa tante Lucile Bucolin porte des robes très décolletées à cause de l'été, sans imaginer… d'autres chaleurs. Aussi, ces jupes longues qui se prennent dans les "hauts talons", avec comme adjuvants opportuns "le terrain et le vent", ces insectes réels ou imaginaires que les "belles" chassent en exhibant un instant leurs nuques, les "mots si spécieux" – chatoyants mais faux – ne trompent pas vraiment ces faux ingénus, qui cependant s'en tiennent semble-t-il à ce que les "belles" daignent offrir (comme le rappelle Olivier Bivort, l'étymologie est *speciosus* "de bel aspect, d'extérieur brillant, qui produit des effets (en parlant d'un style)" [Bivort 2000, p. 76]). Il y a évidemment un danger de surinterprétation. Mais l'auteur peut faire appel à cette idée pour se dédouaner des significations inadmissibles de son texte, comme lorsque Baudelaire a reproché aux magistrats leur "interprétation syphilitique" du sang noir d'"À celle qui est trop gaie", lequel ne serait que celui de la mélancolie, tout en ajoutant subrepticement à l'interprétation de ses ennemis un élément qu'ils n'avaient pas invoqué, la maladie vénérienne enrichissant ainsi leur hypothèse d'une scène de viol, comme l'a montré Claude Pichois [*CB* 1 1133].

Mais il y a aussi le danger, dont Verlaine nous prévient, de la sous-interprétation, d'où le risque de rater la jouissance textuelle, problème soulevé dans "Les Indolents", et de s'inscrire dans la catégorie peu glorieuse des "dupes". Et cette vie sociale doit se lire, s'interpréter, à l'image du recueil (et réciproquement). Le mécanisme de cette communication brouillée a été exposé par Jean Gaudon (voir Verlaine, *Fêtes galantes*, *La Bonne Chanson*, *Romances sans paroles*, *Écrits sur Rimbaud*, Flammarion, "GF", 1976, p. 13) :

> Les "indolents" ne sont séparés que par une métaphore, mais cela suffit à les paralyser. "Mourons ensemble" dit le garçon, Tircis, qui a des lettres. Dorimène [...] opte malheureusement pour le sens littéral et se moque de cette bizarrerie. Cette importante divergence d'interprétation fait qu'ils ajournent "une exquise mort" que d'autres appellent "petite", provoquant ainsi le ricanement des silvains et du poète-commentateur. Tircis, d'ailleurs n'est pas le seul, parmi les amants des *Fêtes galantes*, à négliger de pousser son avantage, et l'on dirait bien que la gaucherie, l'à-peu-près, l'équivoque, la parodie qui minent le discours amoureux sont autant de figures parfaitement lisibles d'une "indolence" généralisée que l'on pourrait appeler inappétence.

Il faut faire la part d'incompétences diverses.

De l'incompétence d'abord de ceux et celles qui restent collés dans le littéral, incapables de comprendre les syllepses à la base du jeu grivois et humoristique si récurrent dans le recueil (nul n'ignore à quel point les syllepses sont à la base du "marivaudage" mais... d'une manière moins scandaleuse). Or l'un des titres envisagés pour "À Clymène", "Galimathias double" "appartient à une théorie courante chez les instituteurs de la IIIe République", écrit Jean Batany : "il y avait 'galimathias simple' quand l'auditeur ne comprenait pas, et 'galimathias double' quand le locuteur ne comprenait pas non plus ses propres paroles" ("Verlaine et son lecteur interprète", in *Mélanges en l'honneur de Nicole Gueunier*, éd. Nathalie Rossi-Gensane, Tours, Publications de l'université François-Rabelais, 2004, p. 21-22).

– un freudien serait sans doute tenté d'objecter que dans ce cas, toute littérature est, en partie au moins, affaire de galimathias double, la construction lucide n'étant jamais pleinement dissociée du travail du fantasme.

On peut se demander si Verlaine ne pensait pas à une recension du *Parnasse contemporain* où Victor Fournel parlait de "galimathias quadruple" et faisait des reproches à Charles Coran qui ont pu intéresser l'auteur de "Mandoline", poème intitulé d'abord "Trumeau" : "Avec M. Charles Coran, le sensualisme se fait lascif à plaisir, et tombe dans la *polissonnerie* précieuse et marivaudée, comme un roman de Crébillon fils ou un trumeau de Fragonard." (voir l'article de l'*Annuaire contemporain*. *Revue de l'année [1866]*, Adrien Le Clerc, 1867, cité par Yann Mortelette dans *Le Parnasse*, Presses de l'université de Paris-Sorbonne, 2006, p. 77-78). Le mot *trumeau* figure dans le poème en question de Coran, qui est très loin cependant de l'inspiration verlainienne. Dans les *Romances sans paroles*, le titre "Streets" semble en tout cas s'expliquer en partie par une telle réplique humoristique puisque dans son compte rendu des *Poëmes saturniens*, Henri Nicolle se moquait ainsi des mots grecs et indiens : "S'il allait à Londres, notre poète chanterait assurément qu'il a parcouru de larges *streets* et qu'il a vu le palais de la *queen*." [*OB* 32, *CG* 1 959]. Peut-être s'agissait-il de procéder par une prolepse (au sens rhétorique du terme), en faisant semblant d'admettre cette critique (que l'on avait formulée de diverses manières lors de la publication des *Poëmes saturniens*, par exemple Urbain Fagès : "Le titre est menteur ; M. Verlaine eût pu tout aussi bien mettre en tête de son livre : *Poëmes lunatiques*. En tout cas, qu'il ait écrit pour les habitants de Saturne ou pour ceux de la lune, ce n'est toujours pas nous autres, humbles fils de la terre." [*CG* 1 964]) tout en montrant, par l'ironie citationnelle, qu'il s'agit au contraire de la réfuter. En même temps, le texte suppose précisément une conception négative de ce discours. Verlaine a pu trouver qu'il prêtait inutilement des verges pour se faire battre, tout en dévoilant aux lecteurs plus astucieux un peu trop vite une ironie qui gagnait à rester latente.

Mais il faut aussi faire la part de l'incompétence de séducteurs qui, invoquant un peu trop complaisamment leurs capacités, que ce soit ce locuteur des "Indolents" qui se dit "Amant/Irréprochable, assurément." – et qui rate bêtement son opération de séduction (il s'agit bien d'"amants bizarres" qui font penser au "bizarre amant" baudelairien dans "Sonnet d'automne") – ou le narrateur d'"En patinant" qui évoque "l'élégance réclamée/De tout irréprochable amant", supposant comme Dorimène dans "Les Indolents" le sens faible d'*amant*, les reproches envisagés étant alors plutôt vestimentaires... alors que le texte suggère que le sujet s'en tient, faute de mieux, aux premières phases de la séduction. Les rodomontades du sujet de "Dans la grotte" font parade de cette même fatuité, d'une manière littéralement *grotesque* (cf. plus loin notre explication de ce texte) et "L'Amour par terre" fournira, on le verra, une nouvelle variante du scénario présomptueux. Dans un ordre d'idées assez proche, le sujet de "Lettre" (sur ce poème, voir [BERNADET, "César et Cléopâtre : la véritable philosophie de la *Lettre*", 2007]) nourrirait un "projet + impatient" "Pour conquérir le monde et tous ses trésors pour/Mettre à vos pieds ce gage", avant la pirouette peu révérencieuse de la fin, où s'exprime une sorte d'indifférence aux possibilités de séduction offertes par la communication épistolaire : après avoir déployé sa rhétorique, le sujet en dévoile le caractère creux et sa radicale inutilité. L'incapacité peut résulter de l'inexpérience, mais tout aussi bien du trop-plein d'expérience d'un sujet blasé.

On n'est pas loin de "Lassitude", dans les *Poëmes saturniens*, où le sujet comique n'aspire qu'à gagner le sommeil tandis que sa partenaire… n'a pas été plus satisfaite que Messaline. C'est cette capacité de se satisfaire de peu, mais qui est en même temps beaucoup, que résulte l'état des personnages d'"En patinant" [107] avec leurs "Rires oiseaux, pleurs sans raisons,/Mains indéfiniment pressées,/Tristesses moites, pâmoisons,/Et quel vague dans les pensées !", victime de ce "vague des passions" dont Chateaubriand allait explorer les méandres à la fin du XVIIIe siècle. Finalement, cette tristesse d'avant serait sans doute préférable à son homologue d'après.

L'indolence qui sert d'arrière-fond à ces "fêtes" résumerait un statut social et existentiel lié à une vie de cour qui, ne supposant que minimalement des devoirs à accomplir, transforme le loisir démesuré en désœuvrement – il ne s'agit pas de ces moments où les citadins travailleurs de "Nocturne parisien" parviennent à trouver une petite libération en allant regarder le couchant du soleil. C'est en conférant une ironique proéminence au verbe que fonctionne l'enjambement "le cœur/Chôme" ; ces patineurs ne craignent pas le chômage. Mais l'indolence prendrait aussi la forme d'un refus de la douleur (cf. le "si dolent tableau" de "L'Amour par terre") qui laisse penser que le rêve consisterait parfois à réduire la pression, la tension, l'inquiétude, en se gardant de toute velléité d'épanouissement existentiel et en restant bien en deçà de l'amour véritable, avec le risque d'un progressif émoussement ontologique et érotique (cf. les implications diachronique de l'adjectif : "indolent 1590, Sully, 'insensible' ; XVIIIe s., 'apathique' ; du bas lat. *indolens*, 'qui ne souffre pas'", Albert Dauzat, Jean Dubois et Henri Mitterand, *Nouveau dictionnaire étymologique et historique*, Larousse, 1971, s.v. doléance).

Venons-en maintenant à "En patinant" [106-108] où le "vague dans les pensées" et dans les passions résulte de chaleurs que l'Automne s'appliquera à neutraliser. Ces "mauvaises habitudes" que la saison moins ardente va "corriger, bref et sec", désignent par une périphrase convenue la masturbation, comme dans un passage des *Confessions* que nous citerons plus loin dans ce chapitre. L'automne agit donc comme un parent qui punit son enfant pris en flagrant délit d'"onanisme" (on sait l'importance d'une telle scène dans *Si le grain ne meurt*, ici il s'agirait plutôt sans doute de coup(s) de férule et non d'un scénario de menace de castration de type gidien). On est proche du scénario à punition ritualisée d'"À la promenade", où le délit est programmé pour mériter ce châtiment non moins "sec", moins comme un antonyme de la jouissance que comme son ersatz troublant [101] :

> Et les amants lutinent les amantes,
>
> De qui la main imperceptible sait
> Parfois donner un soufflet, qu'on échange
> Contre un baiser sur l'extrême phalange
> Du petit doigt, et comme la chose est
>
> Immensément excessive et farouche,
> On est puni par un regard très sec, […]

Le masochisme de cet "échange" érotique – avec un petit côté… *Confessions* – semble bien supposer un symbolisme des plus suggestifs, "érotique dans son incongruité même, aux limites du fétichisme" (cf. B. Degott, in [BERNADET, *Verlaine première manière*, p. 97]).

Dans "En patinant", la mise en scène, proche de celle déjà relevée dans "L'Allée", insinue cependant que dans ce monde de la galanterie, où l'on pourrait imaginer un libertinage libre et épanoui, la communication érotique ne finit pas toujours (et peut-être pas souvent) autrement que dans des plaisirs partiels, solitaires et furtifs. Il s'agira souvent d'entrevisions du corps, de frôlements, mais ce monde reste fortement imprégné d'insatisfactions érotiques et ontologiques.

Or dans le manuscrit Zweig, apparaissent sur deux lignes les mots barrés : "Les quatre saisons/Sur la glace". S'agissait-il comme on a pu le suggérer de "deux titres" (c'est l'hypothèse retenue par *OPC* et O. Bivort), éd. citée, l'un et l'autre abandonnés, ou d'un titre suivi d'un sous-titre ? On ne peut exclure absolument l'hypothèse d'une série abandonnée, comme "Mon almanach pour 1874", qui allait prendre la forme de quatre sonnets portant les titres des saisons ; "Sur la glace" serait-il le volet consacré à l'hiver (cf. "Printemps" et "Été" dans *Les Amies*…) dans un quadriptyque ? En réalité, les quatre saisons apparaissent bien dans ce texte et non seulement l'hiver. Surtout, et c'est ce qui montre que les deux notations primitives devaient se lire ensemble, J.-H. Bornecque a prouvé que Verlaine se réfère à "une "suite" de Watteau appartenant à l'album Julienne, et maintes fois gravée : *Les quatre saisons*. Les deux dernières strophes particulièrement correspondent à la gravure ici reproduite." On y voit en effet une femme, les deux mains dans son manchon comme celle représentée par Verlaine dans le dernier quatrain, poussée sur une chaise montée sur un petit traîneau par un homme [cf. BORNECQUE 1969 p. 161] (et sa reproduction de l'image dans le dossier non paginé en fin de volume). Il s'agissait donc bien d'un titre suivi d'un sous-titre, sans que Verlaine ait songé sans doute à composer d'autres volets, puisque son texte englobe les autres saisons. J.-H. Bornecque s'est demandé si Verlaine n'avait pas "développé mentalement son poème à partir de la fin, pour remonter ensuite le cours du temps", relevant en passant que ce poème est "de tous le plus long […] rayonn[ant] au centre du recueil", fonctionnant ainsi comme pour "nettement récapituler la durée du drame insidieux inscrit dans les *Fêtes galantes*" [BORNECQUE 1969 p. 161].

Cette hypothèse d'une composition à partir de l'idée déjà trouvée de la fin, conforme à un aspect des raisonnements de Poe dans "La Genèse d'un poème", peut être intéressant pour ce texte dont il n'existe pas de version pré-originale, peut-être parce que le poème a été de composition relativement tardive et éventuellement en vertu des fonctions structurelles que ce 10e poème du recueil pouvait remplir dans l'organisation du recueil. Même avec le premier titre, le poème présente une évidente disproportion puisque parmi "Les quatre saisons", la seconde partie du dispositif titulaire ne retient que la dernière, à laquelle le poème ne consacre que 2 strophes sur 16. Cet effet est d'autant plus saisissant que ces 64 octosyllabes dépassent de loin les dimensions des autres poèmes du recueil (avec ses 36 vers, *Colombine* est ensuite le poème le plus long, et encore cette longueur est-elle compensée par l'emploi de vers de 5 et de 2 syllabes…). À moins que Verlaine n'ait hésité entre les deux titres, ayant déjà l'idée de la version définitive (et il y aura assez de repentirs dans la genèse du recueil pour que l'on n'écarte pas cette possibilité), le titre calembour serait le résultat d'une idée survenue vers la fin du processus génétique. Le lecteur qui ne connaît pas le sens familier de *patiner* se demandera bien où Verlaine veut en venir ; celui qui aura compris sera ensuite en mesure de se ruer sur d'autres équivoques, possibles mais généralement laissées à un stade de développement pour ainsi dire virtuel, comme ces parieurs qui "tremblent pour leur bourse" (*bourses* "testicules" : les règles rimiques servent d'alibi à la singularisation de ces bourses implicitement au pluriel), sans doute parce que, pour expliciter un peu brutalement l'idée, on… se les gèle (Comme on dit lorsqu'on ne se trouve pas devant le jury de l'Agrégation).

Si le jeu de Verlaine n'a pas la vulgarité de la "galanterie" d'un Glatigny, c'est surtout parce que son jeu repose sur des suggestions qui ne sont jamais absolument explicites, ce qui ne veut pas dire pour autant que ce jeu ne reposera pas sur la présence de vocables qui, privés de leurs alibis contextuels, cantonneraient l'œuvre dans le domaine de l'obscène ou du grivois, comme Baudelaire qui fait retentir un peu trop à la rime le nom *Proserpine* (Voir les observations judicieuses de Claude Pichois [*CB* 1 887]) et dont Verlaine s'inspirera dans "L'Amour par terre" pour une autre équivoque. Le lecteur de *curiosa* de l'époque ne pouvait que sourire devant les *nœuds, rubans, queue*, tous situés en fin d'hémistiche ("L'Allée"), le *dard* ("Les Ingénus"), le mot remplace "vol", qui rimait avant la césure du *v.* 5 avec "col" au même emplacement dans le vers suivant, des mots valises comme *con-fesse* et *vi(t)-comte* dans "En bateau" ou des mots comportant l'élément *cul(e)* (*ridicule::canicule* dans "En patinant", *gesticule* dans "Fantoches", *particularité* dans "Les Coquillages"), puis toute une série de verbes d'action relevant de l'idée d'être en… chaleur ("Quand je brûle et quand tu t'enflammes". Telle est bien la leçon de l'édition originale. On peut rapprocher, à la même époque, sa lettre à Coppée du 12 juin 1868 où il écrit : "*Nihil*, d'ailleurs, *nos vits* (pardon !)." pour *nihil novi* [*CG* 1 134], ou sa lettre à Blémont du 22 juillet 1871 où il évoque un ami "ra*vit-goré*" [*CG* 1 209], remis en santé et donc capable à nouveau de se servir de l'organe en question. Plus tard, on l'a vu, il jouera sur l'à-peu-près *vie-vit* dans "Triolets à une vertu pour s'excuser du peu" (*Femmes*). Des mots comme *ravitailler* et *viticulture* permettaient le même genre d'équivoque. Dans les deux manuscrits, Verlaine a écrit "et que tu t'enflammes", mais une inscription au crayon dans la marge gauche du manuscrit Lemerre substitue le mot "quand". Sur les épreuves de l'édition Vanier de 1886, Verlaine a rétabli "que". L'inscription au crayon semble allographe, mais pourrait avoir résulté d'un changement d'avis sur épreuves de Verlaine. "Que" a l'avantage de permettre une interprétation plus libre des rapports entre ces deux réactions, sans que l'on sache si elles s'activent simultanément ou séparément, ou si l'ardeur de la femme résulte de celle de l'homme), d'*allumer* ("En bateau"), sans oublier des mots comme *excitant, aphrodisiaque* et *émoustillés* ("En patinant") ou l'emploi transparent du verbe *troubl[er]* à la fin des "Coquillages", rappelant peut-être obliquement "La Fête chez Thérèse" (le vers "Et, troublés comme on l'est en songe, vaguement", débouchant sur une sorte de fusion avec le paysage, suit immédiatement la dispersion "sous les profonds feuillages" des personnages pris par le désir sexuel) ; Verlaine avait déjà montré la "Grande dame" saturnienne "Belle […] à troubler sous l'aumusse/Un vieux juge !", le trouble sous le vêtement n'étant pas difficile à identifier, sans parler des "Troubles" et "Transports" excités par la Muse dans l'"Épilogue" du même recueil, parodiant la relation amoureuse entre Poète et Muse en souvenir notamment des "Nuits" de Musset. L'un des objectifs est précisément de transmettre une part de ce trouble au lecteur.

Dans "En patinant", Verlaine a apporté des modifications à la strophe 4 du manuscrit Zweig :

Et même les lilas [= œillets] ont beau
Pousser leur haleine poivrée
Sous [= dans] l'ardeur du soleil nouveau
Cet excitant au plus récrée,

Dans le manuscrit Lemerre, Verlaine retient la modification "Dans", mais revient aux "lilas". Si l'on ne peut être sûr des motivations de ces modifications, on peut remarquer que les lilas sont, pour des raisons référentielles, récurrentes dans des évocations de parcs, et dans ses "Dizains" précités, Banville offrait précisément un poème intitulé "Le Lilas" qui s'adressait à l'arbre et au paysage d'une manière cependant bien moins érotique. Dans ce paysage anthropomorphe, "Sous l'ardeur du soleil" disait peut-être un peu trop l'archétypale chaleur érotique du soleil métaphorisé en forme virile. Mais Verlaine connaissait le sens obscène du mot *œillet* et cela pourrait expliquer à la fois son irruption et sa disparition. Dans le premier vers du célèbre "Sonnet du Trou du Cul" composé par Verlaine (pour les quatrains) et Rimbaud (pour les tercets), inscrit dans l'*Album zutique* dans les derniers mois de 1871, l'orifice en question suscite ce début évocateur : "Obscur et froncé comme un œillet violet", renvoyant à un vocabulaire homosexuel, comme le montrent Delvau ("Boutonnière. La nature de la femme, en opposition à l'anus, que MM. les pédérastes appellent l'œillet.", *Dictionnaire érotique moderne*, 1864, s.v.) ou, en 1869, Henri Cantel : "Ma fesse peut sans honte et sans remords jaloux/S'ouvrir à ton phallus, comme un œillet qui s'ouvre..." (*Amours et priapées. Sonnets*, Poulet-Malassis, p. 22).

L'excitation sexuelle est au cœur de ces canevas et si dans "Cythère" (p. 110), "l'Amour combl[e] tout, hormis/La faim" – faim notamment sexuelle – la remède aux "courbatures" dues à l'amour physique prend une forme qui ne fait pas que rafraîchir et redonner des sucres pour l'énergie, d'où le choix d'aliments ("sor**bets** et *con*fitures" : il faut bien entendu... respecter la liaison, le mot sorbet désigne à l'époque soit une "préparation orientale à base de jus de fruit et de sucre", soit une "boisson à demi glacée obtenue en battant cette préparation avec de l'eau", le mot provenant de l'arabe par l'intermédiaire du turc puis de l'italien. Le *Trésor de la langue française*, présentant ces indications, cite le *Voyage en Orient* de Lamartine (1835) : "les esclaves de l'émir nous apportèrent des sorbets et des confitures de toute espèce". La combinaison connote le goût du luxe exotique de cet univers aux plaisirs que ne goûteront jamais les paysans de l'époque). Dans cette évocation du *vide* de la faim, on peut du reste penser que l'Amour ne *combl[e]* pas "tout" d'une manière absolument innocente, "tout" étant d'une admirable disponibilité sémantico-référentielle.

L'exemple le plus étonnant est sans doute "L'Amour par terre" [120] – ou malgré la publicité du titre, personne ne fait l'amour par terre. Mais en matière d'équivoque, cette frustration sémantique est compensée par des surprises qui vont bien dans la direction charnelle prévue. Cet Amour "Qui, dans le coin le plus mystérieux du parc,/Souriait en bandant malignement son arc,/Et dont l'aspect nous fit tant songer tout un jour !", en écho au discours comique de "Dans la grotte" ("Amour perça-t-il pas de flèches aiguisées/Mon cœur […] ?"), est d'autant plus espiègle que le premier hémistiche réalise une unité de sens tout à fait malin : "Souriait en bandant", reprenant ainsi une plaisanterie traditionnelle. Voir à ce sujet Jean-Pierre Bobillot, "'Et la tigresse épou pou pou…' : duplicités métrico-prosodiques dans les vers de Verlaine" in [*V1896*, p. 286-287]. Dans "Sonnet d'automne", Baudelaire se permet une plaisanterie de ce type mais en plaçant le verbe *bander* juste *après* la césure : "Embusqué, ténébreux, + bande son arc fatal ;", d'où deux accents de suite ("ténébreux, bande"). Verlaine reviendra à ce sonnet baudelairien dans "Dites, n'avez-vous pas, lecteur […]" parodie portant sur les dizains de Coppée inscrit en septembre 1872 dans l'album de Félix Régamey, qui reprend cependant des éléments de "Sonnet d'automne" en montrant l'empereur déchu, dont le cœur (phallique) "s'effrite", référence à Napoléon III en train de penser à sa maîtresse, "sa si pâle Marguerite" (Marguerite Bellanger), au moment où il est en train de mourir de calculs… Autrement dit, il s'agit d'une mise en scène de l'impuissance. Renversé, l'Amour, doit-on supposer – puisque "Le marbre/Au souffle du matin tournoie, épars." – a connu une mortifiante débandade.

Il est probable que Verlaine pense ici, non pas à une "sculpture à la Cousto [*sic*]" (cf. Xavier de Villarceaux : "Avouez que c'est moins la peinture de Watteau que de la sculpture à la Cousto [*sic*]." [*CG* 1 160], *L'Artiste*, 1er juin 1869), mais à une oeuvre de l'un des élèves de Guillaume Coustou. La statue en question d'Edmé Bouchardon, pour laquelle on propose divers titres, montre (pour n'en citer qu'un) *L'Amour se taillant un arc de la massue d'Hercule*. La fidélité au jeune modèle fut telle que la statue suscita un scandale en 1750, son réalisme le faisant qualifier d'"Amour portefaix" (faut-il le rapprocher, par l'étymologie de *faquin*, de l'Arlequin de "Pantomime" ?), d'où l'opprobre de l'œuvre, que l'on a exilée en quelque sorte, jusqu'à ce qu'elle intègre les collections du Louvre sous la Restauration. On peut penser que c'est pour des raisons analogues que l'Amour a été relégué dans un endroit obscur et sans doute peu fréquenté, mais aussi parce que la statue gêne par sa suggestivité, d'où son statut d'emblème implicite d'une censure en douceur. La statue de Bouchardon, montrant un Amour malicieux (puisqu'il joue un tour à Hercule), donne l'impression, sous certains angles, de montrer un jeune homme muni d'un très long sexe en train de faire ses dévotions à celle que le XIXᵉ siècle appelait la Veuve Poignet. Le génie de Bouchardon a consisté notamment à donner au marbre non pas la lourdeur massive de l'objet contondant, mais l'élasticité et la finesse de l'arc, de sorte que le prodige accompli par cet Amour est la métaphore et l'emblème de l'acte du sculpteur. Chez Verlaine, la sculpture est également réflexive.

Verlaine osera bien plus, dans *Fêtes galantes*, que dans *Les Amies*, mais cette fois sa stratégie lui permettra de publier son recueil en France, chez Lemerre, au lieu de recourir à une publication "sous le manteau" grâce à Poulet-Malassis, en Belgique. Car Lemerre n'a sans doute rien compris à ces subterfuges du poète. Le jeu verlainien n'a cependant pas entièrement échappé aux recenseurs, en particulier pour le rococo pornographique des "Coquillages", ce qui du reste n'exigeait pas une très grande compétence herméneutique, radicalisant ainsi la mise en scène de "La Fête chez Thérèse" :

> Colombine dormait dans un gros coquillage,
> Et, quand elle montrait son sein et ses bras nus,
> On eût cru voir la conque, et l'on eût dit Vénus.

Car parmi les coquillages verlainiens, le dernier renvoie à la signification plus précise qu'a le mot dans le langage familier de l'époque (à ce propos, Yves-Gérard Le Dantec avait sûrement raison en y devinant une allusion à "Une négresse par le démon secouée […]" que Mallarmé avait publié dans le *Nouveau Parnasse satyrique* en 1866, dont voici précisément la fin : "cette étrange bouche/Pâle et rose comme un coquillage marin.") et Hugo a montré sa complicité dans ce domaine en faisant part de son appréciation de ce dernier vers, qu'il qualifiait de "bijou" [*CG* 1 157], autre terme, comme par hasard, à fortes connotations érotiques, comme dans *Les Bijoux indiscrets* de Diderot et chez Baudelaire. Relevant cette acception, Michael Pakenham rappelle que "Baudelaire avait répudié les "critiques d'estaminet" qui avaient prêté un sens obscène à l'expression "bijou noir et rose", employée dans son quatrain adressé à Lola de Valence (*Les Épaves*, 1866)" [*CG* 1 157] ; comme l'a fait remarquer Claude Pichois, dans le poème "Les Bijoux", le vœu que la femme aimée porte ses bijoux servait précisément à "détourner l'attention du sujet qui, dans l'esprit de l'époque, est obscène" [*CB* 1 1133].

Mélancolies

L'érotisme "galant" ne va guère sans tristesse, insatisfaction et angoisse ; il n'est pas aussi festif qu'on pouvait d'abord l'imaginer. Comme l'écrit Georges Kliebenstein, "Il n'y a de vrai salut, de pur plaisir nulle part, et les *Fêtes galantes* ressemblent à un *double bind* : *animal triste, post et ante coitum*. Et peut-être même pendant [...]" ("La hantise du sens (sur les formes spectres de 'Colloque sentimental'", in *LV*, p. 147).

C'est ainsi que le rire est souvent éphémère ou creux. On a vu que dans "Les Indolents", l'hilarité des silvains découle de l'incompétence des amants, d'une dérision fondée sur une infortune. Le manuscrit Zweig se termine sur le vers "Hi ! hi ! hi ! les amants bizarres !", reprenant, au pluriel, la formulation de Dorimène à la fin du premier sizain de ces 6 tercets typographiques, tandis que l'édition originale comporte en fin de texte un point et non un point d'exclamation. Olivier Bivort [2000] rétablit le point d'exclamation, sans doute en supposant une erreur de Lemerre face au manuscrit Zweig mais le manuscrit Lemerre présente bien un point, l'éditeur ayant été donc fidèle à la ponctuation souhaitée par le poète. Cette transformation est significative puisque si au *v.* 6 l'exclamativité est celle de Dorimène, dans le dernier vers, on ne sait pas si la perspective est celle des silvains, celle de Dorimène et de Tircis ou celle d'un narrateur anonyme. Certes, "Hi ! hi ! hi !" peut être la transcription de l'hilarité des silvains, mais elle peut aussi donner une expression paraverbale à ce *tort* que les manuscrits Zweig et Lemerre qualifient d'"inexprimable" (et l'édition originelle d'"inexpiable"), car "Hi ! hi ! hi ! hi !" peut suggérer une réaction très différente, chez Marivaux par exemple, comme dans la didascalie de *La Double Constance* : "Arlequin *pleure*"…

L'une des questions posées par le recueil est cependant celle d'une logique dépassant celle de chaque poème. Amédée de Ponthieu, un ami de Verlaine qui semble avoir bien lu en particulier son article consacré à Baudelaire, a été parmi les premiers à envisager cet aspect du recueil, peut-être parce que le poète lui en a fait part :

> On retrouve dans ces poëmes délicats la touche chatoyante et légère du maître français, avec une teinte de moderne mélancolie qui s'accentue surtout vers la fin du volume. L'auteur, en effet, semble avoir eu pour plan d'exposer en plusieurs petits tableaux brossés avec autant d'élégance que de justesse, l'histoire joyeuse d'abord, puis un peu grave, puis triste, puis navrante d'un amour ancien, mal éteint peut-être toujours.

Ce ne sont d'abord que madrigaux dans le goût du dix-huitième siècle galant, que concetti volontairement fades, qu'ingénieux marivaudages.

[*CG* 1 973]

Cette idée d'un "plan", procédant par étapes du joyeux vers une mélancolie de plus en plus profonde, montre la perception d'une logique globale du recueil qui s'oppose à la sortie de crise de la fin des *Poëmes saturniens* comme à la reprise du voyage de libération qui clôt les *Romances sans paroles*. Elle permet souvent de voir dans les textes des amorces préparant le retour des mêmes éléments, dans une réitération qui, souvent, aggrave les suggestions initiales. D'où en particulier la valeur de la figure de Cassandre, ainsi élucidée par Georges KLIEBENSTEIN in [*LV*, 2007, p. 147] :

Ainsi ballottés entre prescience et nescience, en proie à un "on veut croire" qui n'est pas loin d'un "on n'en veut rien savoir", nous faisons peu de cas des nombreux avertissements qui scandent ces fêtes quasi tristes, au point qu'il y a gros à parier que le nom de "Cassandre" joue ici un double jeu : sous le vieillard comique italien, la prophétesse tragique grecque. À titre de preuve, ou du moins, d'adminicule, ses apparitions : "Cassandre" est dissimulé(e) ("sous son capuce" ["Colombine"]) ou "Verse une larme méconnue" ["Pantomime"]. Rien d'étonnant à ce que les lendemains de fête déchantent, si les fêtes sont toujours-déjà désenchantées. On glisse insidieusement, insensiblement, ici, du "fantasque" et des "fantoches" au fantastique et aux fantômes.

Dans "Colloque sentimental", si ces spectres sont auréolés toujours, en douceur, de l'ombre de la caricature (les lèvres molles...) – de ce "point de mélancolie quelque peu féroce" dont parlera plus tard le poète – il s'agit bien dans l'agencement de ce recueil de s'affronter à une mélancolie terminale.

On peut définir le "spleen" comme un sous-ensemble dans la pathologie mélancolique, mais il est également possible, dans la tradition poétique, de distinguer deux syndromes radicalement différents dans leurs rapports à la *valeur* de l'existence :

Le spleenétique vit dans un monde décoloré ou monochrome, le plus souvent dominé par le gris ou le noir ; comme le locuteur de *Spleen* [II] de Baudelaire, il est rempli à ras bord de souvenirs, mais ceux-ci n'ont pour lui aucune *valeur*, le passé amoureux n'ayant pas plus de signification que l'histoire des finances du sujet, les mèches de cheveux de femmes aimées se confondant désormais avec les quittances dans les tiroirs de ce meuble de la mémoire, mal rangé parce qu'il n'existe plus de valeur permettant de soumettre tout ce passé accumulé à une hiérarchie affective. Passé, présent et avenir s'éprouvent dans l'indifférence et l'indifférenciation.

Sous sa forme archétypale, celle d'une nostalgie exacerbée, le mélancolique vit également dans un présent dévalorisé et sans espoir d'avenir, si ce n'est dans la perpétuation de la remémoration, car contrairement au spleenétique, le mélancolique tire une valeur très riche de la perte du passé puisque ce passé n'aurait rien perdu de sa polychromie. À l'opposé des paysages atones et décolorés du spleen, cette mélancolie tire sa beauté des couleurs des feuilles d'automne... C'est ainsi qu'Andromaque, dans "Le Cygne" de Baudelaire, "Auprès d'un tombeau vide en extase courbée", se trouve dans une expérience authentique – même si le tombeau est vide, même si la rivière est un simulacre – puisque la vérité de ce mausolée est dans ce qu'il signifie pour son cœur et pour le culte d'un passé qui a toujours une indicible valeur.

Cette mélancolie dont on avait souvent déploré l'omniprésence dans les *Poèmes saturniens* subsiste dans les *Fêtes galantes* et l'une des preuves de la possibilité de "sous-lire" ce recueil se trouve dans l'idée de certains d'un petit volume qui remettait la gaieté à la place de la tristesse, la convivialité se substituant aux tensions et conflits du recueil de 1866. Certaines recensions soulignaient cependant tout un soubassement déceptif, dû au caractère superficiel et creux de ces amours, mais aussi à des difficultés de communication qui font dysfonctionner les colloques sentimentaux comme elles peuvent faire faire échouer la communication entre le poète et son lecteur. C'est ainsi que dans "Colloque sentimental", dernier poème significativement dialogué du recueil, les deux personnages, dont on ignore le sexe, sont un locuteur qui assigne une valeur au passé, et qui voudrait au moins faire communier son co-locuteur dans le partage du souvenir au-delà d'un présent pour ainsi dire sépulcral, et un autre dont l'absence de désir de remémoration s'explique par sa totale indifférence. Il s'agit en quelque sorte d'un colloque d'outre-tombe entre la Mélancolie et le Spleen, vrai dialogue de sourds. Et si la nuit, au moins, entend, il n'est pas sûr qu'elle écoute.

Cette nuit qui seule entendit leurs paroles, c'est aussi la possibilité de la non-lecture du poème et du livre, le risque de son manque de postérité – d'une postérité manquée (Il s'agit d'un thème récurrent des *Fleurs du Mal*, apparaissant notamment dans "Le Guignon", "Je te donne ces vers afin que [...]", "Le Flacon" et "La Cloche fêlée"). D'où des possibilités inquiétantes : A-t-on aimé les *Fêtes galantes* ? C'est possible. S'en souvient-on, plus tard ? Non. Tel est aussi l'un des sens, dans "L'Amour par terre", du si "dolent tableau" de ce piédestal sans sculpture "où le nom de l'artiste/Se lit péniblement parmi l'ombre d'un arbre", le nom n'étant pas exactement Bouchardon – dont la vraie statue n'a pas été jetée bas – mais sans doute, plus précisément, Verlaine, élève pervers de l'élève de Guillaume Coustou... C'est la technique baudelairienne dans "Une martyre", sous-titrée "Dessin d'un maître inconnu", ce maître inconnu étant en toute vraisemblance Baudelaire lui-même, la transposition d'art étant peut-être fondée en partie sur des motifs d'œuvres érotiques réelles, mais constituant surtout une fiction rhétorique (permettant de se dédouaner de la responsabilité fantasmatique... et de tromper les censeurs).

Cette scène où l'Amour a été jeté par terre métaphorise aussi, par les regards différents des protagonistes, leur amour qui est lui aussi tombé de son piédestal, comme le révèle l'écart entre leurs perceptions de la situation. Ce moment d'appréhension d'une véritable décristallisation de l'amour trouve dans cette chute à la fois l'emblème qui l'exprime et la preuve d'une incompatibilité d'humeur et de valeurs. Comme l'a fait remarquer Olivier BIVORT [2000], au lieu d'imputer au poète un paralogisme ahurissant, il faut y voir la preuve que cette statue censément en marbre était en réalité "de plâtre, comme au théâtre", participant ainsi aux éléments de ce décor du recueil. Le marbre est la matière par excellence de la permanence, selon "L'Art" de Gautier ("Lutte avec le carrare,/Avec le paros dur/Et rare,/Gardiens du contour pur ; [...] Tout passe. – L'art robuste/Seul a l'éternité. [...]"). Cet avatar d'un motif galvaudé à l'époque, présent d'une manière toujours ironique dans les *Poëmes saturniens*, dénonce la perspective mystifiée du sujet (à ce propos nous citons le commentaire perspicace de Jean Batany : "la naïveté du jeune énonciateur lui fait prendre pour du marbre ce qui n'est que du stuc ou du carton-pâte, et que sa sensibilité nerveuse lui fait imaginer que le moindre mouvement poussant les 'débris' est l'amorce d'une ronde folle qui va transformer les fragments de l'amour brisé en simples feuilles mortes", "Verlaine et son lecteur interprète", in *Mélanges en l'honneur de Nicole Gueunier*, éd. N. Rossi-Gensane, Tours, 2004, p. 39). Car ce "marbre" a la fragilité du faune "en terre cuite" [112], dont on a tendance à expliquer le pressentiment mélancolique de manière unilatérale, en invoquant les déceptions amoureuses dont il est le témoin muet. On néglige ainsi l'angoisse de ce faune placé "au centre des boulingrins" devant l'idée que l'on pourrait le renverser et le casser lorsque les "instants" seront moins "sereins". Ainsi ces deux statues, semblablement fragiles, servent de "répondants allégoriques" (pour employer un terme de Jean Starobinski) du sujet.

Il n'a donc fallu qu'une nuit pour que cet amour, que le sujet espérait éternel, révèle sa vraie matière, imprévue – ce n'était qu'un amour en toc, peut-être parce que le sujet n'a pas su se mettre... à la hauteur de cet Amour, l'orgueil précédant... la chute nocturne ? Le songe partagé ("nous fit tant songer") a duré "tout un jour", sans doute, mais pour déboucher sur la nuit séparatrice et sur "mon rêve", le sujet étant plongé dans une mélancolie qu'il ne peut communiquer à la femme. L'interlocutrice – le sujet essaie de s'en persuader – ne pourra que faire siens ces "pensers + mélancoliques", ce "chagrin profond", dont la réitération élégiaque ("C'est triste/De voir...", "Oh c'est triste de voir", "Oh ! c'est triste !") souligne la force. Mais tout en postulant cette communion affective : "– Et toi-même, est-ce pas ? es touchée", le sujet vient déjà d'entrevoir la péremption de cet amour, car cette scène dans un parc "Évoque un avenir solitaire et fatal" [120]. Elle l'évoque, à deux poèmes de la fin du recueil, comme celui qui apparaît "Dans le vieux parc + solitaire et glacé", comme s'il s'agit d'*évoquer* au sens nécromantique, les âmes mortes de l'avenir et non pas encore celles du passé ("Deux spectres ont évoqué le passé") (cf. "Promenade sentimentale" : "la brume vague évoquait un grand/Fantôme blanc se désespérant" ou la manière dont les mains de l'héroïne éponyme de "Marco" "Évoquaient souvent la profondeur noire/Des airs primitifs que nul n'a redits."). Le verbe *évoquer* est utilisé dans le contexte d'images évoquées par des "désirs anxieux" dans "Épilogue", et si, selon le même poème, "l'Inspiration, on l'évoque à seize ans !", c'est qu'il s'agirait non seulement de l'invoquer, mais de l'imaginer sous la forme d'une Muse très féminine, ce qui permet de rattacher l'inspiration au vague des passions ou, pour parler comme Rimbaud dans sa lettre dite du Voyant, du "rut" adolescent. Ces passerelles laissent imaginer la possibilité d'une relation narrative entre les deux scénarios, "L'Amour par terre" ayant tout l'air d'être une amorce. Mais il ne s'agit pas (du moins pas officiellement...) d'une prolepse puisqu'il n'existe pas de logique de récit explicite et encore moins de continuité narrative entre les poèmes. Les mots "bien que ton œil frivole" attestent l'insuccès de cet espoir de commisération conjointe (On peut penser au scénario des "Yeux des pauvres" du Spleen de Paris, où l'homme constate cette même incapacité d'empathie de la femme avec qui il espère tout partager, scène engendrée par la vue d'une famille pauvre qui débouche sur la radicale mise en cause baudelairienne de la perception de cet homme) : au lieu de s'intéresser à l'art et à l'amour, dans leur prétendue permanence, l'interlocutrice "S'amuse au papillon de pourpre et d'or qui vole" au-dessus des "débris". Dans l'idée du sujet, cette poétique des ruines en petit format confère métonymiquement à la femme une psychologie qui diffère de celle, supposée constante et fidèle, du sujet. Comme le dit Olivier BIVORT [2000] : "Le papillon symbolise la fragilité et l'inconstance [...] et renvoie à la fable d'Amour et de Psyché, dont il est l'attribut, et le symbole de l'âme (*psuché*)." Il s'agirait d'une version comique du mythe car si le léger papillon n'a pas été affecté par le vent, l'Amour a perdu ses capacités d'envol et ses flèches auraient perdu une part importante de leur efficacité. *Papillonner* et *papillonnage* sont des termes qui renvoient au caractère volage d'amants et d'amantes, à la démultiplication des partenaires sexuels ; l'image rattache peut-être cette femme à ses consœurs de "La Chanson des ingénues" [63] : "Et nous courons par les prés/Et rions et babillons/Des aubes jusqu'aux vesprées,/Et chassons aux papillons.".

Cependant si le sujet a été si songeur ("tout un jour") devant la sculpture, c'est sans doute que lui-même n'est pas toujours pris dans des méditations philosophiques... Il est capable, lui aussi, d'avoir "l'œil frivole", voire peut-être d'éprouver des désirs que son amie papillonnante ne pourra satisfaire. Se pose aussi la question – accessoire ? – de l'identité de ce papillon haut en couleurs, dont le pourpre et l'or pourraient désigner la richesse et le pouvoir, ou même la royauté ou l'empire. Le papillon français où le pourpre est le plus éclatant est sans doute le paon du jour (il y a aussi un paon de la nuit...), avec un peu d'or, notamment dans ses ocelles. Il se peut que le sujet insinue discrètement la vanité qui est attachée conventionnellement à l'oiseau du même nom (cf. par dérivation à partir de *pavane* et à cause d'une illusion étymologique, le verbe *se pavaner*), cette vanité se rattachant – en principe... – à la femme. Le paon figure parmi les accessoires de rigueur des parcs riches au XVIIIᵉ siècle comme au XIXᵉ. On trouve le paon aussi bien dans "La Fête chez Thérèse" que dans le dernier vers de "Fête galante" de Banville, avec une évidente analogie de situation : Hugo développe la même comparaison entre la beauté de la nature (des roses, en particulier) que Banville : "Les roses pâlissaient à côté de sa joue,/Et, la voyant si belle, un paon faisait la roue." ; à la fin du dizain de Banville, devant les beaux personnages du dizain, "Luttant d'orgueil avec les diamants,/Sur leur chemin le Paon blanc fait la roue." Il faut peut-être ajouter ici, nous souffle Georges Kliebenstein, que la clef de l'identification du papillon serait sur la porte (**PA**pill**ON**). Or les arbustes qui attirent les beaux papillons font partie aussi de ce genre de décor de parc où les lépidoptères ont une valeur ornementale qui se prête métonymiquement à de telles évocations, mais aussi métaphoriquement par analogie avec les jolis vêtements de jolies femmes souvent... volages.

On pourrait cependant renverser sa perception, dans cette scène confusément spéculaire (logique encore de Psyché, qui a donné son nom à une forme de glace au début du XIXᵉ siècle, "parce que la femme qui se voit dans cette glace est belle comme Psyché", selon une citation de

1812 relevée par le *Trésor de la langue française*...) : tandis que lui s'intéresse surtout au corps (*soma*), elle... s'intéresserait plutôt à l'âme (*psyché*) (cf. "Colloque sentimental" [122] : "Toujours vois-tu mon âme en rêve ? – Non."). Du reste, le dénouement nocturne est surtout tragique pour Psyché, qui a voulu voir Amour... Et pour comprendre encore autrement l'image, on peut se demander si ce papillon qui "vole/Au-dessus des débris dans l'allée est jonchée." n'est pas l'âme de ce "marbre" qui "tournoie" comme peut tournoyer justement un papillon (Pour ce tournoiement, cf. la fin du "Faune" : "cette heure dont la fuite/Tournoie au son des tambourins", qui symbolise obscurément "une suite/Mauvaise"). Et précisément, parmi "Les Coquillages", "L'un a la pourpre de nos âmes" (p. 77). Or c'est ici qu'intervient à peu près certainement une réminiscence baudelairienne. Voici en effet la strophe consacrée à Watteau dans "Les Phares" :

> Watteau, ce carnaval où bien des cœurs illustres,
> Comme des papillons, errent en flamboyant,
> Décors frais et légers éclairés par des lustres
> Qui versent la folie à ce bal tournoyant ;

Les cœurs comparés à des papillons, le bal tournoyant, semblent bien confirmer l'étroite relation entre papillon, âme et tournoiement. Mais il se peut aussi que l'analogie entre le sujet et l'Amour comporte le souvenir de l'image que renvoie le mort d'un "Voyage à Cythère" au voyageur – mort "absolument châtré". Après avoir cité un de ses poèmes de jeunesse qui parle d'une "chaîne des pendus", Verlaine s'interrompt ainsi : "Quant à vous informer de la suite de ce drame, non, vraiment, en bonne conscience, et vous ne voudriez pas." Il avait qualifié ses premiers textes d'"élucubrations parallèles à... de mauvaises habitudes", le texte en question faisant partie de ces "choses, que je pourrais qualifier en quelque sorte de masturbantes" [*Pr* 483], dans un sens en principe figuré (des idées tirées de l'imagination et non de la vie), mais la présence de l'euphémisme très codé mauvaises habitudes montre qu'il faut aussi prendre au pied de la lettre l'expression. Verlaine continuait sans doute sur l'évocation, topique dans la littérature satirique (par exemple dans Gamiani, mais aussi chez Balzac ou Sue, Corbière ou Rimbaud), de la jouissance involontaire des pendus.

Éthiques

Ceux qui connaissaient le projet de Verlaine d'un recueil combatif intitulé *Les Vaincus* établissaient spontanément une antithèse avec le monde des *Fêtes galantes*. Ainsi Francis Magnard, après avoir évoqué le poème anti-bonapartiste "Un grognard" :

> dans ses *Fêtes galantes*, qui viennent de paraître, il se contente d'être contourné, incrusté et tourmenté comme un meuble de Boule, bariolé comme un oiseau des îles, remuant comme une pantomime. Pas de sentiment, à peine des impressions ; et pourtant il y a là un talent qui s'éveillera, ce me semble, le jour où M. Verlaine voudra penser et écrire autre chose que d'aimables balivernes rimées.

[*OB* 49, *CG* 1 970]

On a pu même attribuer au recueil une véritable nostalgie d'ancien régime. Il s'agit certes, comme l'a écrit Bertrand Degott, "d'un microcosme de fin de régime" (voir B. Degott in [BERNADET, *Verlaine première manière*, p. 88]).

Verlaine revient à l'esprit de "La Chanson des ingénues" et de la "Nuit du Walpurgis classique" des *Poëmes saturniens*, ce dernier poème servant notamment à produire un palimpseste entre la vie de cour du Versailles du XVIIIe siècle et celle du Second Empire, et aussi à rapprocher Napoléon Ier peint par Raffet de Napoléon III, laissant entendre, peut-être, qu'il s'agit en 1866 d'une nouvelle fin de régime. Cette stratégie pour aborder "diverses manières d'être et de vivre ensemble" [*AB1*, p. 44] est éminemment corrosive ; l'apparente utopie est une surface vernie qui ne cache pas assez les intérêts concrets – désirs d'"un peu de sexe", Pour reprendre un intertitre de [KLIEBENSTEIN, p. 152], (souvent très peu, ce qui est moins risqué) et d'un peu de pouvoir sur l'autre, notamment en le trompant. Même ce "faquin d'Arlequin" (Verlaine déploie ici les termes d'une rime courante du XVIIIe siècle, qui figure pour cette raison dans "La Fête chez Thérèse", et utilise un terme courant pour désigner ce *fachino* – étymologiquement un portefaix (la sculpture montrant l'Amour de Bouchardon a été gratifié du sobriquet "Amour-portefaix" à cause du réalisme avec lequel le sculpteur avait montré son modèle) – utilisé notamment dans par Marivaux dans *Le Jeu de l'amour et du hasard*) est en train de "combin[er]/L'enlèvement de Colombine" alors que c'est Pierrot qui, faisant sienne la gloutonnerie habituelle d'Arlequin, "pratique, entame un pâté" et "Vide un flacon sans plus attendre" ("Pantomime") – lui au moins va droit au but, sans essayer de masquer le caractère très concret de ses concupiscences.

L'histoire apparaît à nouveau comme un moyen d'offrir une critique du présent, comme dans *La Légende des siècles* ou, déjà, *Hernani* et *Lorenzaccio*. Car ces fêtes seraient le côté apparemment léger et utopiquement innocent... du règne du superficiel, du faux, de la duperie. Les masques de la vie festive ne cachent pas une certaine "noirceur" qu'il s'agira de "dévoiler" ("Sur l'herbe") et ces ecclésiastiques qui avaient pignon sur rue sous l'ancien régime vivront simplement un peu plus ouvertement leur "jésuitisme" que ceux du Second Empire (cf., dans "La Fête chez Thérèse", la manière dont Hugo évoque succinctement les mœurs des hommes d'église : "Moi, j'écoutais, pensif, un profane couplet/Que fredonnait dans l'ombre un abbé violet."). Le recueil tout entier est en effet, comme l'a dit Olivier BIVORT [2000] "une métaphore de la société finissante du Second Empire".

La nature, déjà symbolique dans les *Poëmes saturniens*, s'artificialise davantage, les paysages humanisés, de parcs notamment, comme dans "Nuit du Walpurgis classique" encore, le *charme* du "correct" ayant toujours quelque chose de "ridicule", sous le regard narquois de "deux silvains hilares" ("Les Indolents") ou du "Faune" éponyme, qui succèdent, comme témoins "satyriques" et figurations du regard du poète, aux "sylvains" du poème saturnien (Verlaine orthographie en effet *sylvains* dans le manuscrit du texte saturnien et *silvains* dans les deux manuscrits des "Indolents"). Le "satyrique" est précisément au croisement du satirique et du faunesque, portant un regard ironique et démystificateur sur tout ce que la culture peut faire pour légitimer en les travestissant les pulsions élémentaires. Ces silvains sont à la fois des relais et des figurations du regard de Verlaine lui-même, qui, avant même les critiques, n'a pas manqué de se comparer à un faune (Voir sur ce point notre article "'En tapinois'...", in *LV,* p. 177-182). À une époque où, avec l'aide de l'Église, le Second Empire prêchait l'austérité morale, les républicains – Hugo en premier – dénonçaient les fêtes impériales comme l'emblème du faste et de l'amoralisme d'un régime hypocrite. "Lettre" contenait même, selon l'interprétation très plausible d'Arnaud Bernadet [BERNADET, "César et Cléopâtre...", 2007], une représentation caricaturale qui devait fait penser à l'impératrice Eugénie, nous pensons qu'il en va de même dans "Une grande dame", où la beauté de cette femme qui "marche impérialement" et parle avec un accent étranger reprendrait en quelque sorte, comme si souvent dans les caricatures et pamphlets républicains, les caractéristiques de Marie-Antoinette prêtées à l'impératrice. L'antithèse avec le projet des *Vaincus* doit donc être nuancée...

LES VAINCUS ET LA BONNE CHANSON

Les Vaincus (1)

Pour Verlaine, il n'y avait aucune incompatibilité entre l'inspiration des *Fêtes galantes* et celle du recueil *Les Vaincus* qu'il préparait à la même époque et qui n'était pas tout à fait un secret. Dans sa recension des *Fêtes galantes*, Vermersch formulait cet espoir : "le public [...] appréciera, comme il convient, cette forme si svelte, si élégante et si *voulue*, cette originalité de thème et de style et cette préoccupation de l'art vivant qu'on verra dans toute son ampleur quand paraîtra le volume des *Vaincus*" [*CG* 1 968] ; Amédée de Ponthieu faisait la même prédiction : "Pour nous, qui connaissons plusieurs fragments d'un livre que parachève M. Paul Verlaine : les *Vaincus*, poésies sociales, nous pouvons prédire sans crainte à l'auteur délicat des *Fêtes galantes*, un succès de bon aloi que nous présagions facilement en lisant ses premiers vers." [*CG* 1 973-975] Et Hugo, dans sa lettre à Verlaine du 16 avril 1869, écrivait : "Après les *Fêtes Galantes*, livre charmant, vous nous donnerez les *Vaincus*, livre robuste." [*CG* 1 157]

Si l'on n'est pas capable de donner une liste complète des poèmes destinés au recueil, on peut être à peu près certain pour les poèmes suivants, publiés entre 1867 – quelques mois après la publication des *Poëmes saturniens* – et la publication du second volume du *Parnasse contemporain* en 1869 – quelques mois après la parution des *Fêtes galantes* :

- 20 mai 1867 : "Les Poètes" [*OPC* 366] (les 10 premières strophes du poème renommé plus tard "Les Vaincus" (*La Gazette rimée*)

- 15 décembre 1867 : "Les Loups" [*OPC* 359] (*La Revue des Lettres et des Arts*)

- 23 février 1868 : "Un grognard" [*OPC* 356] (*La Revue des Lettres et des Arts*, repris en 1884 sous le titre "Le Soldat laboureur" dans *Jadis et Naguère*)

- 28 septembre 1868 : "Le Monstre" [*OPC* 129] (*Le Nain jaune*)

- 1869 : "L'Angelus du matin" [*OPC* 40], "La Soupe du soir" [*OPC* 365], "La Pucelle" [*OPC* 363], "Sur le calvaire" [*OPC* 119] (deuxième volume du *Parnasse contemporain*)

- 1869 : "Les Dieux" [*OPC* 17] (dans *L'Almanach du Quartier latin* d'Eugène Vermersch) Comme vient de le révéler Jean-Didier Wagneur, "'Les Dieux' de Verlaine", in *Eur*, p. 238-239. Ce lieu de publication confirme que, contrairement à la logique de certaines lectures, ce texte prévient surtout qu'il faut se méfier des ressources obscurantistes et réactionnaires de la religion – et notamment, implicitement, du catholicisme.

Comme le montrent ces dates, le projet est en route avant la publication des *Fêtes galantes*. Ces textes proposent un ensemble très soudé de préoccupations sociales et idéologiques fournissant une menaçante représentation prénaturaliste de la pauvreté ("La Soupe du soir"), des textes violemment anticléricaux ("L'Angelus du matin", "La Pucelle", "Sur le calvaire", "Les Dieux"), une reprise satirique d'un motif favori de la propagande bonapartiste ("Un grognard"), une caricature allégorique de l'empereur ("Un monstre", nous renvoyons sur ce point à l'étude de Solenn Dupas, "Lectures politiques de l'allégorie dans *Le Monstre* de Paul Verlaine", à paraître) ainsi qu'un texte qui prolonge l'argumentation de "La Voix de Guernesey", où Hugo s'attaquait à l'alliance entre Napoléon III et le pape, Pie IX, contre les républicains de Garibaldi, luttant pour la réunification de l'Italie. Se dessine, lorsqu'on réunit ces poèmes, le cœur d'un petit recueil intensément subversif qui aurait forcément attiré l'attention sur ces poèmes autrement que ne pouvaient le faire ces publications dans des revues. Dans le second *Parnasse contemporain*, Verlaine est très nettement le poète le plus préoccupé par la question sociale, voire de loin le plus séditieux. La plupart des poèmes se retrouveront dans *Jadis et Naguère*, où il semble avoir cependant écarté exprès "Sur le calvaire" (sans doute d'un anticléricalisme trop extrême pour qu'il pût se résoudre à le reprendre), certains textes manquant simplement parce qu'il n'avait pas réussi à les retrouver (notamment "Le Monstre" et "Des morts", poème que nous évoquerons plus loin. Sur la genèse des *Vaincus*, voir Hun-Chil Nicolas, "Autour de la genèse de *Jadis et Naguère*", in *VALL*, p. 387-418. On trouvera des exégèses des "Loups" et d'"Un grognard" in [MURPHY, 2003]. Une parodie de Vermersch, dirigée contre "La Grève des forgerons" de Coppée – intitulée "La Grève des poètes" et qui porte la signature "François Coupé" – montrait ce poète qui refuse la grève des Parnassiens devant la société contemporaine (cf. les ironies du "Prologue") en train de collaborer avec entrain au régime impérial, criant "Vive l'Empereur !" malgré la colère de Verlaine (Poème publié dans *La Parodie* d'André Gill le 20-27 novembre 1869). On y voit un poète qui se trouve à l'autre extrême politique dans la communauté des Parnassiens :

> Cette fois, l'un de nous, mais non pas le plus vieux,
> Nous dit : "Frères, les temps sont durs, et pour l'ouvrage
> Malpropre qu'on nous donne, il faut trop de courage !
> Oui, puisque nous pouvons seulement imprimer
> Des cantates, sachons, poëtes, réprimer

Et dans l'ombre laisser dormir notre colère,
Car une croix d'honneur, voyez-vous, pour salaire,
Un lit à Saint-Gratien et quelques sacs d'écus
Sont peu de chose, et moi je réserve aux vaincus
Vénérables la fleur rouge de ma pensée."

Il s'agit bien entendu d'une évocation de Verlaine et de ses *Vaincus*, que certains amis connaissaient, mais Vermersch le taquine : est-ce qu'il réserve son recueil à une lecture confidentielle, de l'ordre de l'acte de résistance privé, ou va-t-il se résoudre à sortir ces poèmes de "l'ombre" ? Le poète annonce cependant le recueil sur la couverture des *Fêtes galantes*, le manuscrit Lemerre montrant qu'il a d'abord pensé indiquer "Sous presse" avant de remplacer ces mots par "En préparation". On peut douter que Lemerre ait été au courant du contenu de ce recueil. Pris en partie par… l'amour – c'est en juillet qu'il a écrit à son ami Charles de Sivry, pour lui faire part de son espoir d'épouser sa sœur Mathilde, peu après l'avoir rencontrée – Verlaine semble avoir en partie pour cette raison différé la finition du recueil, qui semble être entré en hibernation jusqu'aux mois de la Commune. On remarquera cependant qu'en s'en tenant aux poèmes énumérés dans notre listing – et qui n'est sans doute pas exhaustif – on arrive à un recueil un peu plus volumineux des *Fêtes galantes* (et même nettement plus massif si l'on songe à son emploi dans beaucoup des poèmes de l'alexandrin), ce qui réfute l'idée toujours répandue selon laquelle chez Verlaine, la préoccupation sociale était trop limitée pour déboucher sur un vrai recueil.

La Bonne Chanson

Que *La Bonne Chanson* représente une incursion de Verlaine dans le domaine de cet intimisme initié par Sainte-Beuve et continué dans certains poèmes de Hugo comme, plus récemment, par les *Intimités* de Coppée, ne fait pas de doute, les accents coppéens du poème X avec son monostiche-clausule : "Et je relis sa lettre avec mélancolie.". On en a déduit une lecture des plus plates d'un recueil accusé précisément de platitude mais qui est en vérité plus complexe et moins serein qu'il ne le semble (Voir notamment Pierre Brunel, "*La Bonne Chanson* est-elle une mauvaise chanson ?", in *L'École des Lettres*, juillet 1996, p. 85-93 et Yann Frémy, "Verlaine baroque ?", *Revue Verlaine*, 5, 1997, p. 29-45). En juillet 1869, la période même où débutent ses liens avec Mathilde, les violences de Verlaine envers sa mère, fortement alimentées par des beuveries, montrent assez que l'image plutôt idéalisée de *La Bonne Chanson* ne correspond que très incomplètement à l'état psychique du poète. Mais en vérité, ces textes sont irrigués de courants de violence, d'un érotisme contenu mais néanmoins très présent, de suggestions politiques parfois insistantes. Deux des poèmes paraissent particulièrement significatifs dans leur relation à la violence du réel et à la sérénité de l'idéal qu'incarne la femme aimée. Dans le poème VII, le plus commenté (et brillamment) du recueil (voir Ross Chambers, "Training for modernity : Verlaine's 'Le paysage dans le cadre des portières…'", in *Nineteenth-Century French Poetry*, éd. Christopher Prendergast, Cambridge University Press, 1992, p. 157-177, J.-P. Bobillot, "Le discours des figures ou la figure sous les figures : 'Le paysage dans'", in *VALL*, p. 137-157 et Y. Frémy, "L'urgence de la pensée : au sujet de *La Bonne Chanson*, VII", in *FV*, p. 151-156), à la représentation d'une étonnante modernité du paysage vu à partir d'un train succède en fin de poème la "blanche vision" de la femme ; dans le poème XVI, l'univers réel des rues de Paris est remplacé par "le paradis" "au bout" de cette route sordide – et *au bout* du vers et du poème. Un peu comme dans "Le Mendiant" et "Intérieur" de Hugo, où la vision de la misère est remplacée en fin de poèmes par un manteau transformé en ciel étoilé et par une scène de ménage cachée par le soleil qui brille magnifiquement sur une fenêtre, ces textes effectuent un geste embellissant et même euphémique, mais avec une très nette conscience de ce que cette substitution peut avoir de creux ou du moins de topique. Car, de même que dans "Bûchers et tombeaux", la critique du grotesque macabre formulée par Gautier tirait toutes ses ressources poétiques de ce même grotesque macabre (*on ne doit pas en parler, je le fais pour montrer comment il ne faut pas en parler…*), Verlaine sait que la nouveauté de ces poèmes ne jaillit pas d'une idéalisation courtoise somme toute convenue, mais de ce que cette idéalisation ne réussit pas à refouler : la représentation des impressions créées par la modernité du train et de l'omnibus, la vie de la ville dont Baudelaire avait osé évoquer le macadam – substance en principe irréductiblement anti-lyrique – dans "Perte d'auréole" ("pavé qui glisse,/Bitume défoncé"), et ces "ouvriers allant au club, tout en fumant/Leur brûle-gueule au nez des agents de police" par provocation face à ces agents du pouvoir impérial. Aucun républicain lecteur de Hugo ne pouvait passer à côté de formulations comme "À cette heure d'affreux orages/Ce n'est pas trop de deux courages/Pour vivre sous de tels vainqueurs." (XVIII) qui, en plus de sa référence à la victoire impériale (Voir la démonstration d'Arnaud Bernadet [*AB2*, 124]), renvoyait en catimini aux opposants qu'étaient les vaincus, auxquels il comptait bien rendre hommage.

Après la Commune, Verlaine se remet à méditer la publication des *Vaincus*. Non pas sans doute parce qu'il n'a pas d'autres projets, encore moins en vertu de l'idée que quelque "opportunité" d'un tel geste (bien au contraire), mais parce que ce projet lui semble avoir désormais une nouvelle urgence. Sa lettre à Lemerre de l'été 1871 affirme nettement que Verlaine est un "vaincu", et qu'il ne va pas abandonner ses "convictions", tout en acceptant d'ajouter des poèmes d'une inspiration plus personnelle.

À une date que l'on ignore, il a réécrit le poème "Les Vaincus" [*OPC* 366], en doublant le nombre de quatrains et en donnant en conclusion des strophes d'une extrême violence auxquelles nous reviendrons plus loin en commentant l'ariette oubliée VIII. Il a probablement réécrit partiellement le poème "Des morts" [*OPC* 18], qui remonterait selon le poète à sa vie de lycéen, et qui, évoquant les événements de 1832-1834, fait de cette période de répression louis-philipparde le comparant d'une situation encore pire : celle que vivent ceux qui ont connu les événements de juin 1848 et de décembre 1851, mais ensuite, aussi, ceux de mai 1871. Verlaine ne peut que se rendre compte de l'atmosphère répressive du moment, mais il espère, en diluant le contenu politique par l'adjonction de poèmes d'une inspiration apolitique, faire accepter tout de même ces poèmes. Un listing établi sans doute dans les premiers mois de 1872, laissé rue Nicolet lors du départ de Verlaine au début de juillet, indique quelles seront les articulations majeures du recueil :

Dédicace : À Rimbaud

Vieilles élégies : [aux morts] à xxx
Les Uns et les autres : à Eug. Vermersch
Sonnets : à Léon Valade.

Res publica : aux Morts.

Les "Vieilles élégies" correspondent sans doute aux poèmes antibonapartistes et anticléricaux, tandis qu'on peut penser que "Res publica" devait englober notamment "Des morts" et la nouvelle version des "Vaincus", le titre comportant une ironie très noire puisqu'il était question de ces Républiques qui avaient présidé à la répression des ouvriers en juin 1851, puis en mai 1871. Même le texte apparemment inoffensif "Les Uns et les autres" (Si inoffensif qu'on se demande bien ce que le texte pourrait cacher…), qui prolonge l'inspiration des *Fêtes galantes*, devient, par la dédicace à Vermersch, un vecteur d'opposition. Exhumant des documents inédits, André Vial a montré que Verlaine avait commencé à préparer une maquette pour ce recueil, comme ceux qu'il a confectionnés pour les *Poëmes saturniens* et les *Fêtes galantes*, en utilisant des coupures des journaux et revues où il avait publié les sonnets qu'il pensait dédier à Valade. Il s'agit notamment de sonnets apolitiques que Verlaine allait publier plus tard dans *Jadis et Naguère* et dans *Parallèlement*, mais il n'est pas absolument impossible que Verlaine ait pensé y inclure deux sonnets où une rhétorique de l'*ekphrasis* sert à avancer un contenu homosexuel qui fait de ce diptyque le pendant virtuel des *Amies* saphiques :

César Borgia.

Le duc César, tout d'or vêtu, rit doucement
Au chanteur de quinze ans qu'il a sur les genoux
Et passe à travers les énormes cheveux roux
Au jeune homme sa main où brille un diamant.

Le luth résonne encore, aigre, vague et charmant
Sous les doigts alanguis de l'enfant qui, jaloux
De plaire, se souvient de ses airs les plus doux
Et César Borgia sourit languissamment.

Le long des murs, d'un air tendrement obsesseur
L'Image de son Père et celle de sa Sœur
Paraissent reprocher bien des choses au Duc.

Lui, – sourit à l'enfant qui le baise et parmi
La longue barbe noire et molle de l'Ami
Promène ses doigts fins et blancs comme du stuc.

Henri III

Livide sous son fard et roide grâce au busc
Qui maintient son pourpoint sans plis ainsi qu'il sied
Le Roi flaire un mouchoir de poche imbu de musc.

Il est assis. Il rêve et balance son pied
Indolent que mordille un jeune chien jappeur
Et tremble par moment, comme s'il avait peur.

Ce n'est plus au grand Guise assassiné d'hier
Qu'il a l'air de penser ni certes au petit
Béarnais, bataillant suivant son appétit
Très-loin, malgré les temps hazardeux [*sic*] et l'hiver.

Car il regarde (avec son œil sinistre et clair
Qui sait devenir tendre et se voiler la nuit)
Il regarde inquiet de tant d'acier qui luit
Le groupe de Mignons, splendide, fort et fier.

Jusqu'à une date récente, ces poèmes ont été oubliés ou refoulés par la critique. Il va cependant sans dire que ce nouveau "César Borgia" n'est guère sans intérêt pour le lecteur du "César Borgia" saturnien, dont nous avons mentionné les suggestions obscènes. Plus tard, Verlaine a failli inclure les six sonnets des *Amies* dans *Jadis et Naguère* (1884), avant de les garder en réserve et de les publier dans *Parallèlement* (1889).

Verlaine reviendra à plusieurs reprises sur *Les Vaincus*, y compris dans la lettre du 23 mai 1873 où il propose à Lepelletier de lui dédier la section qui devra s'appeler "Sous l'Empire". Cette lettre, quatre jours avant l'envoi du manuscrit des *Romances sans paroles*, confirme que l'idéologie du poète n'a pas changé.

ROMANCES SANS PAROLES

Conditions de publication

S'il n'est pas monté sur les barricades et s'il n'a pas publié des textes militants pendant la Commune, l'engagement moral de Verlaine fut suffisant pour qu'il perde son emploi à l'hôtel de ville ; ses discours lui ont valu l'animosité de certains et la haine de Leconte de Lisle. À un moment où presque tous les poètes étaient anticommunards ou au mieux adeptes de la réconciliation nationale que souhaitait Hugo, Verlaine ne pouvait plus publier chez Lemerre. Sa séparation avec Mathilde et sa liaison avec Rimbaud allaient lui aliéner, parfois définitivement, des amis et des connaissances influentes (Charles Cros, Hugo...). Avant même son emprisonnement, Verlaine s'est résigné, après avoir envisagé une publication à Londres, à publier les *Romances sans paroles* chez un obscur imprimeur de province, Devin, au lieu de passer par un éditeur connu ; il prévoyait toujours, comme au moment de publication des *Fêtes galantes*, de faire paraître *Les Vaincus*, mais cette fois avec l'indication "Bruxelles" (Verlaine pensait-il à l'imprimeur Poot qui allait s'occuper de l'impression d'*Une saison en enfer* pour Rimbaud, sans doute à ses frais ?). Il allait falloir attendre dix ans pour que les décombres du projet refassent sur face dans *Jadis et Naguère*.

Lorsque la plaquette des *Romances* parut, une année plus tard, Verlaine était en prison. Moins de deux mois après avoir envoyé le volume à Lepelletier, il avait tiré sur Rimbaud. Après son arrestation, c'est Lepelletier seul qui allait s'occuper de l'affaire. L'édition de 1874 fut remplie de coquilles et sa ponctuation semble souvent s'écarter de ce que souhaitait le poète, sans que l'on puisse faire la part des responsabilités entre l'imprimeur peu habitué à ce type de travail et Lepelletier, qui ne s'est pas forcément penché avec le sérieux nécessaire sur les épreuves (Verlaine semble n'en avoir lu que les premières pages, avant de lui céder la responsabilité). Le choix le plus logique aujourd'hui est de recourir au texte du manuscrit, plutôt qu'à celui de l'édition de 1874. Olivier Bivort, a choisi de partir de l'édition originale à un moment où la majeure partie du manuscrit était inaccessible [Bivort, 2002]. Grâce à Jean Bonna et à Jean-Jacques Lefrère, il nous a été possible d'éditer le recueil en reproduisant l'ensemble du manuscrit, à l'exception près du manuscrit non localisé de "Charleroi" (Champion, 2003). Pour l'intérêt de la ponctuation des manuscrits et pour une appréciation plus fine des stratégies syntaxiques et rythmiques du poète, voir Jacques Dürrenmatt, "Le tiret et la virgule : notes sur la ponctuation poétique de Verlaine", in *LV*, p. 295-307.

Ces difficultés en disent long sur la dégradation de la position de Verlaine depuis le moment de publication de *La Bonne Chanson*. Sans comprendre cette marginalisation progressive du poète, il n'est pas possible de comprendre l'éthique verlainienne. Car en dépit de ce que l'on écrit généralement, même et peut-être surtout pendant cette période, malgré les accusations de lâcheté formulées par Mathilde et les reproches portant sur sa pusillanimité émis par son ami (en principe) Lepelletier, Verlaine ne s'est pas simplement laissé emporter par le destin (ni par la volonté plus puissante de Rimbaud). Il a fait des choix difficiles, bien plus périlleux que ce que peuvent laisser penser complaisamment des critiques universitaires qui toisent et moralisent, un siècle et demi plus tard, dans le confort de leurs pantoufles en fleurs. Il se trouvait d'abord confronté à ses propres désirs homosexuels – "pédérastiques", en termes de l'époque – ce en quoi ni la société, ni la plupart de ses amis ne risquaient de l'aider ; il pouvait décider comme presque tous les homosexuels de l'époque de réprimer ces désirs ou de les vivre dans le plus grand secret. Il ne l'a pas fait. Devant la possibilité de se renier politiquement, Verlaine a refusé dans des termes qui écartaient toute ambiguïté : il n'admettait aucune compromission, tout en se déclarant prêt à envisager des compromis. Il refusait toute trahison de "personnalités" qu'il a "toujours admirées et qu'il admire à jamais" (des révolutionnaires exilés ou morts : on peut penser à Rigault et à Vermersch, deux des bêtes noires de Versailles et de la presse conservatrice, le premier tué dans des conditions effroyables, le second condamné à mort par contumace), ainsi que toute abdication de ses "principes littéraires" : "j'ai conservé, en dépit de tout, mes *convictions* de *citoyen*, mes "*illusions*", si l'on veut !" Les italiques soulignent, en mention, les mots du discours de Verlaine lui-même, les guillemets entourant un terme en italiques qui figure au contraire dans les discours de Lemerre et de beaucoup des poètes qui le fréquentent. Plus tard, Verlaine ne reniera pas cette intransigeance éthique, évoquant la manière dont la "belle union" des poètes parnassiens a été brisée par la guerre et la Commune, à cause notamment, précise-t-il, de "divisions politiques nécessaires, – car le mot "fatal" n'est pas courageux, – un tas de choses sérieuses pour la patrie, puis pour la conscience" [*Pr* 117] – cette conscience qui est la dernière chose que l'on concède au poète, sur le refrain : on peut être un bon poète, tout en étant un homme méprisable. Les lignes que nous venons de citer proviennent d'un texte primitivement destiné au livre résolument réactionnaire *Voyage en France par un Français* ; elles disent assez que le poète refuse toujours la lâcheté du consensus. Compte tenu des valeurs qui étaient les siennes, il ne pouvait pas plus que Rimbaud se contenter de ce qui était autorisé en 1871-1873 : une production littéraire gouvernée par les principes de l'Art pour l'Art, une vie bourgeoise et exclusivement hétérosexuelle. Il ne s'agira bien sûr pas ici de faire de l'hagiographie, de dire que Verlaine était toujours sympathique, honnête, sobre, etc. – il n'est pas difficile de montrer, preuves à l'appui, qu'il était sujet à d'incontrôlables crises de violence sous l'effet de l'alcool – mais d'essayer de rétablir une part de la dimension éthique de l'œuvre à laquelle la critique a refusé toute valeur, l'œuvre verlainienne n'étant jamais détachée d'affirmations et d'interrogations morales et idéologiques.

Un retour équivoque du "thème personnel"

Le "thème personnel" n'a jamais disparu de l'œuvre de Verlaine et *La Bonne Chanson* fut accueillie, par ceux qui connaissaient le poète, dans le cadre même de son mariage. Il n'empêche que cet intimisme, que l'on a rattaché à une inspiration proche de celle de Coppée et remontant à l'ambition de créer un intimisme français de Sainte-Beuve, pouvait parfaitement être indexé sur un filon topique de la poésie française et dégagé de sa référence biographique. Dans *Romances sans paroles*, quelque chose se passe de nouveau (ou, pouvait-on se dire, de vieux), puisque tout d'un coup apparaissaient pour la première fois, dans un recueil de Verlaine, des dates et des localisations. Jean-Michel Gouvard, dans son article "Évocation poétique et poétique de l'évocation : 'Âme, te souvient-il…'" (in *L'École des Lettres*, second cycle, juillet 1996, p. 191-203) a pu, au nom d'une clôture du texte comme celle revendiquée par un certain modèle d'analyse structuraliste, mettre en doute dans *Amour* la référentialité autobiographique du poème "Âme, te souvient-il […]", en affirmant que le poème ne présupposait aucune référence précise, sans tenir compte du fait que le poème est placé dans la section "Lucien Létinois" du recueil, ce qui, pour le lecteur qui lisait les indications paratextuelles, valait confirmation d'une référence d'autant plus chère au poète qu'il s'agissait d'une manière de tombeau poétique (voir Yann Frémy, *"La Mort Verlaine.* Au sujet de la section 'Lucien Létinois' dans *Amour"* [*Eur*, p. 157-172] et Manami Imura, *"'Ce qu'est d'attendre à la gare'* : 'Âme, te souvient-il…'" [*Eur*, p. 173-184]), qui faillit s'appeler "À un mort" (Comme l'indique notamment le catalogue de la vente Drouot du 17 juin 1980, n° 166). À moins de lire le texte dans une anthologie (ou en tête d'un article), le lecteur supposera d'office la présence d'une référence autobiographique, que celle-ci soit effective ou fictive, véridique, déformée ou mensongère. Il n'empêche que ce refus de l'autobiographique a fait beaucoup moins de tort à la poétique verlainienne que les lectures "beuviennes" inverses, qui ont amené Jacques Borel à imprimer en tête de *La Bonne Chanson* le poème "À ma bien-aimée Mathilde Mauté de Fleurville", texte signé des initiales p. V. et daté du 5 juillet 1870, alors que ce poème, publié après la mort du poète, avait été inscrit dans l'exemplaire de l'édition originale donnée à Mathilde, geste dédicatoire relevant de l'espace du privé et qui n'était aucunement destiné à servir de prologue au recueil. On finit ainsi par soumettre *La Bonne Chanson* à une logique de la désignation référentielle que ses pratiques servaient précisément à déjouer en plaçant cette "chanson [qui] oscille entre le madrigal et l'épithalame" (voir Scepi, *"Romances sans paroles* : crise du discours et valeur du poème", in [BERNADET *Verlaine première manière*, p. 102]) dans une riche tradition lyrique.

Pour les *Romances sans paroles*, on peut choisir de faire abstraction de tout ce qui se trouve dans les marges du texte : titres, intertitres, épigraphes et localisations spatio-temporelles – ce qui supposerait que l'on oublie le titre du recueil, les titres des sections et des poèmes – mais c'est à ce prix seulement que l'on peut se débarrasser de la rhétorique autobiographique du texte. C'est dire que si la biographie comporte d'évidents risques pour l'exégèse, ce n'est pas parce que ce contrat s'active en particulier dans l'espace équivoque des dispositifs paratextuels que cela l'invalide, la rhétorique de l'autobiographi(qu)e partant surtout d'un jeu entre le "corps" du texte et les indications paratextuelles, que ces "seuils" se placent sur la couverture ou à l'intérieur du livre, avant ou après les vers qui constituent le corps des poèmes (voir surtout Philippe Lejeune, *Le Pacte autobiographique*, Le Seuil, 1975 et Gérard Genette, *Seuils*, Le Seuil, 1987).

Ce postulat du statut autobiographique du texte n'implique pas qu'il soit question ici d'une autobiographie poétique. Le recueil ne propose ni un récit partant de l'enfance pour aboutir au présent, ni une durée continue, ni, le plus souvent, des textes que l'on peut déchiffrer en termes d'épisodes vécus dont les poèmes s'appliqueraient à décrire les circonstances et le déroulement. Il n'empêche que ce petit volume ne s'adressait pas simplement au lectorat générique de la poésie lyrique de l'époque, mais aussi à des lecteurs qui connaissaient Verlaine, qui étaient au courant de ses voyages controversés en compagnie de Rimbaud, de sa séparation avec Mathilde. Verlaine sera pendant cette période très conscient des retombées possibles de l'interprétation que l'on pouvait proposer pour ces poèmes, ce qui ne l'a pas pour autant empêché de maintenir des passages dont il prévoyait lui-même la force provocatrice. C'est ainsi qu'il essayait d'orienter l'interprétation d'un extrait de "Bruxelles. Simples fresques II" dans sa lettre à Lepelletier du 23 mai 1872 [*CG* 1 322] :

> Les petites pièces : "*Le piano,*" *etc. – Oh triste, triste, etc. – J'ai peur d'un baiser... – Beams...* – et autres, témoignent au besoin assez en faveur de ma parfaite amour pour le sesque, pour que le *notre amour n'est-il là niché* me puisse être raisonnablement reproché, à titre de "terre jaune" pour parler le langage des honnestes gens.

Les amateurs de la *terre jaune* étaient, on l'aura deviné, les "pédérastes" ou "sodomites". Verlaine n'a pas pour autant modifié le passage pour éliminer à l'avance une telle supposition, qu'autorisait une inférence : à l'endroit décrit, au moment évoqué, le poète se trouvait en compagnie de Rimbaud. C'est dire que les indications paratextuelles pouvaient prendre une signification quasi juridique et si Jacques Robichez a pu voir dans "Birds in the night" comme "un extrait du mémoire perdu" (voir *Verlaine entre Rimbaud et Dieu*, SEDES et CDU réunis, 1982, p. 74) que Verlaine a dit préparer pour son avoué, on peut trouver tout autant de détails qui pouvaient renforcer le dossier de la famille Mauté contre le poète.

On comprend, dans ce contexte, que Verlaine ait été contraint, sous la pression de Lepelletier et de Blémont, d'accepter que le premier, qualifié de "censeur ami" [*CG* 1 322], supprime la dédicace à Rimbaud du recueil. Car cette dédicace ajoutait à la provocation de la référence autobiographique en la confirmant. Mais quel que soit le jugement que l'on porte sur cette référence, sur l'argumentation notamment de "Birds in the night", peut-être admettra-t-on au moins que ce Verlaine-là avait toujours un courage certain, mettant en jeu sa réputation et son avenir d'homme de lettres pour une liberté qui, à l'époque, supposait une très lourde facture. Cette éthique-là est indissociable de la liberté et de l'individualisation poétiques que Verlaine espérait poursuivre, comme une quête et comme une conquête auxquelles il n'avait pas l'intention de renoncer. Dans la lettre du 23 mai 1873, où il se résigne à la perte de la dédicace à Rimbaud, il offre à Lepelletier la dédicace d'une section de la partie "Sous l'Empire" des *Vaincus*, pièces "par le fait *point compro-*

mettantes" [*CG* 1 322]. Quatre jours après l'envoi du manuscrit des *Romances*, Verlaine n'a en rien abandonné le projet de publication des *Vaincus*. Le projet des *Romances sans paroles* est incompréhensible si l'on fait abstraction de la liberté qui est au cœur des aspirations, esthétiques, formelles, mais aussi éthiques, du recueil.

Cette liberté pose, on vient de le voir, des problèmes de responsabilité, juridique et – ce qui est ici plus important – énonciative. Lors des procès de Flaubert et de Baudelaire, la révision et même ce qui pouvait apparaître comme le démantèlement des procédures habituelles du roman et de la poésie, avec une dépersonnalisation partielle des instances narratives et lyriques et un recours massif à la polyphonie, ce fut justement la question de la responsabilité morale qui se trouva posée. Le manque de "voix" morale identifiable de l'auteur faut tenu pour l'alibi d'un relativisme moral et même d'une immoralité, exprimée mais non pas assumée. Comme pour *La Bonne Chanson*, les *Romances* ont incité Verlaine à assumer pleinement sa responsabilité énonciative. La volonté d'entrer dans une *intimité* poétique avec Mathilde l'avait fait adopter une approche énonciative proche en apparence de celle de Coppée : un énonciateur homogène, étrangement unifié lorsqu'on le compare aux instances éclatées et souvent inconciliables, ou des textes sans "je", des *Poëmes saturniens* et des *Fêtes galantes*. Le sens même du projet de *La Bonne Chanson* supposait un retour à une voie de communication lyrique personnelle, plus traditionnelle, ce qui a contribué à l'idée d'une sorte de régression poétique. Mais cette apparence de zigzag vers un contrat lyrique proche de celui du romantisme le plus habituel de l'époque – qui cependant n'évince pas réellement la polyphonie et la subversion du recueil – jouant superficiellement dans le sens d'une intégration dans la respectabilité bourgeoise, sera dans les *Romances sans paroles* largement détachée de ce besoin d'adapter sa parole à une lectrice spécifique, voire sans doute, en partie, à sa famille. Son lecteur privilégié sera cette fois Rimbaud, le recueil dédié initialement à cet ami étant comme le pendant libertaire du premier, qu'il avait destiné implicitement à Mathilde. Cette fois, assumer des responsabilités énonciatives est un acte qui revient à accepter de poursuivre une véritable plongée dans la marginalité, que la publication des *Vaincus* était destinée à rendre irréversible. Choix pour lui "nécessair[e], – car le mot "fatal" n'est pas courageux".

La collaboration avec Rimbaud

Un manuscrit datant sans doute des premiers mois de 1872, laissé rue Nicolet, chez les Mauté, lors du départ de Verlaine et Rimbaud de juillet, montrait la structure globale des *Vaincus*, tout en donnant aussi un brouillon de table des matières pour un recueil de Rimbaud. Le projet de Rimbaud, qui nous est un peu mieux connu que celui de son compagnon, était tout aussi fermement politique. Car le jeune poète carolopolitain avait une idéologie très proche, avec les mêmes sympathies pour la classe ouvrière et les mêmes antipathies face à l'Empire, mais face aussi à la bourgeoisie et à l'Église ; non moins enclin à la parodie féroce, il avait les mêmes admirations (notamment Baudelaire, Hugo et Banville) et il avait dès 1870 projeté un volume qui ressemblait un peu aux *Poëmes saturniens* jusque dans ses pastiches en réalité parodiques de l'inspiration païenne de Leconte de Lisle et Banville ("Soleil et Chair") et de l'entreprise épique de Hugo dans *La Légende des siècles* ("Le Forgeron"). On comprend donc la complicité qui a pu les animer à un moment de répression culturelle où il était difficile d'être un poète communard et où leur entourage n'appréciait guère de telles perspectives. On a tendance à faire de la relation entre Verlaine et Rimbaud une liaison pédophile, souvent en montrant l'image du poète de dix-sept ans à côté de photographies de Verlaine quinze ou vingt ans plus tard, tout en supposant que le jeune domina et manipula son ami plus âgé, lui imposant une émulation dont il allait s'avérer incapable. Octave Nadal avait cependant montré l'impact de l'œuvre de Verlaine chez le Rimbaud de 1870 (voir *Paul Verlaine*, Mercure de France, 1961), que nous semble confirmer aussi bien la comparaison entre "César Borgia" et "Le Châtiment de Tartufe" que celle entre les métatextes des deux poètes, et le Verlaine de 1871 était pour Rimbaud l'incarnation de l'avant-gardisme formel et, simultanément, un poète guidé par une éthique subversive proche de la sienne.

Il en est d'autant plus saisissant qu'en 1872, les deux poètes s'embarquent à peu près simultanément dans de nouvelles entreprises, à nouveau très proches. À partir au plus tard de mai, Rimbaud s'est lancé dans une véritable révolution poétique, en s'attaquant de front à la versification traditionnelle ; c'est à partir du même mois, selon les datations offertes par le recueil, que Verlaine s'est lancé dans la composition de ses *Romances sans paroles*. On ne peut dire exactement quand se termina la production des poèmes de Rimbaud que l'on place généralement dans la catégorie factice des "Derniers Vers" ou des "Vers nouveaux et chansons", ou encore sous la rubrique "Poèmes de 1872", certains pouvant toutefois être de 1873, mais il serait en tout cas difficile de ne pas voir à quel point ces poèmes convergent par certains choix et par certaines préoccupations avec les *Romances sans paroles*. Et en 1873, lorsque les *Romances* seront envoyées chez l'imprimeur, Rimbaud se mettra à écrire *Une saison en enfer*, bilan poétique pendant la période où Verlaine écrira ses "récits diaboliques", dont "Crimen amoris", et des textes obscurément et sulfureusement autobiographiques comme "Vers pour être calomnié", "Invocation" (intitulé "Luxures" dans *Jadis et Naguère*), "Le Poète et la Muse" et "Sonnet boiteux". C'est dire que les étapes de la création de Rimbaud et Verlaine sont à considérer, pour cette époque, de manière parallèle… ou plutôt imbriquée. Ce n'est pas un hasard si, dans *Une saison en enfer*, Rimbaud qualifie les poèmes dont il va donner un petit florilège d'"espèces de romances". Car son "alchimie du verbe" et ses "délires" sont inextricablement liés avec ceux de Verlaine.

Rimbaud choisira au plus tard en mai 1872 de lancer une attaque systématique contre la versification traditionnelle, se débarrassant d'une série de règles que Verlaine respecte globalement encore (voir plus loin notre chapitre sur la versification verlainienne). Mais dans l'ensemble, il s'agit bien de projets qui s'inspirent mutuellement, d'une véritable aventure poétique où l'abandon des milieux poétiques de Paris sera vécu comme une libération psychique et intellectuelle face à l'univers asphyxiant de la capitale après la Semaine sanglante et face à des poètes qui ne semblent aspirer qu'à continuer à pasticher Hugo ou Leconte de Lisle, à un moment où pour Lemerre, François Coppée apparaît comme l'avenir de la poésie (ou du moins de sa vente). Il est dès lors aussi impossible de faire la part de ce que les Verlaine et Rimbaud se devaient l'un à l'autre que de savoir exactement la nature de leur liaison. On se méfiera cependant des suppositions habituelles portant sur le rôle opportuniste et dominant de Rimbaud (qui n'aimait pas vraiment Verlaine, n'éprouvait pas de vrai plaisir homosexuel, etc.), ces fantasmes critiques débouchant généralement sur l'idée d'un Verlaine impressionnable, fortement influencé par Rimbaud, courant après lui, bien derrière et beaucoup moins vite.

Le choix de la romance

La comparaison entre les "espèces de romances" des deux poètes permet d'identifier des analogies formelles et plus largement poétiques de première importance. Du point de vue de la versification, on est frappé par l'entrée en scène significative, chez Rimbaud, de vers impairs ; tous ses poèmes connus composés avant la rencontre avec Verlaine sont écrits en vers pairs. Chez Verlaine, qui avait utilisé des vers impairs très tôt, c'est plus spécifiquement l'apparition de vers impairs composés qui frappe. Le choix dans certains poèmes de vers impairs résulte en partie de la volonté de faire sienne une métrique de chanson, les vers simples impairs jouant un rôle important dans la chanson poétique, notamment le 7-syllabe (comme chez Hugo, dans ses *Chansons des rues et des bois*), ce qui avait déjà son importance dans les *Poëmes saturniens*, mais nullement dans ce que l'on connaît de la production rimbaldienne de 1870-1871, où la référence à la chanson s'accompagnera plutôt de l'emploi de l'octosyllabe. À leurs discussions autour de Favart, en mai 1871, il faut ajouter les effets de la lecture de Marceline Desbordes-Valmore. Verlaine a lui-même certifié que ce fut Rimbaud qui l'obligea à tout lire de cette œuvre, l'emploi de l'hendécasyllabe dans "Rêve intermittent d'une nuit triste" et "La Fileuse et l'enfant" ayant joué un rôle certain dans la réflexion métrique de Verlaine (il fait nettement allusion au second poème dans "Vers pour être calomnié" [*OPC* 330], *Jadis et Naguère*, mais composé probablement en 1873). La référence à la chanson reste au cœur de ces emplois par Marceline Desbordes-Valmore du vers impair composé, césuré 5-6, le vers étant sans doute, dans son idée, aussi proche du 5-5 que du 6-6.

Mais si ces choix formels convergents sont saisissants, on est frappé tout autant par des options sémantico-référentielles analogues. Encore une fois, il convient de respecter la spécificité de chaque démarche, mais pour un lecteur habitué aux poétiques romantiques et post-romantiques (Hugo, Baudelaire, Banville...) ce qui devait surtout déconcerter, c'était la difficulté qu'opposaient beaucoup de ces textes à la lecture. Après Apollinaire et les Surréalistes, il est parfois difficile d'imaginer à quel point certains poèmes saturniens pouvaient déconcerter. Certaines des romances sans paroles devaient paraître presque illisibles, tant ils s'éloignaient des protocoles de lecture du moment ; ce n'est pas un hasard si c'est avec l'émergence des nouvelles conceptions de la poésie apportées par les Symbolistes et Décadents que cette œuvre trouvera enfin sa place, non pas parce que la poétique de Verlaine était à la lettre symboliste ou décadente (et le danger de cette assimilation, à laquelle il a voulu résister de son vivant, va de pair avec le refus de le concevoir comme un élément dissident du Parnasse), mais parce que ces nouvelles poétiques, une bonne dizaine d'années plus tard, accorderont une dignité nouvelle à la difficulté et même à une (toute relative) opacité.

S'il faut récuser l'idée, pour Verlaine et *a fortiori* pour Rimbaud, de projets dépolitisés (ou "dépolitiqués" pour reprendre le terme à sens un peu différent de Baudelaire), il est certain que l'on assiste à un changement de stratégie. Si, comme on l'a vu, on peut y lire le récit d'une conquête de la liberté, ce n'est pas sur le plan politique principalement que cette libération s'effectue. Le politique ne disparaît certes pas : le paysage allégorique de l'ariette oubliée VIII, les "faubourgs pacifiés" de "Streets II", les scènes industrielles de "Charleroi", l'idylle réactionnaire entrevue ironiquement dans "Bruxelles. Simples fresques II", la vision du peuple de "Bruxelles. Chevaux de bois", sont là pour rappeler que l'intime et le personnel ne s'arrachent jamais à l'histoire. Il est probable également que les formes de mélancolie auxquelles le recueil donne expression portent l'empreinte de la tragédie de mai 1871 comme *Les Fleurs du Mal* celle des événements de 1848-1851. Verlaine n'a rien perdu de ses convictions, bien au contraire. Mais comme lorsqu'il écrivait ses *Fêtes galantes*, il a toujours en vue la publication des *Vaincus* et c'est là qu'il entend placer l'essentiel de sa production de poèmes résolument combatifs.

Le titre du recueil se présentait d'emblée sous l'angle d'un paradoxe, mais d'un paradoxe dont l'appréciation était peut-être favorisée par l'impression de reconnaître, comme en négatif, une catégorie de titres déjà existante, dont le point de référence principal était l'œuvre traduite sous ce titre de Mendelssohn (les *Lieder ohne Worte*). Que Verlaine ne parle jamais du compositeur dans ses lettres ne prouve évidemment rien (il y parle assez peu de la musique et de l'art, ce qui ne veut pas dire qu'il ne s'y intéressait pas ; on pourrait sans doute faire une longue liste de poètes qu'il connaissait bien mais que sa correspondance évoque fort peu) et on se rappellera l'importance du piano dans la vie de Mathilde : il est improbable que le poète ait échappé aux pièces pour piano de Mendelssohn. Il est vrai cependant que le titre a été ensuite repris par d'autres compositeurs.

Pour la poésie, un tel titre présentait évidemment un effet surprenant, les *Paroles sans musiques* de Prarond (1855) étant en quelque sorte l'équivalent symétrique pour la poésie de ce que le titre de Mendelssohn offrait pour la musique, sans oublier les "Romances sans musiques dans le mode mineur" de Cazalis (1865) ou le poème "Paroles sans musiques" de Mérat (1866). Il faudrait sans doute supposer, en partie, que là où le compositeur "s'était réapproprié l'esthétique des chansons populaires pour n'en conserver que la musique" [LÉCROART, *LV*, p. 229], le poète se réapproprie l'esthétique des romances de Mendelssohn, "sans paroles" selon le titre, mais sans musique au sens propre. Il n'y aura pas de partition et ce n'est pas de la "musicalité" de ce recueil que l'on peut déduire la "nécessité" préprogrammée de ses mises en musique ultérieures. Comme l'a montré Pascal Lécroart, l'hégémonie critique d'une conception unilatérale et souvent franchement fausse de l'"Art poétique" de Verlaine a débouché sur un piège épistémologique dans lequel la critique s'est engouffrée : "La "musique", employée soi-disant comme outil critique, masque alors au lieu de dévoiler." [LÉCROART, *LV*, p. 228]. C'est cependant en particulier dans sa référence aux formes culturelles peu valorisées à l'époque que Verlaine procédera à la mise en place de ces romances, avec des références aux ariettes de Favart, des réminiscences de l'œuvre de Desbordes-Valmore avec sa métrique, souvent, de chanson, mais aussi l'irruption, dans l'ariette oubliée VI, d'une série de figures de la chanson populaire, rejouant un peu la partition des canevas collectifs des *Fêtes galantes*. D'où un étrange mélange de ce qui semble attester une extraordinaire complexité sémantique et épistémologique, et de ce qui, au contraire, semble puiser dans l'univers simple de la chanson et de la poésie populaires, où des romantiques comme Nerval avaient voulu puiser aux sources plus fraîches, que n'avait pas contaminées la culture d'élite, de la culture folklorique, en droite ligne des préceptes de Herder. La romance était très liée culturellement au romantisme, dans la musique comme dans la poésie, et elle avait beaucoup à offrir à un poète qui, comme Verlaine, aspirait à une forme d'authenticité, et même de naïveté d'effet, reposant cependant sur une recherche de la nouveauté et sur un travail aussi intense que celui entrepris pour les *Poëmes saturniens*. Dans la romance, comme l'observe Pascal Lécroart "on ne trouvera [...] pas de structure à refrain distinct dans la romance mais, en fin de strophes, d'éventuels jeux de répétitions et de variations touchant un ou deux vers, comme une sorte de refrain éventuellement varié", considérations très importantes pour une lecture de ce recueil, même si "le recueil n'est pas, pour autant, formellement réductible à la romance : les distiques, par exemple de l'ariette VII et de "Spleen" n'y auraient pas d'équivalent, et "Streets" affiche un refrain et des strophes de trois vers étrangers à la forme." [LÉCROART, *LV*, p. 236-237].

La poésie en mouvement

Si le recueil développe un parcours, c'est en partie que Verlaine semble avoir voulu mener de front deux projets simultanément. En témoigne notamment la lettre à Blémont du 22 septembre 1872 :

> Je vous envoie quelques vers dont vous ferez ce que voudrez, et me tiens à votre disposition pour une série que je nommerais : *De Charleroi à Londres* : j'ai des notes excessivement curieuses sur la Belgique, y ayant vécu un peu de toutes les vies pendant trois mois à peu près ; et depuis quinze jours que je suis ici, mon trésor s'est considérablement accru.

[*CG* 1 247]

Contrairement à ce qu'on a pu inférer à cause d'erreurs dans la transcription de la ponctuation de la lettre, *De Charleroi à Londres* n'est pas un titre primitif des *Romances*, mais un projet séparé. Cette autre catégorie de travail, qui pouvait concilier les besoins du voyage et ceux de sa vocation, ne disparaîtra pas tout à fait de l'œuvre, avec les *Quinze jours en Hollande* ou les *Croquis de Belgique*. Les *Romances* présentent en effet une sorte d'itinéraire, où le déplacement dans le temps et l'espace explore et allégorise à la fois une mutation du sujet, non pas exactement sur le modèle de l'adage "les voyages forment la jeunesse" (que Verlaine s'amusera à appliquer à Rimbaud lors des voyages de ce dernier des années suivantes), mais dans l'idée que dans de nouveaux cadres, le sujet se modifie et non seulement les contenus de sa perception.

Ce déplacement de l'être s'accompagne de notations poétiques qui vont reprendre des éléments centraux du dispositif mélancolique des *Poëmes saturniens*, en particulier l'emploi de formes de répétition, et si Verlaine demandera, dans sa "Critique des *Poèmes saturniens*", si les "Paysages tristes" ne sont pas "en quelque sorte l'œuf de toute une volée de vers chanteurs, vagues ensemble et définis, dont je suis peut-être le premier en date oiselier", l'ariette oubliée IX reviendra, sous une forme nouvelle, au rossignol saturnien, avec un symbolisme différent, mais avec tout autant de mélancolie et avec une combinaison de mètres aussi baude-lairienne dans son inspiration que celle de "Sérénade" dans le recueil de 1866 (voir notre chapitre sur la versification).

Ce fait incline déjà à nuancer, sinon à rejeter, l'idée très courante d'un Verlaine impressionniste. Parmi les pièges principaux que le lecteur de cette œuvre doit contourner, figure celui justement de l'Impressionnisme verlainien. Non pas que la comparaison soit ininté-ressante, bien au contraire, et on a pu, d'une manière très fine, se pencher sur des analogies dans les procédures d'évocation utilisées par Verlaine dans la poésie et par Monet et Debussy dans leurs propres arts respectifs (voir In-Ryeong Choi-Diel, *Évocation et cognition. Reflets dans l'eau*, PU de Vincennes, 2001). Le danger, comme on l'a vu pour la question de la musicalité, découle avant tout de la métaphoricité des relations invoquées. Il y a d'abord le risque de l'anachronisme : Verlaine a commencé à écrire ces textes avant que l'acte de naissance de l'im-pressionnisme ne soit signé et ses rares allusions à des peintres qui feront partie du mouvement sont exemptes de sympathie pour leurs œuvres. On a pu dire que "Verlaine avait rencontré Manet, mais il fréquentait aussi Degas, Monet, Bazille, etc." (voir Henri Maisongrande, *Verlaine*, Éditions Pierre Charron, 1972, p. 38) mais on n'a aucune trace, en réalité, de sa fréquentation des milieux impressionnistes et ceux qui, ayant fait le tour de la documentation, ont voulu tout de même faire de Verlaine un impressionniste, ont été contraint d'en faire un impression-niste avant la lettre comme lorsque Diana Festa-McCormick avance que "l'antériorité appartient à Verlaine dont les "Paysages belges" qui renferment ces menus chefs-d'œuvre impressionnistes dans le mode mineur que sont *Walcourt* et *Charleroi* datent de 1872" (voir "Y a-t-il un impressionnisme littéraire ? Le cas Verlaine", *Nineteenth-Century French Studies*, Spring-Summer 1974, p. 144). En réalité, les rapprochements entre les techniques d'évocation de Verlaine et ceux des peintres en question sont le plus souvent d'un ordre que l'on pourrait proposer également pour les "Paysages tristes", six ans auparavant, et qu'il serait tout aussi possible de construire en partant non pas des tableaux achevés des impressionnistes, mais des croquis et esquisses de peintres antérieurs – y compris du reste de ceux de peintres plutôt académiques (voir [PRATT, 1990, p. 899-923] et pour une vision générale du problème, voir Bernard Vouilloux, "'L'impressionnisme littéraire' : une révision", *Poétique*, févr. 2000, p. 61-92).

Il faut en effet se rappeler que beaucoup des poètes du XIXe siècle étaient également des critiques d'art, notamment Gautier et Baudelaire. Cette critique d'art avait son importance dans l'inspiration de textes aussi variés que "Résignation" ("La Mort de Sardanapale" de Delacroix, commentée par Baudelaire), "Nuit du Walpurgis classique" (ouverture marquée par une syntaxe typique de l'évocation de peintures dans la critique d'art de l'époque) et, par les Goncourt notamment interposés, les *Fêtes galantes*. Avec son intérêt pour les "Eaux-fortes", Verlaine avait montré dès les *Poëmes saturniens* qu'il pouvait s'intéresser aussi bien à des représentations historiques détaillées qu'à de sombres et vastes allégories, de même qu'il pouvait passer du paysage affectif au portrait satirique. Et il avait montré qu'il pouvait traiter les sujets "visuels" dans leur mobilité et dans leur métamorphose, les paysages étant souvent l'objet d'évolutions de la perception dues au changement de l'heure. Dans *La Bonne Chanson*, il avait montré en outre qu'il s'intéressait au paysage dans le contexte du voyage en train, nouveau "cadre" qui tire de la modernité sa volatilité et sa violence. Tout cela cependant (et même des expressions comme "j'aborderai tout de suite le chapitre *impressions de voyages*", "j'attends, et, en attendant, comme Mérat, 'je recueille des impressions !'" ou "De plus, en quoi c'est-il audacieux de dédier un volume en partie d'impressions de voyage à celui qui vous accompagnait lors des impressions reçues ?") ne fait pas de Verlaine un impressionniste à l'état sauvage. Comme dans les *Poëmes saturniens*, avec les "Eaux-fortes" et les "Paysages tristes", deux des sections des *Romances sans paroles* seront coiffées de titres "artistiques", "Paysages belges" et "Aquarelles", avec à la fois un terme-passerelle ("Paysages") et une antithèse ("Eaux-fortes"/"Aquarelles"). Mais on aura cette fois également une référence insistante à la musique ("Romances", "Ariettes" et, par son référent, "Birds in the night").

Remarques rapides sur la génèse du recueil

"C'est charmant, l'*Ariette oubliée*, paroles et musique ! Je me la suis fait déchiffrer et chanter ! Merci de ce délicat envoi !", écrivait Verlaine à Rimbaud le 2 avril 1872 [*CG* 1 233], ajoutant en fin de lettre : "Parle-moi de Favart, en effet." La première ariette paraîtra sous le titre "Romance sans paroles" dans la *Renaissance littéraire et artistique*, le 18 mai 1872, reprenant une expression employée dans "À Clymène" : "Mystiques barcarolles,/Romances sans paroles, [...]" [114]. Il s'agirait là peut-être du certificat de naissance du projet des *Romances sans paroles*. Les ariettes seraient-elles "oubliées" comme les romances sont "sans paroles" ? (ceci est une suggestion de Christian Hervé, nous renvoyons à nouveau à son site internet). Quoi qu'il en soit, début septembre 1872, Verlaine promet à Lepelletier des "vers nouveau-modèle très-bien" [*CG* 1 240] et le 20 septembre, "un poëme nouveau" [*CG* 1 243] qui serait le début de "Birds in the night". Le titre apparaît pour la première fois dans une lettre du 5 octobre 1872 [*CG* 1 256] et le 8 novembre, Verlaine annonçait : "hier je me suis mis en rapport avec un éditeur et j'espère [qu']avant trois semaines je pourrai envoyer à quelques rares amis, dont toi, naturellement, une petite plaquette, avec (peut-être) une eau-forte initiale, intitulée : *Romances sans paroles*." [*CG* 1 240]. Une lettre à Lepelletier datant de fin novembre-début décembre 1872 détaille la structure prévue pour le recueil :

Je vais porter chez l'imprimeur les *Romances sans paroles*. 4 parties :

Romances sans paroles.

Paysages belges.

Nuit falote (18e siècle populaire).

Birds in the night, avec ceci pour épigraphe :

En robe grise et verte avec des ruches
Un jour de juin que j'étais soucieux,
Elle apparut souriante à mes yeux
Qui l'admiraient sans redouter d'embûches.
(Inconnu.)

[*CG* 1 289]

On voit bien ainsi l'importance de la première section, avec au départ le même titre que le recueil (cf. "Fleurs du Mal" dans *Les Fleurs du Mal*), origine et épicentre sans doute du recueil dans l'idée de Verlaine. Citant le premier quatrain de *La Bonne Chanson* III [*OPC* 143], attribué déjà à un "Inconnu" (comme l'ariette oubliée IV), cette première version, pourvue d'une section dont on ignore aujourd'hui le contenu effectif ou potentiel, se terminait sur la partie la plus ostensiblement autobiographique du

recueil, renforçant énergiquement la provocation désirée. La fin défini-
tive du recueil, sans oublier ce versant de l'œuvre (dans "Child Wife"
[152] surtout), permettra de revenir vers des stratégies moins facilement
ramenées vers des préoccupations identifiables du poète.

"Ariettes oubliées"

Ces petits airs d'opérette, face aux arias de l'opéra, rejoignent une
poétique du mineur dont Arnaud Bernadet [*AB1*] a bien montré l'impor-
tance pour une compréhension de la manière de Verlaine et de sa percep-
tion de la poésie (y compris populaire), de la musique et de l'art, assez
proche, pour 1872-1873, des préférences exposées par le narrateur
d'"Alchimie du verbe" de Rimbaud :

> J'aimais les peintures idiotes, dessus de portes, décors, toiles de
> saltimbanques, enseignes, enluminures populaires ; la littérature
> démodée, latin d'église, livres érotiques sans orthographe, romans
> de nos aïeules, contes de fées, petits livres de l'enfance, opéras
> vieux, refrains niais, rythmes naïfs.

On ne peut s'empêcher de penser que dans ce préambule à l'évocation
"d'espèces de romances", Rimbaud pense en partie à Verlaine, les "dessus
de portes" visant peut-être précisément le trumeau qu'était, selon son
premier titre, "Mandoline".

Les poèmes des "Ariettes oubliées" développent principalement,
sous une forme nouvelle, une inspiration en soi proche de celles des
"Paysages tristes". Avec des poèmes isométriques de 5, 6, 7, 8, 9 (3-6),
10 (4-6) et 11 (5-6) syllabes et terminant sur un poème alternant
l'alexandrin et l'heptasyllabe, la série présente, pour l'époque, une
palette métrique inouïe par sa diversité, fortement liée à la métrique de
chanson par les vers courts. Pour l'emploi du vers impair, le lecteur de
l'époque aurait été particulièrement frappé par les vers composés, très
rares à l'époque, le 5-6 pouvant faire penser à son emploi par
Marceline Desbordes-Valmore, le vers de 9 syllabes étant peut-être
associés plutôt pour Verlaine au XVIe siècle (à Ronsard par exemple).
Les épigraphes de ces poèmes, dont certains allaient être supprimés,
ont des référents culturels très variés : Favart (I) serait en grande
partie, comme ses "ariettes", oublié, mais ses textes souvent polymé-
triques, avec un emploi significatif de vers impairs, ne pouvaient
qu'intéresser Verlaine et Rimbaud ; la citation en version originale
d'Homère disparaît avec son allusion à la culture classique (et peut-
être surtout à la culture scolaire ?) (II) ; Longfellow, le poète améri-
cain, avait fourni une épigraphe... avant d'être effectivement oublié

grâce à la suppression de la citation qui avait été ajoutée au-dessus de la citation de Rimbaud (provenant d'un texte inconnu ou d'une remarque orale ?), que Verlaine a en revanche conservée (III) ; l'"Inconnu" qui fournit l'épigraphe de IV n'est autre que le Verlaine de "Lassitude" ; Pétrus Borel (VI), "Au clair de la lune" (VI, biffé sur le manuscrit utilisé pour l'édition originale) et Cyrano de Bergerac (IX) finissent la série. À l'exception de la citation provenant de *L'Iliade*, ces renvois convergent pour désigner soit des auteurs un peu oubliés à l'époque ou peu connus en France (Longfellow parce qu'il est américain, Rimbaud parce qu'il est jeune), soit l'anonymat de la chanson populaire, stratégie correspondant à nouveau au choix d'une poétique du mineur. En faisant l'éloge de l'oublié, il y a bien entendu une implication humoristique : Verlaine étant lui-même un "Inconnu", il se loue lui-même, avec bien entendu une touche d'autodérision. Verlaine pose crûment la question de sa capacité de continuer à faire de la poésie et donc d'espérer échapper à l'oubli. On verra que "Beams" [154], en fin de recueil, propose allégoriquement une réponse optimiste à cette interrogation. Il s'agit ici de l'humour qui le poussera à se caricaturer, dans une lettre à Delahaye, sous la forme d'une statue nue, faunesque, munie d'une feuille de vigne dont la tige érigée suggère ce que la feuille cache, avec la légende "Salon de 1873 – galerie de refusés". Il s'agit déjà, pour certains, d'une énumération d'écrivains maudits…

Commençant par un poème en trois quintils d'heptasyllabes [125], le recueil s'appuie tout de suite sur un mètre associé fortement à la chanson (Hugo avait publié ses *Chansons des rues et des bois* en 1865, avec bon nombre de poèmes en heptasyllabes), pour évoquer une "extase langoureuse" qui n'empêchera pas le poème de glisser vers des termes élégiaques ("se lamente… cette plainte") et vers un doute quant au partage des émotions, avec des interrogations et une insistance phatique qui donnent expression à une inquiétude ("n'est-ce pas ? […], dis,"). Avec des notations comme "Le chœur des petites voix" et "l'humble antienne", Verlaine présente des sons qui motivent le titre "Ariettes oubliées", l'air relevant ici d'une expérience d'émotions fragiles. Commentant les poèmes de la même époque de Rimbaud, Verlaine n'était pas loin de commenter ses propres "romances" : "Il accomplit ainsi des prodiges de ténuité, de flou vrai, de charmant presque inappréciable à force d'être grêle et fluet." [*Pr* 656] On remarquera cependant que le début du poème, et donc du recueil, évoque une *extase* et une *fatigue*, qualifiées respectivement de *langoureuse* et d'*amoureuse*, qui signifient aussi clairement le "spasme obsesseur" ("Lassitude") que le poème saturnien, cette fois cependant d'une manière lyrique et non pas comique. Le recueil commence avec les rapports sexuels et, on l'a vu, la question du désir sera à l'origine et au cœur du projet des *Romances*, question que l'on a trouvée souvent commode de cantonner dans le domaine de l'anecdote.

La deuxième ariette [126] propose un lyrisme aux confins du mystique, le sujet étant celui qui peut "devin[er]" un passé qu'il n'a pas connu et celui qui peut pressentir l'avenir, lorsqu'il se trouve "en délires". "L'œil double" serait une manière de parler d'une vision double : regard normal, mais aussi regard visionnaire. La synesthésie assez baudelairienne "Et dans les + lueurs musiciennes," avec une césure d'autant plus frappante qu'il s'agit de poèmes en ennéasyllabes 3-6, infléchit le poème dans le sens des correspondances de Swedenborg de baudelairienne mémoire, mais le poème comporte des éléments d'un scepticisme sous-jacent et Verlaine n'était guère un adepte de ce mysticisme-là : la rime *délires::lyres* accompagne souvent l'idée de l'inspiration, dans des poèmes au premier degré, mais tout autant dans des représentations parodiques (tel est obliquement le cas dans "Prologue" [36] où la rime *lyres::délires* se déplace, les "délires" appartenant désormais au monde antithétique de l'industrie). Cet "œil double" voit un "jour trouble", cette ariette "tremblote", à cause d'une double vision qui ne débouche que sur "L'ariette, hélas ! de toutes lyres !" – sur un retour aux clichés, et nullement sur une véritable originalité lyrique. Cette vision critique, où les archaïsmes contribuent à l'humour diffus du texte, est à rapprocher du propos similaire de "Bruxelles. Simples fresques I". L'ironie supplémentaire est cependant que par cette méthode critique, Verlaine a su proposer un poème qui précisément s'écarte des lyres que le lecteur avait pu écouter à cette époque.

La troisième ariette [127] a été considérée, avec "Chanson d'automne", comme l'incarnation de la musicalité verlainienne, au point où l'on a parfois oublié, en vertu d'une lecture ingénue de l'"Art poétique", que cette ariette n'était pas en vers impairs mais en hexasyllabes, tant l'autopersuasion l'a emporté sur la lecture du poème (voir Pierre Guiraud, *Essais de stylistique*, Klincksieck, 1969, p. 275). Le poème présente un système rimique à répétition : AbaA qui, inspiré directement par une pratique de la poésie orale et populaire, tout en ressemblant à la première moitié d'un triolet, n'est pas sans analogies avec le poème de Longfellow qui a failli fournir l'épigraphe (voir Benoît de Cornulier, *Petit Dictionnaire de métrique*, à paraître). Compte tenu de l'importance des idées de répétition lancées en particulier par Poe, il se peut que Rimbaud ait été frappé par l'analogie entre le procédé de Longfellow, dans la poésie américaine, et celui de la poésie française la moins "littéraire". La répétition joue le rôle qu'il avait tenu dans les *Poëmes saturniens* et que Verlaine résumait ainsi : "peindre l'*obsession*" [*Pr* 611]. Le poète radicalise ici la méthode du "Paysage triste", tout en lui donnant un arrière-fond urbain réduit à sa plus sténographique expression (en outre, la datation des "ariettes" laisse supposer l'évocation d'une scène française où le lecteur contemporain aurait sans doute pensé à Paris, parangon de la "ville" et, au demeurant, lieu où habitait le poète ; la critique y verra souvent une évocation de Londres, en vertu de regrettables préjugés patriotico-météorologiques). Le trope risqué en attaque de poème offre une construction impersonnelle mais en même temps hautement personnalisée (v. Approche stylistico-grammaticale). Il s'agit, on l'a souvent dit, d'une sorte de calembour et plutôt que d'escamoter cette interférence apparente entre des tonalités que l'on s'efforce généralement de disjoindre, mais que Baudelaire (suivi en cela par Verlaine, Corbière et Rimbaud) a au contraire allègrement mélangé (on lira sur ce point, en particulier, l'article décisif de Philippe Hamon, "Sujet lyrique et ironie", in *Le Sujet lyrique en question*, PU de Bordeaux, Modernités, 8, 1996, p. 19-25), il faut voir dans cette "ironie lyrique" douce la preuve que la mélancolie est toujours escortée ici de signaux qui impliquent la conscience critique qui préside à cette création (nous pensons à l'étude de Junko Fukuda, "L'ironie lyrique dans les *Fêtes galantes*", *Revue Verlaine*, 5, 1997, p. 60-76).

L'évocation d'une "langueur" et ce "chant de la pluie" renouent avec les suggestions de l'ariette I. Or le poème intègre paratextuellement le nom de Rimbaud – et sa voix – résistant ainsi à l'effacement que Lepelletier et Blémont allaient réussir pour la dédicace du recueil. Pour des lecteurs qui connaissaient Verlaine, l'épigraphe impliquait une mélancolie vécue en présence de Rimbaud et qui pouvait du coup activer, dans la première strophe, d'obscures suggestions érotiques (v. Approche stylistico-grammaticale) susceptibles de faire de ce poème, selon le titre d'un poème composé à peu de distance de la finition des *Romances*, des "Vers pour être calomnié" (1873 [*OPC* 330]).

Les hendécasyllabes césurés 5-6 de la quatrième ariette [128] portent l'empreinte de Marceline Desbordes-Valmore dans le choix du mètre, mais aussi dans la tonalité générale de ce discours et dans certaines notations axiologiques que l'on aurait pu être tenté de rapprocher de celles de Coppée. Avec son insistance phatique ("voyez-vous", "n'est-ce pas ?"), ces vers se penchent moins sur la question de l'innocence que sur celle de la déculpabilisation, préconisant le recours à un comportement désexualisant : amnèse ("le frais oubli") et régression vers une époque (en principe, préciserait un psychanalyste) présexuelle ("Soyons deux enfants"), dans l'espoir de créer un couple utopiquement autonome du monde normal des autres adultes ("loin + des femmes et des hommes"), l'oubli des raisons de l'exil étant une nouvelle variation sur le motif de l'exilé exilant du "Prologue". Que ces injonctions qui tendent à annuler la différence sexuelle ("soyons deux jeunes filles") soient à prendre avec un grain de sel, un signal autre que le caractère pastichiel du discours l'atteste : l'épigraphe de cet "Inconnu" qu'est Verlaine renvoie à un vers métriquement violent de "Lassitude" où la demande de douceur se fait dans un contexte érotique humoristique, celui d'une autre forme de refus du désir dû à l'épuisement ou à l'incompétence. Mais il faut ajouter que la perversité implicite du poème résulte de la possibilité d'imaginer un discours fait de Verlaine à Rimbaud, plutôt qu'à Mathilde, et la critique s'est souvent efforcée de désambiguïser un flou référentiel qui avait justement pour le poète sa part de saveur perfide.

L'ariette V [129] part du clavecin pour évoquer le son d'un piano, de l'importunité d'un joyeux pour évoquer celle d'un "berceau soudain" qui sollicite un souvenir que le sujet est incapable de saisir, tapi au fond de sa mémoire comme peut l'être sans doute un souvenir de la plus tendre enfance, sous-entendu par l'idée de la berceuse et plus littéralement du berceau ; le caractère régressif de l'ariette précédente prend ici un caractère plus proustien, ou pour mieux dire nervalien. On peut penser à la sorcellerie évocatoire de Marco : "Quand Marco chantait,/ses mains sur l'ivoire/Évoquaient souvent la profondeur noire/Des airs primitifs que nul n'a redits,/Et sa voix montait dans les paradis/ De la symphonie immense des rêves,/Et l'enthousiasme alors transportait/Vers des cieux *connus* quiconque écoutait/Ce timbre d'argent qui vibrait sans trêves,/Quand Marco chantait." Cette fois, on est passé du paroxysme des sentiments dont le "torrent" "rompait les digues de l'âme" vers un petit filet qui remonte du passé, dont la ténuité même expliquerait en partie la puissance. Comme dans "Marco" ("quiconque écoutait"), ce "fin refrain incertain" s'exprime réflexivement dans les particularités sonores du poème, la répétition possédant superlativement ici sa fonction qui est de peindre l'obsession. La hantise s'exprime ici dans la volonté accordée à un souvenir personnifié : "Que voudrais-tu + de moi, doux Chant badin ?", rappelant assez le "Souvenir, souvenir, que me veux-tu ?" de "Nevermore [I]", mais aussi l'atmosphère onirique et le souvenir aux bords de la perception de "Mon rêve familier". Ce qui est perdu, ici, peut toutefois désigner en même temps un univers plus proche dont le piano fait partie, celle où sa belle-mère donnait des leçons de piano et où son épouse jouait elle aussi du piano, l'une ou l'autre ayant sans doute "déchiffré" la partition envoyée par Rimbaud. On a perdu même ce présent où se situait l'irruption du souvenir, comme le narrateur de "Nevermore [I]" a perdu le moment où il se souvenait avec la femme qu'il aimait du printemps du premier amour. Sauf que ces "sensations à demi mortes", dont le "charme", selon Jean-Pierre Richard, "est justement de se délivrer de cette origine, d'en abolir en elles jusqu'à la notion, et de vivre d'une existence autonome, privée d'attaches", restent en réalité collées au postulat d'un temps à retrouver, supposant l'exhumation d'origines (cf. *Poésie et profondeur*, 1976 [1955], Le Seuil, p. 166-167).

L'ariette VI [130], comme par hasard, plonge dans un passé, celui de la chanson populaire. S'inspirant de Herder en particulier, le Second Empire s'est intéressé à la collecte des chansons pour alimenter la mémoire culturelle nationale [AB1 99-101], tandis que les poètes espéraient revivifier la poésie littéraire grâce à cet antidote au maniérisme et aux clichés qui pouvaient l'encombrer. Revenant vers un humour énumératif comme celui de certaines *Fêtes galantes*, le poème évoque en particulier des chansons grivoises, avec leurs malins et leurs cocus, mais aussi l'épigramme de Trissotin "Sur un carrosse de couleur amarante, donné à une dame de ses amies" (*Les Femmes savantes*, Acte III, Scène II), Molière étant sans doute pour Verlaine le modèle même de l'écrivain démystificateur et proche du peuple. Avec son paradoxe épistémologique : le guetteur ne voit rien (topos comique de la sentinelle assoupie), tandis qu'un personnage "inattentif", et en apparence naïf, est clairvoyant (voir Jean Bellemin-Noël, *Vers l'inconscient du texte*, PU de France, 1979, p. 85-115), le poème fait remonter à la surface ce qui est évoqué elliptiquement ou laissé dans l'entredit ou la dénégation exhibée dans les ariettes précédentes : le désir, l'illusion. Quoique le poème témoigne de l'importance pour Verlaine de cette inspiration populaire (et les complaintes ne seront pas oubliées plus loin dans le recueil), prolongeant dans un sens différent le propos de "Nocturne parisien" (mais le poème le plus proche sera "Images d'un sou" [*OPC* 331]), il sert aussi de contrepoison à ce que certaines des autres ariettes pouvaient sembler présenter de maniéré – maniérisme dont la fonction est aussi complexe et chargée de valeurs ironiques que dans les *Fêtes galantes*.

Les 8 distiques à rimes simples de l'ariette VII [132] semblent répondre à la même disposition dans *La Bonne Chanson* XI [*OPC* 149] : à l'exil préconjugal ("Mes yeux exilés de la voir") succède un autre exil, accompagné cette fois d'un système de répétition élégiaque (peindre, encore, l'obsession, cette fois par la réitération des mots et des distiques), le discours que l'âme adresse au cœur relevant d'une tradition lyrique dont "Nevermore [II]" avait livré une version corrosive. Ce "cœur trop sensible", pris dans un "piège" amoureux (cf. le "piège exquis" évoqué dans "Birds in the night" [144]), se laisse aller à une chanson élégiaque qui n'est pas très éloignée de la "Chanson" en 5-5 de Musset : "J'ai dit à mon cœur, à mon faible cœur […]". Cette simplicité proche de certains poèmes de Marceline Desbordes-Valmore rapproche encore la poésie littéraire de la chanson populaire.

L'ariette VIII [133] prépare le terrain pour les "Paysages belges" : "On croirait" et "Quoi donc" se retrouvent sous une forme proche dans "Charleroi" : "on veut croire" et "donc quoi"/"Quoi". Ce nouveau paysage triste, dont la répétition de quatrains prolonge la méthode de l'ariette précédente, relèverait plutôt – la datation à la fin des ariettes confirmant au moins rhétoriquement l'hypothèse – d'un paysage français. On passe de la tristesse assumée par le locuteur d'une manière extrêmement directe et typiquement romantique ("Ô triste, triste était mon âme") à une campagne qui suscite l'évocation et l'interrogation d'un sujet dont l'intervention directe est à comparer, par exemple, avec l'absence d'une telle expression dans "L'heure du berger" [59]. Cet "interminable/Ennui de la plaine" où l'enjambement dramatise l'ennui, ce ciel "de cuivre" où se dessinerait la mort de la lune, montre précisément les éléments négatifs du paysage lunaire du poème saturnien, mais sans l'advenue de Vénus. Or comme l'a observé Georges Kliebenstein, "c'est justement quand Verlaine évoque un univers *Zeitlos*, hors-temps, qu'il faut le soupçonner d'une mise en perspective politique" (v. *Fêtes galantes*, Mélancolie). Le rapprochement avec "Charleroi" [137] sous-entend la dimension politique de ce paysage clandestinement allégorique. Comme pour "la prairie froide" et "la nature défleurie" dans "Les Corbeaux" de Rimbaud, publié dans *La Renaissance littéraire et artistique* en septembre 1872, ce paysage représenterait la France une année après la Commune. Dans "Effet de nuit" [50], les loups dévoraient les cadavres des pendus avec la complicité charognarde "du bec avide des corneilles", dans "Les Loups" [*OPC* 359], publié dans *La Revue des Lettres et des Arts* le 15 décembre 1867 et destiné aux *Vaincus*, les loups éponymes sont accompagnés, semblablement, du "bec avide des corbeaux". Ici, l'ennui d'un paysage répressif et calme a succédé au paysage tragique de mai 1871 ; les charognards seraient à court de cadavres, ceux de futurs révolutionnaires ou bien ceux des victimes de la revanche révolutionnaire anticipée dans le poème "Les Vaincus" [*OPC* 369] :

> Et la terre, depuis longtemps aride et maigre,
> Pendant longtemps boira joyeuse votre sang
> Dont la lourde vapeur savoureusement aigre
> Montera vers la nue et rougira son flanc
>
> Et les chiens et les loups et les oiseaux de proie
> Feront vos membres nets et fouilleront vos troncs,
> Et nous rirons, sans rien qui trouble notre joie,
> Car les morts sont bien morts et nous vous l'apprendrons.

L'ariette VIII est une invitation au voyage… pour fuir l'horreur de la France réactionnaire, d'un étouffement politique qui s'ajoute à une asphyxie plus personnelle. Une lettre à Blémont résume assez, le 22 juillet 1871, cette préoccupation :

> Vous devez me trouver bien prudhommesquement sentencieux depuis quelque temps. Mais, que voulez-vous, tant de gens ont reçu depuis un an du plomb *littéral* dans la tête qu'il est bien permis à ceux qui ont échappé, comme heureusement la plupart de nos amis, à la *matérialité* de la chose, d'en conserver *mentalement* quelque lourdeur, et j'oserai ajoutera quelque sagesse quelque peu farouche et bougonne.

[CG 1 209]

La neuvième et dernière ariette oubliée [135] reste dans le cadre d'un paysage qui prolonge cette perspective élégiaque d'un paysage triste où les espérances noyées peuvent reprendre dans une mesure certaine le scénario du "Rossignol" saturnien [60], mais en y ajoutant l'image d'un "voyageur" aussi blême que la campagne où il se trouve, figuration cette fois matérialisée de l'énonciateur du paysage précédent qui prépare encore le terrain pour le voyage des "Paysages belges" qui suivent, pour que le chant reprenne des accents optimistes en quittant la France en deuil et un repli mélancolique sur soi-même qui laisse le sujet piégé dans les mirages d'une introspection où les tourterelles de l'amour n'ont elles-mêmes aucun espoir. Finis "l'extase langoureuse" et le "chœur des petites voix" de la première ariette…

"Paysages belges"

Dans les "Paysages belges", l'étouffement, le poids du passé mélancolique au cœur des "Ariettes oubliées" ne disparaissent pas, mais se trouvent fortement contestés, un mouvement souvent dynamique succédant à une tendance à l'enlisement, un élan vers l'ailleurs ne semblant pas tant se donner un objectif, une téléologie, que correspondre à l'envie négative de fuite, mais aussi à l'envie positive de découverte et de libération, d'"aubaines", de ces "Bons juifs-errants", attentifs à la bière, au tabac, aux "Servantes chères", non sans s'émerveiller devant "les charmants/Petits asiles/Pour les amants !" ("Walcourt" [136]).

Les "asiles" de "Walcourt", les arbres accueillants de "Bruxelles. Simples fresques II", les paysages calmes et féconds comme celui de "Malines", suggèrent une vision très éloignée des "Paysages tristes", ce qui renforce la visibilité d'une mise en relation qui n'est pas que picturale ; la *tristesse* serait-elle à la France ce qu'est son antonyme à la *Belgique* ? Dans le "recueil Demeny", une telle antinomie était effectivement déployée : pour le républicain, la Belgique pouvait apparaître comme un havre de liberté, pays où des républicains pouvaient publier des ouvrages politiques et érotiques.

Comme "Malines", "Walcourt", est à lire dans son contexte. Car le pluriel de la séquence des "Paysages belges" n'est pas que fonction du défilé de toponymes offerts par le texte. Ce poème qui semble offrir une utopie permise par le système ferroviaire, où les "Gares prochaines" (au sens temporel comme au sens spatial) attirent le voyageur comme une promesse d'évasion et de bonheur, se termine sur l'évocation de "Bons juifs-errants" qui, malgré le renversement mélioratif – bénédictif – de ce motif de malédiction (le fait même du pluriel constituant un écart positif face au destin solitaire de Juif errant...), laisse apparaître aussi la possibilité d'une errance négative. La logique du mythe surgit comme pour confirmer cet aiguillage dès le début de "Charleroi" [137], où l'évocation de "Kobolds" facilite l'éclosion d'une atmosphère fantastique, étrange et étrangère (le mot rappelle ainsi que malgré le toponyme du titre, il ne s'agit pas que d'un pays francophone). L'affirmation initiale suppose la réalité de ces êtres malfaisants ("Les Kobolds vont"), puis accompagne une notation anthropomorphe ("Le vent profond/Pleure") d'une modalisation : "on veut croire". Qui, "on" ? Les habitants de Charleroi, englués dans la superstition ? Plutôt, sans doute, des touristes qui, surpris et désorientés par la vision qui se présente par la vitre du train, sont tentés d'ébaucher une interprétation mystifiée de la réalité sociale qu'ils méconnaissent.

Ce poème apporte un double correctif à certaines conceptions du recueil. D'une part, cette évocation des odeurs désagréables de l'industrie, des bruits et lumières inquiétants d'un paysage de mines et de forges, rappelle que la Belgique n'est pas une utopie et que les voyageurs retrouveront forcément lors de ces voyages la misère populaire au cœur de poèmes comme "La Soupe du soir" [*OPC* 365-366] ; le voyage exhibe, à côté des lieux amènes, le dystopique qui sous-entend le problème posé par le caractère *évasif* de ce voyage (cf. le comportement des Chanteurs modernes dans le "Prologue" saturnien). D'autre part, le poème soulève le problème de l'arbitraire de l'interprétation de ce paysage qui *frappe* l'œil comme une gifle (les branches qui font sursauter le voyageur collé contre la vitre pour voir le paysage métaphorisent le choc visuel tout en confortant l'impression d'une nature animée... de mauvaises intentions) : à la vision subjective et idéaliste réplique un regard plus lucide. Avec son retour en fin de poème du premier quatrain, "Charleroi" a recontextualisé la vision fantastique en en exposant la logique et les causes humaines et sociales.

Dans "Bruxelles. Simples fresques" [139], il convient à nouveau de se méfier de conceptions spontanéistes de la création verlainienne, qui poussent à supposer que comme des *fresques*, Verlaine a nécessairement "peint" en toute vitesse ce diptyque en se laissant aller aux suggestions de ce qu'il a devant les yeux. Car les deux volets comportent des éléments ironiques, et même une forme d'autodérision. Avec ses couleurs atténuées ("verd*âtre* et rose"), ses lumières feutrées, son emploi d'emblée d'un technicisme pictural ("La fuite"), son recours à un adjectif qui enlève aux abîmes toute grandeur tout en auréolant la scène de connotations axiologiques presque coppéennes ("humbles abîmes"), l'évocation de ces "apparences d'automne" (conditionnant l'emploi des couleurs) produit pour ainsi dire un paysage *quasi* triste, "triste à peine". Le sujet serait-il pris, justement, dans les "apparences", sans pouvoir atteindre le réel ? Dans une parodie publiée en 1869, Vermersch avait relevé la prédilection du poète pour des mises en scène floutées comme celles que l'on sélectionne souvent aujourd'hui pour définir la manière de Verlaine en partant de l'idée de *l'indécis* de l'"Art poétique" : "Or tous les vieux portraits de famille où se jette/Mélancoliquement l'ennui poudreux et mou,/La regardent avec un regard un peu *flou*/Où rêve une candeur tranquille et presque bête." (poème reproduit dans notre livre [MURPHY, 2003, p. 266]).

Le premier volet montre, dans son avant-dernier vers : "Toutes mes langueurs rêvassent", que cette évocation des *apparences* est soumise à un véritable soupçon épistémologique, comme si Verlaine s'appliquait ici déjà à offrir un poème à la manière de lui-même. Le verbe *rêvasser* nous ramène à la logique du "rêvasseur" de "Nuit du Walpurgis classique" et fait du poème non seulement un regard qui évoque, mais un regard qui se retourne sur, et contre, lui-même. On est proche justement d'"À la manière de Paul Verlaine" avec ses jeux sur l'affixation : "Des romances sans paroles ont,/D'un accord discord ensemble et frais,/Agacé ce cœur fadasse exprès/Ô le son, le frisson qu'elles ont !" (*Parallèlement* [*OPC* 502]).

Sans nier la présence de traits de distanciation et de réflexivité dans la peinture impressionniste, il convient de distinguer la méthode verlainienne de celle que l'on a pu considérer comme le propre de l'impressionnisme : "Tout le principe impressionniste, comme l'ont formulé Proust et Ruskin d'après Turner, était de peindre, 'non pas ce que je sais mais ce que je vois'" (voir Peter Collier, "Lectures de 'Mémoire'", in *Rimbaud "à la loupe"*, *Parade sauvage*, hors-série, 1990, p. 61). Car ici le *ce que je sais* peut très bien redéfinir *ce que je vois*, dans le rejet de *ce que je croyais voir* (du "on veut croire"), de même que le *ce que je vois* peut s'avérer, en définitive, sans véritable intérêt. La "naïveté" sera toujours chez Verlaine un *effet* et l'apparente spontanéité d'un poème le résultat d'un travail. Mais souvent, l'apparence même d'immédiateté est contestée par des signaux ironiques.

Dans le deuxième volet du diptyque [139], on voit d'abord une allée, des arbres et un château, qui peuvent faire penser un peu, mais cette fois dans un paysage plus vaste et aéré, aux *Fêtes galantes*. Le sujet fantasme ce qui pourrait se passer de galant "sous le secret/De ces arbres-ci", avant d'imaginer, devant la vision d'hommes aussi bien habillés qui s'acheminent vers le château, que l'amour qui l'unit à ce "tu" non identifié pourrait y trouver un lieu idoine d'épanouissement. On retourne ainsi, sous la forme d'une rêverie plus grandiose, aux "Petits asiles/Pour les amants !" de "Walcourt", mais avec cette fois une métamorphose du plan érotique initial, réalisable, en fantasme érotico-social irréaliste. À nouveau, l'ironie est manifeste car ces rêves impliquent par leur nature même que le sujet ne pourrait aspirer à une telle intégration, ce que confirme l'indication en bas du texte : le poème aurait été écrit... dans un estaminet. Le texte est doublement subversif dans ses implications puisqu'il s'agit ici d'évoquer justement "sous le secret" de subterfuges sémantico-référentiels un amour clandestin, mais aussi dans l'évidente ironie de cette identification de la part de Verlaine aux Royers-Collards qui défendent une monarchie qu'il méprise, mais qui domine politiquement, en 1872 toujours, la République française. L'identification laisse voir ainsi une franche antinomie qui sape radicalement cette nouvelle rêvasserie.

Dans "Bruxelles. Chevaux de bois" [141] (comme le deuxième volet d'un diptyque implicite dont le premier serait lui-même subdivisé...), on se trouve en présence d'"une vision du collectif", avec cependant une émission de "signes contradictoires" à travers le manège absurde, "du mal en masse" et "du bien en foule". Ce sentiment double, à la fois "empathique et ironique", débouchant plus tard sur une version nouvelle de la part de "l'écrivain de droite, catholique intransigeant et farouche anti-républicain" voir [*AB1*, p. 210].

– *conversion* curieuse du poème de 1872 où la nouvelle comparaison "Chevaux plus doux que des moutons, doux/Comme un peuple en révolution." laisse imaginer une perception antiphrastique, tout en dépliant peut-être l'une des associations originelles de ce mouvement tournoyant (cet aspect du texte a été étudié par Seth Whidden, "*Sagesse*, Paul Verlaine", in *L'Explication littéraire. Pratiques textuelles*, éd. Ridha Bourkhis, Armand Colin, 2006, p. 185-192). Dans le texte de départ, on peut cependant penser que justement, il ne s'agit d'un... mouvement révolutionnaire qu'*a contrario*. Car ce peuple n'irait pas de l'avant, tournant précisément en rond, révolution dans le sens uniquement d'une rotation incessante : *panem et circenses*, la foule "obscène" du "Prologue", que manipule avec facilité la démagogie, bonapartiste ou autre.

Avec son compartiment de train qui ressemble à un salon, permettant de rendre compte en douceur du paysage qui défile lentement au point de pouvoir capter un "détail fin", de pouvoir apprécier les plus légers effets de vent et les plus complexes jeux de lumière, "Malines" [143] s'écarte du "rhythme du wagon brutal" de *La Bonne Chanson* VII comme un voyage en première classe peut s'opposer à un trajet en troisième. Rimbaud a pu trouver que Verlaine versait trop dans l'églogue, il a en tout cas soumis "Malines" à un véritable retournement parodique dans "Michel et Christine", son poème d'inspiration révolutionnaire mettant fin à "l'Idylle" dans une évocation qui reprend des éléments du lexique et de la rhétorique de "Malines" pour présenter un autre paysage, soumis à nouveau à un rythme brutal, celui de ses hendécasyllabes non césurés (et donc amétriques), celui aussi des nuages qui courent comme un "railway", mot qui figurait au départ, avant d'être biffé, dans le manuscrit de "Malines". Sans doute Rimbaud tenait-il à refuser nettement toute option quiétiste : il n'a pas pu passer à côté de deux allusions précises. Le poème se termine sur les vers "où l'on/Aime à loisir cette nature/Faite à souhait pour Fénelon", livrant ainsi une référence explicite à l'évocation de la grotte de Calypso du *Télémaque* – ce qui ne manque pas de saveur lorsqu'on pense aux *Fêtes galantes*. Le quiétisme de Fénelon rejoint d'autre part le Baudelaire de "L'Invitation au voyage", avec ses rêveries plus ou moins hollandaises : "Aimer à loisir,/Aimer et mourir/Au pays qui te ressemble." et, de fil en aiguille, le refrain "Là, tout n'est qu'ordre et beauté,/Luxe, calme et volupté." (voir le site de [HERVÉ]).

Ce poème semble surtout destiné à présenter un poème en tous points opposé à l'ariette VIII avec son extrême stérilité, et lorsque Rimbaud parodiera "Malines", ce sera en ramenant l'évocation vers la France et en réintégrant les loups au paysage, par contamination certainement des deux textes, faisant resurgir le drame de la Commune, comme pour dire que l'on ne peut s'en retirer par une simple évasion géographique et poétique, reprenant ainsi, sans doute consciemment, les conclusions que laissaient tirer implicitement "Charleroi". "Malines" est cependant, non pas tout seul, mais dans le contexte global du recueil, un poème politique par l'antithèse heureuse que ce paysage belge présente au paysage français de 1872.

"Birds in the night"

Après les évocations de voyage des "Paysages belges", "Birds in the night" assure le passage biographique entre la Belgique et les "Aquarelles", l'indication en fin de poème "Bruxelles, Londres 7bre 8bre 72" renvoyant pour le lecteur à une période qui pourrait être celle des difficultés de couple évoquées, ou celle correspondant à la composition de ces "douzains" enchaînés. La séquence s'écarte dramatiquement de la logique des "Paysages belges" dès l'ouverture : contrairement aux poèmes précédents, celui-ci ne se déploie pas selon la logique d'une énonciation synchronique avec les paysages vus, mais à titre de jugement rétrospectif ménageant des bribes d'évocation d'un passé récent, dans un acte de dialogue poétique à sens pour l'essentiel unique ; le lyrisme de ces décasyllabes 5-5 typiques de la chanson en devient d'autant plus didactique qu'il s'adresserait à une femme "si jeune", d'où un dispositif argumentatif et rhétorique plus voyant que dans la majorité des poèmes du recueil, ce qui a conduit généralement à déconsidérer cette séquence et à la juger contradictoire avec l'esprit des romances (voir la déconstruction de cette idée de [LÉCROART in *LV*, p. 245]).

Pour une analyse plus détaillée de cette section du recueil, nous renvoyons au chapitre consacré à l'étude littéraire présenté plus loin.

"Aquarelles"

"Aquarelles" donne une série de titres non pas polyglottes, comme dans la deuxième moitié des *Poèmes saturniens*, mais reliés tous par l'anglais et prolongeant en cela "Birds in the night". Certes, "Spleen" est depuis longtemps un mot intégré à la langue française, mais pour le lecteur de l'époque, le terme conserve toujours une part de son statut d'importation lexicale. "Streets" semble répliquer à une recension où Henri Nicolle plaisantait au sujet des mots indiens et grecs dans les *Poëmes saturniens* en écrivant que s'il allait en Angleterre, il parlerait de la *queen* et des *streets*. Verlaine a construit délibérément un enchaînement de quatre titres monosyllabiques qui assonnent où "Child Wife" et "A poor young shepherd" forment une parenthèse, après "Gre*en*", "Sple*en*" et "St*ree*ts", avant que "B*ea*ms" ne mette un terme à la série et au recueil. On remarquera que ces titres peuvent désigner des aspects de la peinture : la couleur ou des effets de lumière, des lieux ou des sujets de portraits, ou encore une atmosphère qu'il s'agira d'évoquer. Dans les faits, certaines des évocations semblent très éloignées de l'image mentale que l'on se fait de l'aquarelle, mais Verlaine utilisera beaucoup cette fois les couleurs, parfois très vives comme dans "Spleen", à la différence des "Eaux-fortes" des *Poëmes saturniens*.

En ouverture des "Aquarelles", "Green" [148] propose une offrande lyrique d'une nature en soi assez traditionnelle, le poème n'étant pas sans analogies avec les tours de phrase et surtout l'axiologie de certains poèmes de Marceline Desbordes-Valmore, "l'humble présent" étant concret (des cadeaux disant métonymiquement la Nature pour métaphoriser l'Amour), mais aussi affectif (le cœur du sujet) et réflexif (le poème lui-même).

– par le rejet, par exemple, de son offrande et de son amour – débouche sur l'évocation d'une "fatigue" qui se perdra ("délasseront"), puis reviendra sous une autre forme, après "la bonne tempête" dont l'euphémisme, suivant une ellipse assez voyante (comme le *fading* rapide du 5e douzain de "Birds…") ne cache pas la nature, comme par un retour moins grinçant à la logique post-coïtale de "Lassitude", le "spasme" étant suivi cette fois d'un sommeil en principe bien mérité et qui ne sera pas une source d'irritation "puisque" l'autre personne se repose (un tel repos doit être légitimé…). Ces trois quatrains en rimes croisées, semblables sur ce plan à la séquence "Birds in the night", sont cette fois des alexandrins et non plus des 5-5. La sérénité de leur propos s'exprime dans des césures et fins de vers qui offrent une concordance quasi parfaite entre les unités syntaxiques et métriques du poème, après l'abondance de 5-5 discordants de "Birds in the night", ce qui s'explique par la fonction structurelle complexe de ce poème qui permet d'opposer à la mauvaise "tempête" du dernier douzain de "Birds…", une "bonne tempête", impliquant que cette fois, Notre-Dame luit sous la forme de la personne qui bénéficie de l'offrande. Cette antithèse prépare en même temps la vision moins humble qu'utopique de "Beams" où "Elle" marche, christiquement, sur la mer, "embellie" qui met symboliquement fin à la mauvaise tempête.

Dans "Spleen" [149], Verlaine reprend un thème fortement investi par les quatre "fleurs du Mal" consécutives dotées de ce titre, sans oublier le titre "Spleen et Idéal" de la première et plus grosse section du recueil baudelairien. S'ajoutant aux catégories mélancoliques et dépressives dont le défilé avait commencé dans les *Poëmes saturniens* ("Melancholia", "Résignation", "Lassitude", "Angoisse"…), ce "Spleen" fonctionne cependant différemment. Ses quatrains rimiques disposés typographiquement en distiques fonctionnent d'abord par paires, rapprochant le présent (str. 2 et 4) d'un moment du passé (str. 1 et 3), les distiques d'abord fortement séparés syntaxiquement étant en fin de poème réunis dans une durée qui englobe ces deux moments dans un état d'esprit justement durable, d'où la ponctuation faible entre les deux derniers distiques. Ce paysage, que l'on dirait topiquement adapté à l'amour, apparaît paradoxalement comme une menace pour le sujet, les couleurs étant pour lui d'une intensité considérable ("toutes... tout") et même excessive ("trop... trop... trop... trop") ; la nature, si tranquille dans "Green", fait désormais peur, les fleurs et les feuilles conventionnelles de l'amour ("Les roses") cédant la place en fin du poème au houx qui pique (cf. "Effet de nuit") et au buis qui, plus encore que le houx, possède des connotations funèbres. Le sujet se souvient d'un moment où il ressentait déjà ce "spleen" qui l'anime au présent ("*re*naissent... *toujours*"). Ce spleen se construit comme une image mentale qui s'écarte violemment des prototypes chez Baudelaire ; il s'agit d'un spleen polychrome, que le lecteur aurait plutôt tendance à identifier à l'angoisse. Le moindre mouvement de la personne aimée produisant la peur de son départ (figurée aussi par le mouvement *tu/vous*), la réaction se définit par la disproportion ("pour peu... tous mes désespoirs"), mais aussi par une relation au temps très différente de celle, habituelle, de la mélancolie nostalgique ou du spleen. Car ce sujet projette dans l'avenir son expérience mélancolique, l'intensité même de l'émotion, sur l'arrière-fond d'une nature magnifique, le poussant à ne sélectionner que des signaux annonçant cet "avenir solitaire et fatal" pressenti dans "L'Amour par terre". Sa lassitude s'exprime jusque dans l'assonance appuyée et volontairement non-lyrique "Du luisant buis je suis las" (cf. "Vers pour être calomnié" [1873-1874] : "Va, pauvre, dors ! moi, l'effroi pour toi m'éveille." [*OPC* 330]). Le locuteur est las de tous "fors de vous" : obsédé et monomaniaque.

Ce n'est pas un hasard si, après la quiétude amoureuse de "Green" et la peur du mouvement de "Spleen", "Streets" offre en contraste un nouveau diptyque – londonien cette fois et non bruxellois – dont le premier volet [150] suggère une danse masculine frénétique, située par l'indication au bas du poème à Soho, quartier mal famé de Londres qui réapparaît lorsque Verlaine fait de Londres une ville que "le feu du ciel" punira dans "Sonnet boiteux" (1873-1874 [*OPC* 323]). Ce poème présente une métrique de chanson : des tercets monorimes en octosyllabes séparés par un refrain invariable tétrasyllabique, où c'est la remémoration d'un passé amoureux qui succède à l'anticipation craintive de "Spleen", les "yeux si beaux" de "Green" étant remplacés par les "jolis yeux", "malicieux" cependant, d'une femme "morte" au "cœur" du sujet. Dans son apparente sérénité, ce locuteur qui place son amour à l'imparfait, se souvient cependant fortement au présent, ce qui tend à démentir la victoire gagnée contre cet amour. De sorte que le refrain "Dansons la gigue !", dont l'impression sur le lecteur se transformera au cours du poème, peut suggérer non pas seulement le canevas métonymique de cette ressouvenance, mais aussi que l'opposition apparente entre la danse paroxystique des Londoniens et le calme nostalgique du locuteur est illusoire. On peut penser, toutes proportions gardées, à l'humour noir d'"Effet de nuit" où les pendus dansent "des gigues nonpareilles" [50].

Le second volet [151], comportant en fin de texte l'indication "Paddington" qui fait penser notamment à la gare, se rattache au premier par l'emploi d'octosyllabes. Il présente une vision inquiétante, comme un tableau londonien qui reprend, pour la capitale anglaise, le cauchemar des "Sept Vieillards" où Baudelaire avait exploité les possibilités surnaturelles d'un paysage parisien brumeux et jaune (passage du reste rappelé dans "Sonnet boiteux"). L'allusion est très nette :

> Un matin, cependant que dans la triste *rue*
> Les maisons, dont la *brume* allongeait la *haut*eur,
> Simulaient les deux quais d'une *rivière* accrue,
> Et que, décor semblable à l'âme de l'acteur,
>
> Un brouillard sale et *jaune* inondait tout l'espace,
> Je suivais, roidissant mes nerfs comme un héros
> Et discutant avec mon âme déjà lasse,
> Le *faubourg* secoué par les lourds tombereaux.

Or cette évocation baudelairienne mettait en place l'arrière-fond inquiétant de l'irruption fantastique des sept vieillards, qu'un premier titre rattachait aux "Petites Vieilles" dans un diptyque (coïncidence ?) intitulé "Fantômes parisiens". Ces lourds tombereaux sont ceux des travailleurs qui collaborent (comme ceux de la voirie dans "Le Cygne") à la destruction de leurs propres quartiers mis en place par Haussmann. Dans ce poème qui laissait entendre une allusion à la répétition dynastique opérée par Napoléon III (cf. Alain Vaillant, *Baudelaire, poète comique*, Presses universitaires de Rennes, 2007, p. 235-239), Baudelaire laissait entendre la défaite politique des ouvriers, celle de 1851 succédant à celle de 1848. Verlaine n'évoque pas de personnages spectraux, mais la rivière elle-même est "jaune comme une morte" (les sept vieillards ont des "guenilles jaunes" qui "Imitaient la couleur de ce ciel pluvieux") et "sans nuls espoirs", comme cette fois pour exprimer par une métaphore anthropomorphe implicite, l'horreur contiguë de la condition ouvrière, dans des "cottages jaunes et noirs" qui ne sont pas ces "Petits asiles/Pour les amants !" auxquels pensera spontanément le lecteur français, mais les *cottages* au sens miséreux du paysage industriel de l'Angleterre de la reine Victoria, l'expression "faubourgs pacifiés" supposant la pacification répressive des quartiers ouvriers.

Ainsi, le diptyque "Streets" qui pourrait sembler serein, pacifié justement, recèle-t-il une large part d'ombre : que les souvenirs du sujet ou ceux qu'inscrirait le paysage soient d'ordre individuel ou collectif, il s'agit surtout d'une expérience de la survie spectrale du passé dans le présent affectif...

Avec ses quatrains à rimes croisées d'alexandrins et d'hexasyllabes, "Child Wife" [152] reprend en titre, sous une forme légèrement modifiée, l'idée d'une "femme-enfant" de *La Bonne Chanson* VIII [*OPC* 147], renouant avec la démarche argumentative de "Birds in the night", mais livrant cette fois ce qui est plus nettement une caricature : "vous gesticulez avec vos petits bras/Comme un héros méchant" (cf. Scaramouche et Pulcinella qui *gesticulent* dans "Fantoches" [109]) ; le sujet serait implicitement le vrai (et bon) héros avec "la lumière et l'honneur/D'un amour brave et fort [...] Jeune jusqu'à la mort !", rejoignant en cela sans doute l'idée que la femme aimée est sa "Patrie" ("Birds in the night"). Cette figure héroïcomique est désormais une "lamentable sœur", avec une évidente ambivalence : il peut s'agir d'une personne dont le comportement est déplorable et donc antipathique, mais aussi d'une personne digne d'être l'objet des lamentations et donc de sympathie (cette dernière signification ayant figuré dans les premières versions de "Birds in the night" où le sujet était qualifié au *v.* 12 de "lamentable homme"). Le poème accuse celle "qui [n'était] que chant" et qui, désormais, "pouss[e] d'aigres cris poitrinaires", d'avoir trahi le poète, qui avec ses "romances" se trouvait en diapason avec son chant à elle, et d'avoir en même temps abandonné son rôle de Muse. Et si elle a subi cette métamorphose, ayant "peur de l'orage et du cœur/Qui grondait et sifflait" – reprenant l'analogie de la tempête sous une nouvelle forme – c'est à cause d'une intervention extérieure : "Et *v*ous bêlâtes *v*ers + *v*otre m*è*re – ô douleur –". La césure sur préposition monosyllabique produit un fort effet suspensif, destiné à souligner, comme par une hésitation, la douleur et la discordance entraînées par ce recours à l'opposante dans le schéma de cette quête.

Dans les alexandrins, on remarque l'insistance des rimes en – *eur* qui, revenant dans trois des cinq strophes, produisent à la fin une réitération qui souligne le parallélisme du dernier alexandrin à la manière d'un vers léonin : "Joyeux dans le *malheur*, grave dans le *bonheur*,". Par une ironie assez dure, le poème ne comporte que des rimes masculines, ce qui, dans ce contexte polémique, ne manque pas de suggérer que la femme évoquée manque de féminité...

Une observation s'impose : dans les éditions de Jacques Borel "Child Wife" se termine sur l'indication "Londres, 2 avril 1873". En réalité, le manuscrit du recueil et l'édition originale ne comportent pas cette mention qui se trouvait en bas d'"A poor young Shepherd" et "the Child wife" dans la lettre à Blémont du 22 avril 1873. Or les éditions de J. Borel ne donnent pas cette datation pour l'autre poème, alors que cette indication, qui se trouve au bas de la transcription d'"A poor young Shepherd" dans le manuscrit (conservé à la BNF), valait sans doute pour les deux poèmes, présentés dans le manuscrit sous la forme de deux colonnes, non pas sans doute simplement pour économiser sur le papier et les frais postaux, mais pour présenter un diptyque dont les volets montrent respectivement un jeune ("young") homme et une jeune ("child") femme – comme un couple séparé ? La localisation spatio-temporelle, qui peut situer la composition du diptyque et/ou un référent (par exemple le moment de réception d'une lettre), n'a pas des implications aussi lourdes que l'adjonction pour *La Bonne Chanson* du poème dédié à Mathilde ; elle encourage plus que Verlaine ne semble l'avoir souhaité une interprétation référentielle.

Dans *Romances sans paroles*, les deux poèmes seront toujours associés, gardant ainsi virtuellement un peu de leur statut initial de diptyque, sans que ce statut soit explicité comme pour "Streets", et dans l'ordre inverse. Probablement en partie parce que si Verlaine voulait d'abord produire par le contraste entre ces poèmes un effet de dramatisation, il voudrait maintenant dédramatiser avant d'évoquer l'"embellie" de "Beams". "A poor young shepherd" [153] commence, comme l'a relevé Christian Hervé, sur un calembour translinguistique ("shepherd" = "J'ai peur d'"…) voir [HERVÉ]. Cette évocation des fêtes de la Saint-Valentin, quand les Anglais s'envoient des messages d'amour réel ou imaginaire *de manière anonyme*, livre sans doute obli-quement une allusion au caractère équivoque de la référence dans ce recueil et l'objectif des critiques sera souvent de mettre fin à cet anony-mat. Pour "Birds in the night", des éléments extérieurs au texte permet-tent de "confirmer" l'identification de Mathilde – ou pour mieux dire de conforter la possibilité (puisqu'elle n'a rien d'une obligation diri-mante) de lire le poème en fonction d'expériences vécues – tandis que pour d'autres poèmes, une bonne part des commentaires prendra la forme d'une interrogation réitérée : "Mathilde ou Arthur ?". Le poème *nomme* ou du moins *prénomme* une certaine "Kate" – *pseudo*nyme ? – autorisant la rime phonologiquement… délicate *Kate::délicate*, ce qui explique probablement le choix de prénom.

Ces cinq quintils de pentasyllabes à schéma rimique complexe et à répétitions nombreuses confèrent au poème un évident statut de chanson, approprié à ce badinage léger qui, avec la possibilité qu'il apporte de résonances renvoyant aux poèmes antérieurs du recueil, montre un insecte à dard qui a pu laisser soupçonner une suggestivité… non hétéro-sexuelle (cf. le "dard" dans le poème "Les Ingénus").

Le contraste avec les quatrains d'alexandrins en rimes embrassées "Beams" [154] est énorme ; d'une métrique de chanson et d'une insistante oralité on passe à un texte euphorique mais solennel, marqué par des propriétés insistantes de la poésie la plus littéraire ; après la festivité galante, triviale et profane, des vers marqués par de fortes résonances bibliques et par une sorte d'expérience initiatique.

L'indication terminale "Douvres-Ostende. À bord de la "Princesse de Flandres" 4 avril 73" peut inviter le lecteur à déduire que le poème raconte ce qui s'est passé lors du voyage ou même qu'il a été composé pendant la traversée, suivant un contrat romantique assez typique, trop connu pour ne pas être *re*connu – mais s'agit-il d'un leurre ?

Se pose à nouveau la question de l'identification. L'exégèse a pris souvent la forme d'hypothèses permettant de montrer qu'"Elle" correspond à une personne réelle (Mathilde ou Rimbaud), à tel membre de la Sainte Famille (Marie ou le Christ), à un principe élevé (le catholicisme ou l'utopie) ou enfin au navire. Bref, on hésite entre l'empirique et le spirituel, la personne et l'idée ou même la chose, le féminin et le masculin (ce qui, s'agissant d'un éventuel Christ féminisé, produit une métamorphose qu'un lecteur catholique pourrait juger profanatrice)…

Pour l'hypothèse d'un navire, on pouvait se prévaloir de l'emploi du pronom "she" souvent utilisé en anglais lorsqu'on évoque un navire, du sens en menuiserie de *beams* qui pourrait se rapporter au bois du vaisseau, de cette capacité de traverser l'eau, mais surtout du nom de femme du bateau sur lequel Verlaine a fait la traversée en compagnie de Rimbaud, indiquée en bas du poème (après la publication, Verlaine a demandé à Lepelletier de modifier à la main, dans les exemplaires qu'il allait expédier, "Princesse" en "Comtesse"). S'agit-il par exemple d'une figure sculptée à la proue du bateau qui prend vie dans l'imagination du sujet ? Ce "chemin amer", rappelant les "gouffres amers" de la périphrase classique, donne ici une idée presque linéaire (téléologique ?) – comme un chemin de fer aquatique ? Le verbe *glisse[er]*, déplacé en quelque sorte de sa négativité potentielle (cf. les varechs…), fait penser au mouvement du train dans le dernier des "Paysages belges", "Malines" ("Le train glisse sans un murmure") [Hervé, site internet].

Tout en activant des souvenirs bibliques, l'apparent élan de transcendance, l'impression de sublimité, semblent bien en transformer les enjeux. Certains exégètes ne sont pas loin de voir ici, comme pour la fin de "Birds in the night", les signes avant-coureurs de la conversion (dont le Saint-Esprit serait conscient, contrairement au poète). Ce n'est cependant pas parce que ce poème est mystérieux qu'il est mystique. Les ironies prodiguées par le poète au sujet du "con Dieu" [*CG* 1 266-267] et son intention toujours ferme de publier le recueil violemment anticlérical *Les Vaincus* devraient aider à comprendre ce qu'une telle interprétation a d'invraisemblable. Compte tenu de l'utopisme du propos, on pourrait tout aussi bien voir dans cette femme christique comme une version illuministe, laïquement mariale, de Marianne, ou plus simplement comme une sorte de *passante* qui, contrairement à celle du *topos*, emporte avec elle non pas simplement un amoureux, mais un nombre indéterminable ("nous") d'adorateurs.

Faisant nettement écho à l'épisode où Jésus marche sur l'eau devant ses disciples au départ angoissés, il s'agit forcément d'une sorte de palimpseste, transformant en profondeur la scène biblique ou, pour décrire autrement le processus, l'imitant en partie seulement. Ce "second degré" témoigne-t-il d'une motivation parodique face au récit évangélique, à un moment probablement peu éloigné de celui où Rimbaud a entrepris des réécritures à partir des récits johanniques ? Ou s'agit-il d'en étendre l'esprit de manière respectueuse à une autre situation, dans la logique de tant de mises en scène romantiques qui sanctifiaient et auréolaient des femmes aimées ? Ou enfin de livrer secrètement l'annonce d'une conversion qui ne sera pleinement assumée qu'ultérieurement ?

Ce que montrent surtout les lectures jusqu'ici avancées, c'est qu'aucune d'entre elles ne permet de faire converger toutes les pistes sémantiques et référentielles que le poème a ouvertes et que chacune suppose la censure de sèmes ou de portes inutilisables et gênantes. Il faut ainsi revenir avant tout, comme l'a fait en particulier Christian Hervé, à la fonction du texte dans l'économie même du recueil : la peur de se noyer, figurant dans l'épigraphe de la dernière "ariette oubliée", serait ici conjurée voir [HERVÉ]. Le pronom "Elle" apparaît uniquement en attaque de vers, mais trois fois et plus précisément au début du poème et au début et à la fin de la dernière strophe (du poème et du recueil) : ces emplacements névralgiques permettent de lui donner une majuscule par convention formelle sans désambiguïser ce signe en lui conférant nettement une minuscule ou une majuscule (allégorique ou de déférence).

Surtout, il s'agit bien du dernier poème et, comme dans l'"Épilogue" saturnien, "L'hiver a cessé [...]" (*La Bonne Chanson*, XXI) ou "Colloque sentimental", ce dernier mot dictera l'impression que le lecteur tirera du recueil. Chaque recueil propose en effet un parcours, les *Poëmes saturniens* montrant la traversée d'une crise (même si le lecteur retiendra sans doute bien davantage la mélancolie que la sortie de crise si brièvement évoquée), les *Fêtes galantes* une plongée dans la mélancolie que ne cache pas assez le vernis du festif, *La Bonne Chanson* le mouvement téléologique, impatient mais enfin optimiste, de l'attente jusqu'au bonheur amoureux ; tandis que les *Poëmes saturniens* et *Fêtes galantes* finiraient par vaincre le saturnien et déconstruire le festif, *La Bonne Chanson* finirait bien pour de vrai. "Beams" sert pour sa part à montrer un voyage auquel ne préside ni la logique de la "réalité" quotidienne, ni quelque principe merveilleux : le recueil doit finir cette fois sur une radicale incertitude (correspondant un peu au fantastique tel que le définit Tzvetan Todorov, *Introduction à la littérature fantastique*, Le Seuil, 1970) qui fait hésiter le lecteur : "et ensuite, qu'est-ce qui se passe ?" Il n'aura pas la réponse, ce qui ne peut que l'encourager, en fin de lecture des *Romances*, à attendre le volume suivant de Verlaine.

Ce recueil présente l'œuvre comme un voyage et le voyage comme une expérience de lecture (d'interprétation) du monde qui est en même temps une expérience de la création ; dans cette relation métaphorique réciproque entre poésie et mouvement, fondée éthiquement sur un en-avant et une libération simultanément existentielle et esthétique, il s'agit d'une sortie de bénédiction, comme si le problème de la "perte d'auréole" évoquée par Baudelaire trouvait ici une manière de solution. Par là, cette figure auréolée implicitement, convoquant les rayons ("beams") qui accompagnent la Vierge Marie ou le Christ, peut faire de "nous" un couple ou une communauté qui va de l'avant et dont le voyage va continuer bien que le livre s'arrête. On peut donc ajouter aux possibilités symboliques d'"Elle" une figuration réflexive qui en ferait notamment une représentation de ce vaisseau livre que Baudelaire met en scène dans "Je te donne ces vers […]", un navire de mots que l'aquilon imprévisible pourra pousser vers les rivages de lecteurs futurs ou au contraire faire sombrer à jamais dans l'oubli. Ce qui nous ramène en gros à la logique de la figure féminine qui rayonne à la fin de l'"Épilogue" saturnien non sans profaner obliquement le modèle marial ("vierge… immaculé") :

Nous donc, sculptons avec le ciseau des Pensées
Le bloc vierge du Beau, Paros immaculé,
Et faisons-en surgir sous nos mains empressées
Quelque pure statue au péplos étoilé,

Afin qu'un jour, frappant de rayons gris et roses
Le chef-d'œuvre serein, comme un nouveau Memnon,
L'Aube-Postérité, fille des Temps moroses,
Fasse dans l'air futur retentir notre nom !

Comme le disait dans une formule presque d'épilogue le "Prologue" du même recueil : "– Maintenant, va, mon Livre, où le hasard te mène !" ; "Elle" serait peut-être en effet une figuration d'un principe de vitalité poétique, aussi "calme" que le chef-d'œuvre est "serein", œuvre ou Muse nouvelle qui pourrait, autant que la statue de Pygmalion sculptée avec les Pensées du poète, s'animer magiquement et voyager vers l'avenir de lecteurs inconnus avec la complicité d'une Aube-Postérité qui, s'opposant par cette formule très hugolienne aux "Temps moroses", implique aussi une libération face au maintenant du Second Empire. Or nul n'ignore que l'un des plaisirs du voyage aura été pour Verlaine de sortir de la France répressive qui a triomphé depuis mai 1871. Ainsi, la libération peut s'incarner dans le livre, à titre d'arrachement résolu et répété aux horizons d'attente esthétiques, mais aussi éthiques, de la France post-communarde.

Le lecteur qui passe linéairement des *Romances* à *Sagesse* pourrait bien voir dans le recueil catholique une confirmation de l'hypothèse d'une conversion – mais si Verlaine avait réussi à publier *Les Vaincus*, ce même lecteur aurait sans doute pu y voir la preuve d'un messianisme laïc. L'objectif est de finir sur l'énigmatique, de laisser cette fois le lecteur dans l'incertitude, tout en laissant poindre l'impression d'une liberté et d'une confiance nouvelles. Ce dernier pourra ensuite méditer longuement sur "Beams", se contenter d'attendre le volume suivant en espérant que le doute sera levé... ou reprendre le recueil dans un mouvement *da capo* potentiellement interminable. Sans préjuger de l'existence possible d'un sens réellement fondateur et univoque (qui ne serait sûrement pas chrétien compte tenu des opinions de Verlaine à cette époque), le poème était certainement placé à cet endroit du recueil dans l'objectif de déconcerter le lecteur et de lui enlever la possibilité de tirer des conclusions précises, de le laisser dans le rêve – il a peut-être été composé précisément pour jouer ce rôle.

Le voyage des *Romances sans paroles* aura été un voyage initiatique, mais nullement dans un sens mystique. Verlaine y fait, exprès, des impairs. Car contrairement à ce qu'une critique verlainienne souvent heureuse de rouler dans le doux ronronnement des clichés avait traditionnellement supposé, ce recueil est né d'une réflexion des plus lucides et non d'un retour à l'inspiration, à quelque absurde immédiateté créatrice (il faut une grande inconscience pour penser que les rythmes très recherchés des ariettes relèvent de quelque spontanéité de facture). La réflexivité, l'ironie, apportent de constants démentis à l'idée d'un lyrisme jaillissant directement des affects subis par un cœur faible, sans passer par l'esprit du poète. Trop heureux de réduire l'œuvre à une "chanson grise", on l'a systématiquement cantonnée dans le domaine de l'expérience individuelle sans assez percevoir la dimension collective et politique qui fait de ces romances non seulement un projet compatible avec celui des *Vaincus*, mais à certains égards son complément indispensable. Non seulement parce que la relation entre les deux projets prend en partie la forme d'un choix de "dominantes" thématiques comme pour *Les Châtiments* et *Les Contemplations*, mais aussi parce que, comme pour les deux recueils hugoliens, Verlaine a ménagé des passerelles et un chevauchement partiel des domaines : de même que la lettre à Lemerre de l'été 1871 qualifiait *Les Vaincus* de "plus *humain* que politique" [*CG* 1 211], grâce à l'ajout de poèmes qui n'étaient sans doute pas au départ destinés au recueil, les *Romances sans paroles* intègrent symétriquement une composante politique discrète et qui n'apparaît que par intermittences sous la forme d'allusions à des événements historiques ou à des phénomènes de classe. C'est aussi que pour Verlaine – et en cela sa perception diffère de celle de beaucoup des communards (de Lepelletier aussi bien que de Vermersch), mais rejoint celle de Rimbaud – le personnel se rattache éthiquement au politique jusque dans le désir.

LE TRAVAIL

DU

TEXTE

VERS UNE EXPLICATION DE TEXTE :
"DANS LA GROTTE" [102]

Dans les pages qui suivent, l'objectif ne sera pas de fournir un modèle d'explication linéaire, mais de montrer et démonter la stratégie poétique de Verlaine en partant notamment des modifications sémantiques et rythmiques substantielles apportées au texte, qui éclairent la démarche créatrice du poète et notamment la manière dont il a voulu renforcer la verve ironique du poème. À moins de passer à côté de cet exercice, l'explication d'un poème de Verlaine doit prendre en compte ses procédures rythmiques, rimiques et strophiques. On soulignera au préalable l'intérêt de la réception contemporaine des recueils de Verlaine, dont on peut se faire une bonne idée grâce aux documents fournis par [BIVORT, 1997] et par [PAKENHAM, t. 1, 2004]. Le texte de référence est l'édition originale, Alphonse Lemerre, 1869. L'ensemble Zweig (British Library, Londres) comporte une transcription autographe hautement modifiée du poème, l'ensemble Lemerre (collection Jean Bonna) ne présentant qu'une coupure présentant la pré-originale de *L'Artiste* (juillet 1868), dont les quatrains ont été découpés, *L'Artiste* ayant pratiqué pour plusieurs poèmes des télescopages malencontreux entre les quatrains.

DANS LA GROTTE

    Là ! je me tue à vos genoux !
    Car ma détresse est infinie,
  Et la tigresse épouvantable d'Hyrcanie
4   Est une agnelle auprès de vous.

    Oui, céans, cruelle Clymène,
    Ce glaive qui, dans maints combats,
    Mit tant de Scipions et de Cyrus à bas,
8   Va finir ma vie et ma peine !

    Ai-je même besoin de lui
    Pour descendre aux Champs-Élysées ?
  Amour perça-t-il pas de flèches aiguisées
12   Mon cœur, dès que votre œil m'eut lui ?

L'héroï-comique en je(u)

"Dans la grotte" est le sixième poème des *Fêtes galantes*. Malgré le mot "Votre" en attaque du premier poème du recueil, le lecteur n'a pas trouvé, comme il pouvait s'y attendre, une expressivité amoureuse, le "je" derrière l'énonciation semblant disparaître de vue aussi promptement que le témoin qui connaissant Charles Bovary au début du roman de Flaubert. Les poèmes suivants se font à la troisième personne, si ce n'est "Sur l'herbe" qui ne contient en tout état de cause que du discours direct, jusqu'à "Dans la grotte" où apparaît enfin la première personne. Dans les versions de *L'Artiste* et de l'ensemble Zweig, les deux premiers vers : "L'abbé divague et toi marquis,/Tu mets de travers ta perruque." (commençant par un tiret dans *L'Artiste*, sans tiret dans l'ensemble Zweig) sont clairement prononcés par le même locuteur ; dans l'édition originale, "L'abbé divague. – Et toi, marquis, [...]" laisse supposer qu'un premier interlocuteur critique l'abbé, pour se faire ensuite critiquer par un autre interlocuteur, à moins d'imaginer que "L'abbé divague." représente comme une didascalie, l'abbé étant le locuteur qui parle ensuite au marquis, mais le "Et toi" apparaît comme une réplique précisément à une pique.

On verra cependant que cela n'implique guère le retour à un contrat de communication lyrique conventionnel puisque tout est fait pour que l'on n'identifie pas ce sujet à Verlaine. La grotte est évidemment un haut lieu du rococo, célébré sous de nombreuses formes littéraires et artistiques. Elle s'associe moins de ce fait à des lieux naturels qu'à des mises en scène artificielles et maniérées – à une humanisation de la nature.

"Dans la grotte" fut initialement intitulé "À Clymène", ce titre finissant par coiffer le poème d'abord intitulé "Chanson d'[amour (?)]" (le dernier mot du titre est indéchiffrable, cette proposition de J. ROBICHEZ étant plausible mais incertaine), puis "Galimathias double" (l'adjectif a pu être ajouté dans un deuxième temps). Le personnage de Clymène produit ainsi une passerelle entre deux des trois poèmes bimétriques du recueil, les deux seuls en quatrains, "Dans la grotte" avec des strophes 8 8 6-6 8 en rimes embrassées, "À Clymène" comportant des strophes 6 6 6 4 à rimes plates (système qui connote la chanson par son système rimique comme par ses mètres courts). Le troisième poème bimétrique, "Colombine", est en sizains aabccb, où les couleurs a et c correspondent à des 5-syllabes, la couleur b à des 2-syllabes, une option tout aussi nettement chansonnière. Ainsi que l'écrit Bertrand DEGOTT, "le cas de "Dans la grotte" est singulier, puisque c'est le mètre composé, l'alexandrin, qui est le mètre complémentaire, mélangé avec le léger et badin octosyllabe : inversion et décalage servant ici le registre héroï-comique." (voir "Le goût de la forme : "rhythmes" et rimes" in [BERNADET, *Verlaine première manière*, p. 61]).

Cet effet, jouant sur les connotations de ces vers et non sur des propriétés immanentes, oppose ainsi, plus précisément, le "vers héroïque" de la tragédie aux octosyllabes dont le synonyme, utilisé souvent dans les indications paratextuelles des travestissements, au milieu du XVIIᵉ siècle et au début du XVIIIᵉ, était "vers burlesques". On verra que dès le premier alexandrin, le rythme est si perturbé que le satirique prime encore davantage sur l'héroïque que ce que pouvait laisser supposer le statut ici minoritaire de l'alexandrin ; les principales références culturelles du poème (et de Verlaine en général), au XVIIᵉ siècle autant qu'au XVIIIᵉ, ne sont pas que classiques (sur cette question voir Guillaume Peureux, "*Ce que le XVIIᵉ siècle fait à Verlaine*", [*Eur*, p. 47-65]).

Dans la première édition de ses *Cariatides* (1842), Banville fournissait une section intitulée "À Clymène. Pastiches" et l'humour de "Dans la grotte" n'est pas sans analogies avec le comique banvillien. Très éloigné de la tonalité de la *fête galante* "À Clymène", "Dans la grotte" se rapproche assez de l'adresse de "Lettre", mais si les rodomontades du scripteur de ce dernier poème apparaissent comme les affectations consciemment déployées d'un sujet blasé, peu préoccupé par l'acte de séduction que son texte même finit presque par neutraliser, le sujet de "Dans la grotte" est un personnage héroï-comique et même, par implication étymologique, un anti-héros *grotesque* (de l'italien *grottesco*, de grotte, terme de peinture signifiant "aux dessins capricieux"). L'adresse se conforme aux suggestions de ce *locus amoenus* de l'artificialisme du XVIIᵉ et du XVIIIᵉ siècles puisqu'il s'agit d'un discours "rocaille" (cf. "Les Coquillages"). Le sujet du poème n'a rien de l'énonciateur lyrique type du romantisme et il faudrait un lecteur imperméable à l'humour du poème, ignorant tout de la riche tradition de parodies portant sur les tonalités lyrique, épique et tragique, pour penser qu'il s'agit d'une énonciation sérieuse représentant directement la psychologie du poète empirique Paul Verlaine. Cette exclamativité, marquée par une interjection monosyllabique en attaque de poème, par deux points d'exclamation dans le premier quatrain, par un autre dans le deuxième, puis enfin par deux interrogations rhétoriques dans le troisième, laisse présager l'inefficacité de ce discours : on n'a pas besoin de la réponse de Clymène pour déduire que sa cruauté n'en sera guère diminuée.

Comme l'a fait remarquer J.-H. BORNECQUE, en tant que personnage de convention, Clymène "semble vouée [...] à entendre des déclarations violentes et sans espoir", citant le premier intermède de *Georges Dandin* où Molière en fait une "belle inhumaine", *Les Marrons du feu* de Musset : "Pour tant de peine et tant d'émoi/Où vous m'avez jeté, Clymène,/Ne me soyez point inhumaine [...]" et Banville qui en fait également une Clymène à la "rigueur plus qu'inhumaine" [BORNECQUE, 1969, p. 158]. Ces citations montrent une certaine continuité du personnage, où le déclencheur et garant de son caractère est parfois la rime *Clymène::inhumaine*. Mais cette continuité apparaît aussi dans les réactions, pitoyables et parfois comiques, des interlocuteurs de Clymène. Car cette cruauté est du même ordre que les "feux", les "appas" et tant d'autres périphrases classiques et précieuses qui, souvent, héroïsent incongrûment des émotions qui ne sont pas le monopole d'Iphigénie ou d'Andromaque. L'inhumanité féminine se résume ici au refus de céder à l'entreprise de séduction de l'homme. C'était un peu le cas dans le poème des *Cariatides* déjà cité, intertexte sans doute d'"À la grotte" avec notamment son exclamation initiale :

> MADRIGAL, À CLYMÈNE
> Quoi donc ! vous voir et vous aimer
> Est un crime à vos yeux, Clymène.
> Et rien ne saurait désarmer
> Cette rigueur plus qu'inhumaine !
> Puisque la mort de tout regret
> Et de tout souci nous délivre,
> J'accepte de bon cœur l'arrêt
> Qui m'ordonne de ne plus vivre.

Le poème de Verlaine reprendra cet "arrêt", cette délivrance par la mort, mais dans un cadre humoristique plus exubérant. Comme l'a fait encore remarquer Bornecque, en substituant "Cyrus" à "Césars", Verlaine convoque "presque irrésistiblement le roman de Mademoiselle de Scudéry, *Artamène ou le grand Cyrus*" (1649-1653), ce qui "souligne l'intention de préciosité" [BORNECQUE, 1969, p. 158]. Il s'agit en effet de présenter le discours d'un précieux ridicule. Les "Césars", initialement présents comme victimes du "glaive" de ces "combats", (cf. Molière, *Amphitryon*, acte I, scène I, *v*. 190-191 : "Je dois aux yeux d'Alcmène un portrait militaire/Du grand combat qui met nos ennemis à bas.", rapprochement proposé par Jacques Robichez [*OP* 556]) pouvaient à la fois faire penser à l'assassinat, par conspiration, de Jules César – acte collectif qui est loin d'être généralement représenté comme héroïque – et à celui, par extension satirique, de Napoléon III, nouveau César cependant bien vivant à cette époque.

Comme l'écrit Jean Gaudon (Verlaine, *Fêtes galantes, La Bonne Chanson, Romances sans paroles, Écrits sur Rimbaud*, Flammarion, "GF", 1976, p. 17) :

> "Dans la grotte" représente un des exemples les plus extrêmes de ce passage d'un registre à l'autre, ou plutôt de l'inscription, dans l'écriture même, de cette distance artificieuse [...] Distance créée, d'abord, par les archaïsmes de lexique, "céans", "au prix de vous" ou "glaive",

mais aussi par les noms propres, qui ne renvoient pas à un seul texte, mais à un vague XVIIᵉ siècle galant, celui de Mˡˡᵉ de Scudéry, de Théophile de Viau, ou, sur le mode burlesque, de Scarron.

L'auteur ajoute, à juste raison, l'apport d'une syntaxe volontiers archaïsante notamment "Amour perça-t-il pas" ; cf. "L'Amour par terre" : "toi-même, est-ce pas ?".

On devine sans peine que ce personnage qui proclame sa propre gloire n'est pas réellement en mesure de se targuer de telles victoires. L'emplacement de l'archaïsme "céans" ("ici") ménage, comme la leçon initiale "Oui, *sous vos yeux,* dure Clymène" (nous soulignons), une ambiguïté syntaxico-référentielle, l'adverbe pouvant désigner non pas le fait que le glaive soit "ici" (ou "sous [les] yeux" de Clymène), mais l'endroit où le suicide sera accompli. Du coup, l'expression "Ce glaive" pourrait présenter non pas un déictique "situationnel" (*ce glaive que je brandis sous vos yeux*), mais un emploi de connivence supposant que l'interlocutrice sait de quel glaive il s'agit (*ce glaive mien dont vous connaissez les prouesses*), – ou plutôt qu'elle est censée savoir puisqu'il ne s'agit sans doute que d'une fanfaronnade que l'incrédulité de Clymène rendra inefficace. Le premier vers du dernier quatrain : "Ai-je même besoin de lui", suppose même sans doute, soit le regard interrogateur de Clymène, soit simplement la reconnaissance de l'amoureux qu'il ne dispose pas, sur le champ, d'un outil tranchant.

Cette ambiguïté met encore plus à distance cette menace de suicide, "le suicide amoureux, qui en reste généralement à l'état de menace, [étant] l'une des situations favorites de la littérature précieuse ou parodique", comme le fait remarquer J. Robichez, convoquant un exemple chez Scarron [*OP* 556]. Cette distanciation neutralise totalement, et même renverse, le geste d'ostension de l'énonciateur qui, prosterné "aux genoux" de la femme, n'est pas en mesure de se tuer au présent, le commentaire en direct de son suicide étant un peu comme une version comique de l'énoncé paradoxal : "Je suis mort". C'est ainsi qu'après l'exclamation "Là ! je me tue…", la réitération "Oui, céans…" affaiblit plutôt la démonstration puisque le fait qu'il puisse ainsi redire cet acte, qui débouche deux vers plus loin sur l'emploi du futur, atteste qu'il n'est pas encore étendu exsangue aux pieds de Clymène.

Mais il faut aussi faire la part des suggestions grivoises du texte. "Ce glaive qui, dans maints combats" s'ajoute aux autres mots-valises verlainiens, dans une logique traditionnelle de la chanson obscène, pour retrouver le "con" dans toutes sortes de mots, la plaisanterie sur les *cons bas* étant du même ordre que celle d'"En bateau" : "L'abbé **con**-*fesse* **bas** Églé". D'autant que des mots comme "épée" sont habituels pour désigner le "membre viril", comme tous les objets pointus, pénétrants, cylindriques, etc. Seulement ici, ce glaive qui se serait illustré "dans maints combats" appartient à un homme dont la virilité héroïque n'est pas absolument démontrée par son comportement.

Parmi les "figures de l'excès" du poème (voir [DEGOTT, in *Verlaine première manière*, p. 94]), la tigresse d'Hyrcanie joue un rôle central, rythmiquement souligné par une discordance burlesque. Cette tigresse ne serait qu'une agnelle "auprès de Clymène". La leçon de l'édition originale, de *L'Artiste* (et donc de l'ensemble Lemerre) et la dernière leçon inscrite dans l'ensemble Zweig est "au prix de". On remarquera cependant que Verlaine a certainement apporté des modifications sur épreuves et que rien ne prouve que la leçon "auprès de" relève d'une erreur de Lemerre dans ce volume particulièrement soigné. On a pu citer des passages de Gautier à titre de "sources" possibles, notamment Mademoiselle de Maupin : "Oh ! çà, mon adorable, vous êtes donc une petite tigresse d'Hircanie, vous êtes aujourd'hui d'une cruauté nonpareille !" et Le capitaine Fracasse : "Le Léandre, obligé par état de rendre douces comme brebis les tigresses les plus hyrcaniennes [...] Comment, Scapin, mon ami, t'expliques-tu cette défense hyrcanienne et sauvage contre mes charmes." (voir [BORNECQUE, 1969, p. 156]). Mais le plus important ici est sans doute le déploiement d'un cliché qui a justement comme but d'exhiber ce statut. Comme l'a écrit Michael Riffaterre : "*tigresse d'Hyrcanie* ne dénomme une espèce localisée géographiquement (et historiquement) que pour le lexicographe : dans la représentation littéraire, de Virgile à Racine, c'est l'hyperbole de la cruauté féminine ou de la maternité agressivement protectrice" (cf. *La Production du texte*, Le Seuil, 1979, p. 183). Si la tigresse hyperbolique n'est qu'une agnelle comparée à Clymène, alors que l'agnelle est l'hyperbole inverse de la douceur et de l'innocence, c'est qu'il s'agit bien d'une hyperbole à la puissance carrée, en quoi il rejoint assez parfaitement la démarche de son homologue d'"À une femme", dans les *Poëmes saturniens*, lequel affirmait souffrir si "affreusement", "Que le gémissement premier du premier homme/Chassé d'Éden n'est qu'une églogue au prix du [s]ien !" (on remarquera la proximité de la formulation avec la leçon adoptée dans le manuscrit Zweig où on lit bien "au prix de"). Naturellement, le sujet s'en tirera par une pirouette maniérée : pourquoi se tuer avec "ce" glaive dont il ne dispose probablement pas puisqu'il a déjà été percé au cœur par les "flèches aiguisées" d'Amour ? Cet Amour reviendra du reste dans "L'Amour par terre", lui aussi, si l'on ose dire, dûment dégonflé.

L'humour rythmique

De nombreuses éditions faussent la présentation bimétrique du poème. Si ces erreurs relèvent, les unes d'inadvertances et les autres, majoritaires, de recopiages éditoriaux, la présentation si souvent mono-métrique n'en atteste pas moins à quel point la perception de la métrique a perdu toute spontanéité, y compris pour des spécialistes de la poésie. Cette disposition est pourtant significative, comme l'a bien vu Edmond Richer, d'où cette question stimulante posée dans son anthologie pédago-gique : "À quelle intention répond la présence d'un alexandrin dans chaque strophe d'octosyllabes ?" (cf. *Œuvres poétiques*, Classiques Bordas, 1996 [1967], p. 34)

Dans ce discours emphatique, tout porte à penser que le vers plus long est destiné, dans la rhétorique du sujet, à attirer l'attention d'une manière particulièrement ampoulée sur les parties de l'énoncé qu'il juge les plus héroïques. Mais ce gonflement déclamatoire du vers est suivi chaque fois du relatif dégonflement satirique de l'octosyllabe, par un mimétisme qui marche un peu, sous une forme moins exubérante, comme la fable poly-métrique de La Fontaine "La Montagne qui accouche" où les vers les plus longs donnent expression aux prétentions extravagantes d'auteurs épiques, alors que tout cela n'est que la souris dont accouche la montagne ou – comme le dit lapidairement le dernier vers très court – "Du vent.".

Il va sans dire qu'en 1869, la perception métrique était bien plus spon-tanée et une année plus tard, Rimbaud s'est penché sur ce vers, l'évoquant ainsi dans sa lettre à son professeur, Georges Izambard, le 25 août 1870 :

> – J'ai les fêtes Galantes de Paul Verlaine, un joli in 12 écu. C'est fort bizarre, très drôle ; mais vraiment, c'est adorable. Parfois de fortes licences ; ainsi :
> Et la tigresse épou~vantable d'Hyrcanie
> est un vers de ce volume –

Jean-Marc Hovasse, déplorant la manière dont on a sous-estimé la perspicacité des réactions de Hugo à la poésie verlainienne, compare le choix de vers opérés par ce dernier dans sa lettre à Verlaine – le dernier vers des "Coquillages" – avec celui proposé par Rimbaud :

> Sans parler même du reste de la lettre, si l'on se demandait une seconde lequel de ces deux vers est spécifiquement verlainien, dans sa nuance imprécise ou son aspect tremblé, le choix de Hugo paraî-trait plus perspicace que celui de Rimbaud qui s'était arrêté à une simple question de prosodie.
> (conférence du Groupe Hugo, 23 novembre 1996 : http://groupugo.div.jussieu.fr/groupugo/doc/96-11-23Hovasse.pdf).

En réalité, ni l'un ni l'autre poète n'essaie d'identifier un vers typique du style (ou de la manière) de Verlaine (et le *tremblé* n'est ni le seul registre de Verlaine, ni le sceau réellement du vers mis en évidence par Hugo). Hugo montre surtout ici une certaine connivence en relevant l'érotisme des "Coquillages" (comme le fera par exemple Francis Magnard, qui pousse le lecteur à lire ce vers par le fait même de dire qu'il ne peut décemment le citer ! [*CG* 1 970]) ; Rimbaud s'arrête non pas "à une simple question de prosodie" (la prosodie verlainienne n'est pas si simple et elle n'est surtout pas *que* d'un intérêt formel), mais à un vers véritablement choquant qui suscite son admiration en tant justement qu'artisan de rythmes à l'affût de ces originalités qui constellent la production verlainienne. En cela, il a identifié un vers mis en cause, comme un vers analogue de Mallarmé du premier volume du *Parnasse contemporain*, par bon nombre de recenseurs (dont il s'inspire peut-être). Lorsque, commentant ce vers, Olivier Bivort évoque "l'absence de césure (ou la coupe hardie du 6/6)" [*FG* 74], il pose clairement le problème d'analyse qui se présentait au lecteur contemporain. Pour Woinez, le vers était découpé en deux à la hache [*CG* 1 150], tandis que pour Roqueplan, "la césure médiane est absolument absente et tombe même, comme nous l'avions prévu, sur le milieu d'un mot" voir [PAKENHAM, in *LV*, p. 146], absence ainsi drôlement présente, l'espèce de paralogisme de cette formulation résumant bien le dilemme qui se présente. Il s'agissait, comme l'a bien dit Amédée de Ponthieu, qui était un ami de Verlaine, d'un "vers incorrect avec préméditation" [*CG* 1 974], l'auteur reprenant sans doute sciemment la réfutation par Verlaine, dans son article de 1865, de prétendues erreurs de versification de Baudelaire :

> Mon critique belge de tout à l'heure crierait à l'incorrection, sans s'apercevoir, l'innocent, que ce sont là jeux d'artistes destinés, suivant les occurrences, soit à imprimer au vers une allure plus rapide, soit à reposer l'oreille bientôt lasse d'une césure par trop uniforme, soit tout simplement à contrarier un peu le lecteur, chose toujours voluptueuse.

Il s'agissait là de césures après proclitiques, dont l'usage est en 1869 quasi routinier. Des césures "sur le milieu d'un mot" étaient en revanche rarissimes. Comme l'a rappelé J.-H. Bornecque, il y avait cependant deux exemples bien connus, "Accable, belle indo + lemment comme les fleurs" dans "L'Azur", publié par Mallarmé dans le premier volume du *Parnasse contemporain* et dans "La Reine Omphale" (*Les Exilés*, 1866) : "Où je filais pensi + vement la blanche laine", vers que Banville allait édulcorer en "Où je filais d'un doigt + pensif la blanche laine". La "préméditation" de Verlaine l'amènera à pratiquer le cheminement inverse, passant du vers initial "Et les tigresses, – ô Clymène, – d'Hyrcanie", déjà audacieux, au vers définitif qui l'est bien davantage. Citons encore l'essai de 1865 : "Aussi, je défie de citer un vers – un seul ! – de tout le recueil des Fleurs du Mal, quelque bizarre que paraisse sa construction, quelque tourmentée que semble son allure, qui n'ait été, tel quel, mis là à dessein et prémédité de longue date." Pour la première version, on pouvait maintenir la lecture 6-6 en assignant un accent d'insistance à l'interjection qui fournit la 6ᵉ voyelle de l'alexandrin, ou bien opter pour un "trimètre" avec deux coupes à l'italienne (le *e* féminin étant chaque fois "récupéré", selon le terme de Benoît de Cornulier, au début du segment suivant). Pour la seconde, l'option ternaire "Et la tigresse/épouvanta/ble d'Hyrcanie" est toujours possible (avec une coupe à l'italienne), mais on irait trop vite en besogne en supposant la radicale impertinence d'une lecture 6-6.

Verlaine a souligné lourdement les caractéristiques rythmiques de ce passage, y compris par des assonances, renforcées par la couleur commune aux vers 2 et 3 de ces strophes à rimes embrassées : "infi*nie*,/Et la t*i*gresse épouvantable d'Hyrca*nie*". Ces effets se combinent avec la césure précisément épouvantable, (comme l'a fait remarquer CORNULIER dans "Aspects de la versification de Verlaine dans les *Fêtes galantes*", in *PRV*) pour figurer cette "détresse… infinie" du personnage, mais d'une manière qui peut justement sembler frénétique et comique.

Jean-Pierre Bobillot a montré que l'on pouvait au contraire proposer l'hypothèse d'une lecture paronomastique, la scission des composantes de l'adjectif libérant la combinaison **époux vantable* [*V1896*] et cette technique s'avère proche de celles des rimes dites d'inclusion, mais surtout des rimes équivoquées affectionnées par les Grands Rhétoriqueurs. Banville a amplement utilisé ces procédés, notamment dans ses *Odes funambulesques*, et il publiera plus tard un poème où *époux vanté* rimera avec *épouvanté* ("V… le baigneur"). L'humour de la césure verlainienne découle de la pertinence implicite et involontaire (pour le locuteur) de ce mot "dévalisé" : le locuteur voudrait être l'*époux* de Clymène et c'est précisément à cet effet qu'il se *vante*… D'autre part, on remarquera que par la suite, Verlaine fournira un certain nombre d'exemples très nets de césures paronomastiques. Déjà, dans "Le Rossignol", le fait de placer la césure au milieu du mot *mélancoliquement* figurait le "vol criard" d'oiseaux qui, en début de poème, s'opposaient au rossignol du titre, qui n'apparaît que dans la seconde moitié du texte. Mais on peut aussi penser, dans un contexte d'angoisse profonde, sans ironie, à la césure dans l'hendécasyllabe 5-6 suivant de "Vers pour être calomnié" : "O pensée abou + tissant à la folie". Cette fois, la "détresse *infinie*" produit une pensée qui n'est pas réellement tout à fait *à bout*, qui ne respecte pas les "bouts" des hémistiches mais qui ne sera pas de nature à le pousser à "*finir*" sa vie et sa peine. Car il s'agit tout au plus d'une mise en scène psychodramatique, d'une opération rhétorique que le personnage pourra rejouer sans doute demain pour d'autres yeux inhumains. Ce potentiel du mot bout apparaît dans un passage discordant du "Prologue" saturnien : "Égorgement, d'un bout + du monde à l'autre bout !", mais aussi dans *La Bonne Chanson* XVI où "le paradis au bout." se trouve au bout du poème.

Le rythme ternaire a un effet pervers dans ce schéma bimétrique puisque celui qui écoute ce poème au lieu de le lire ne sentira pas dans la première strophe la structure de l'alexandrin. Cet effet (bien qu'il ne s'agisse pas d'une césure, bien entendu, mais d'un intéressant effet rythmique d'une portée localisée), radicalisé par l'impression rythmique donnée par la possibilité de couper les trois octosyllabes du quatrain après la quatrième syllabe, doit beaucoup de sa force à la présence d'un seul alexandrin par quatrain et à son irruption en attaque de poème. Il s'agit donc à la fois de se payer la tête du locuteur et, pour en revenir à l'essai de 1865, de "contrarier un peu le lecteur, chose toujours voluptueuse", provocation plus difficile à réussir métriquement aujourd'hui que le système agressé a perdu son emprise sur les attentes rythmiques du lecteur.

En définitive, après s'être mis aux genoux de Clymène, à prétendre avoir "Mi[s] tant de Scipions et de Cyrus à bas", l'énonciateur n'aura pas à "descendre aux Champs-Élysées", à moins qu'il ne s'agisse bien sûr de l'avenue parisienne. Le coup de foudre dont l'évocation devrait achever l'attendrissement de Clymène est devenu infiniment dérisoire et comme dans tant d'autres textes du premier Verlaine, les registres tragique et épique ont été soumis à une efficace corrosion. On peut du reste se demander si, outre le discours des Scudéry, Verlaine ne vise pas en priorité le Théâtre Français après avoir évoqué la Commedia dell'Arte (on a vu qu'il fait allusion à *Amphitryon* de Molière). Car si le théâtre italien était bien connu pour sa gestualité plus acrobatique, pour ses lazzi et son humour plus terre à terre, le Théâtre Français – dont Watteau a également, mais plus rarement, représenté les acteurs – était plus statique et surtout plus déclamatoire. On peut ainsi soit voir dans les alexandrins une héroïsation ponctuelle et ridicule des octosyllabes, par gonflement prétentieux, soit considérer les octosyllabes comme un raccourcissement burlesque de la plupart des vers, par un rapetissement qui convient au personnage qui parle. Dira-t-on vraiment que dans les *Fêtes galantes*, Verlaine rend hommage au maniérisme et à la préciosité ? Ce n'est pas "Dans la grotte" qui pourra appuyer l'hypothèse…

ÉLÉMENTS POUR UNE ÉTUDE LITTÉRAIRE : "BIRDS IN THE NIGHT" [144-147]

Dans le présent chapitre, il s'agira de se pencher sur ce qui est en même temps une section du recueil et un poème fortement articulé, dont il faut respecter aussi bien la rhétorique autobiographique et argumentative que la finalité lyrique. Cette entreprise destinée à légitimer un comportement est aussi un défi et une provocation. "Birds in the night" développe une logique de "l'apparence" (*v.* 60) qui trompe. Si l'amour "Peut-être a raison de croire d'entrevoir" un remords de la part de la femme apostrophée (*v.* 45), c'est que le sujet ne pourra s'en tenir à des évidences, il lui faudra au contraire interpréter les indices que lui fournit son acte de remémoration. Le lecteur doit participer à cet exercice herméneutique, et activer une série d'implications qui supposent une lecture soupçonneuse susceptible de rendre au texte son épaisseur sémantique et, partant, les caractéristiques dont Verlaine tenait sans doute à pouvoir se dédouaner en réclamant une innocence qui, même en s'en tenant au plan littéral, n'a rien d'absolu... En général, la critique s'est en effet montrée suspicieuse – mais à l'égard de Verlaine, ce qui n'a pas toujours débouché sur une véritable lecture du poème.

Contexte, structure, disposition

"Birds in the night" ("Oiseaux dans la nuit") possède un statut à part sur le plan structurel : il s'agit d'une section du recueil, au même titre que les trois autres, mais Verlaine parle aussi bien d'"une dizaine de petits poëmes" que d'une "série" [*CG* 1 256] ; on peut souligner l'autonomie des textes ou, comme nous le ferons ici, le déroulement sériel de ces "douzains" dont chacun a cependant sa propre unité logique (c'est le terme utilisé par Verlaine), semblablement composés de trois quatrains de décasyllabes césurés 5-5, formant moins un polyptyque qu'un texte argumentatif fortement enchaîné et pourvu d'une narrativité discontinue, voire parfois fragmentaire. Tandis que dans les autres sections, les poèmes, numérotés sans titres ("Ariettes oubliées") ou titrés sans numérotation ("Paysages belges" et "Aquarelles"), se suivent avec une certaine logique spatio-temporelle tout en conservant chacun un maximum d'autonomie, "Birds in the night" apparaît comme une construction argumentative dont les maillons sont fortement concaténés, de sorte que ces groupes de trois quatrains, séparés par des points rangés en triangle ou par un tiret pour les deux derniers (différence qui annonce le rôle conclusif du "douzain" final), s'enchaînent, comme un vol d'oiseaux peut-être, le pluriel du titre pouvant impliquer celui des "douzains" (voir Seth Whidden, "Oiseaux dans la nuit : lecture de 'Birds in the night'", in *LV*, p. 283-294). On retiendra que cette méthode à la fois de séparation et de sériation des douzains n'a pas été adoptée en vertu de quelque automatisme. Au contraire, dans ses lettres à Lepelletier et à Blémont, le poète avait commencé par numéroter la séquence avec des chiffres romains.

Dans une lettre qui daterait de la période fin novembre-début décembre 1872, Verlaine indique que le recueil devait se terminer sur "Birds in the night", mais dans le manuscrit envoyé à Lepelletier le 19 mai 1873, la série sera placée entre les "Paysages belges" et "Aquarelles", section qui n'avait pas encore été composée lors de la proposition de structure précédente. La série prend ainsi place dans une logique géographique et temporelle : 1° la France, implicitement puisqu'on ne trouve aucune localisation précise dans les ariettes ; 2° les "Paysages belges" ; 3° "Bruxelles, Londres" pour "Birds in the night" ; 4° la suite anglaise "Aquarelles" qui se termine toutefois sur la mention "Douvres-Ostende".

L'autobiographique

Le statut (presque) à part du poème (car il faut en particulier tenir compte de "Child Wife", dont le statut est comparable) relève aussi de son rapport circonstancié à une conjoncture précise, signifiée par la datation en fin de texte "Bruxelles, Londres 7bre 8bre 72.". Rien n'empêche de lire ce texte en dehors de toute référence à Mathilde... et à Rimbaud, ce qui peut avoir l'avantage considérable de concentrer l'analyse sur le textuel au lieu de se disperser dans des jugements (souvent moralisateurs) portant sur le contenu référentiel du message. On soulignera cependant que ce texte se conforme au contrat autobiographique (voir Philippe Lejeune, *Le Pacte autobiographique*, Le Seuil, 1975), non pas dans le sens où il s'agirait à proprement parler d'*une autobiographie*, mais dans le sens où il est question nettement de *l'autobiographique*. Comme pour la description et le descriptif, la parodie et le parodique, la satire et le satirique, une telle distinction est essentielle si l'on ne veut pas fausser le débat. Il faut donc partir d'une évidence que certaines lectures anti-référentielles ont pu tenter d'effacer : par la localisation en fin de séquence, Verlaine situe ce texte dans un dispositif autobiographique qui régit l'ensemble du recueil, avec un postulat d'authenticité référentielle et de sincérité énonciative.

La question de l'autobiographique ne soulève pas que le dilemme épineux de la frontière entre le textuel et le vécu, que l'on a pu régler, de façon commode, et sémantiquement hygiénique, en arrachant le textuel au vécu afin, censément, de le sauver. Car Verlaine revient aussi, plus généralement, à un problème éthique au centre des débats sur la possible révision du contrat lyrique type de l'époque. Ce n'est pas un hasard si les reproches faits à Verlaine rejoignent, en gros, ceux que Leconte de Lisle adresse au poète lyrique romantique dans "Les Montreurs" : l'adepte d'une telle communication serait soit un histrion parce que son message autobiographique est mensonger, soit une prostituée, parce que son message n'est que trop véridique. Baudelaire, pour sa part, avait transformé la défaite en victoire en donnant, à la suite de Poe, une valeur positive à l'histrion, mais devant l'incapacité de sa mère de reconnaître les souvenirs évoqués dans deux de ses "tableaux parisiens", il s'est vu contraint de les lui signaler, lui expliquant cependant sa répugnance à mettre des clefs sur la porte référentielle ; Verlaine ne laisse apparaître ici aucune *horreur* devant l'acte consistant, selon les mots de Baudelaire, à "prostituer les choses intimes de la famille" [*CB*, t. 2, p. 445]. Un tournant a été amorcé dans *La Bonne Chanson*, mais cette fois ce qui allait un peu de soi pour ceux qui connaissaient Verlaine a été paratextuellement officialisé. C'est *à la fois* de prostitution de l'intime et de comédie que le poète a été accusé par les rangs serrés de ses détracteurs, mais on se tromperait en supposant que Verlaine ne s'attendait pas à de telles réactions. Ce retour à des postulats poétiques et éthiques, que Verlaine avait répudiés dans ses premiers recueils, a été pleinement assumé. Promettant à Lepelletier de lui raconter "[s]on entrevue à Bruxelles avec [s]a femme", Verlaine lui écrivait : "Je ne me suis jamais senti disposé à psychologiférer, mais là, puisque l'occasion m'est offerte, le mémoire que je suis en train de préparer pour l'avoué sera la maquette d'un roman" [*CG* 1 271]. On n'a pas le roman, ni le mémoire, mais le poème nous offre un début de psychologifération.

Le Verlaine de cette époque était très conscient de son isolement, pour des raisons politiques, mais aussi à cause de sa liaison avec Rimbaud qui avait commencé à faire jaser dès novembre 1871 – Lepelletier aurait été l'un des premiers à émettre des sous-entendus à ce sujet. S'il faut faire la part de l'exagération quand il rapetisse son public, sa lettre évoquant l'espoir d'"envoyer à quelques rares amis" son recueil [*CG* 1 240] rappelle qu'avec cette publication chez un obscur imprimeur de province, Verlaine pensait sans doute prioritairement à quelques lecteurs précis, d'autant qu'il ne se faisait aucune illusion quant au degré de lisibilité de ce recueil dont il avait organisé avec préméditation les "déconcertements" [*OC* 1 321]. Parmi ces lecteurs figuraient – on le savait depuis longtemps – Lepelletier et Blémont, ainsi certainement que Rimbaud. Mais on sait depuis peu que Mathilde a eu droit au moins au premier "douzain" de "Birds in the night" dans une lettre où ces vers sont datés du 5 septembre 1872 [Catalogue d'une vente tenue à l'Hôtel Drouot le 31 mai 2005, n° 135.] ; elle a probablement pu lire par la suite l'ensemble du texte, sous une forme peut-être assez différente. Le dialogue s'est fait en quelque sorte en direct, mais initialement sous le titre provocateur "À Celle qui est restée en France".

Perfidies épigraphiques

Chez Verlaine, et en particulier dans *Romances sans paroles*, les seuils paratextuels (voir Genette, *Seuils*, Le Seuil, 1987) sont un lieu privilégié de manœuvres pragmatiques, prenant la forme d'aiguillages vers des intertextes qui comportent une relation, limpide ou équivoque, avec le texte qui suit. Ils servent souvent de mode d'emploi implicite, fonctionnant parfois *a contrario* et représentant fréquemment une manière très condensée et économique de libérer un nombre considérable de suggestions implicites pour le lecteur qui veut bien s'emparer de la clef qui lui est tendue.

Dans la version envoyée à Mathilde, le titre est suivi d'une épigraphe "Elle est si jeune !"/"Choderlos de Laclos (les liaisons dangereuses)" ; dans le manuscrit du recueil envoyé à Lepelletier, on trouve deux épigraphes : "En robe grise et verte avec des ruches/Un jour de juin que j'étais soucieux/Elle apparut souvent à mes yeux/Qui l'admiraient sans redouter d'embûche[s]/(inconnu)/Elle est si jeune !/(Liaisons dangereuses.[)]" Dans le manuscrit du recueil, Verlaine a visiblement rajouté la citation tirée des *Liaisons dangereuses*, parce qu'il l'avait d'abord oubliée ou plus probablement parce qu'il avait hésité avant d'inscrire une épigraphe elle-même dangereuse : Mathilde et ses parents ne pouvaient-ils pas penser non seulement au contenu sulfureux du roman, mais à la liaison dangereuse qu'il entretenait avec Rimbaud ? Il avait cru devoir nommer l'auteur du roman, que Mathilde ne connaissait peut-être pas, mais par ce geste il l'encourageait à une réflexion qui pouvait la mener loin… Verlaine allait supprimer les deux épigraphes dans la seconde édition du recueil, en 1887.

La seconde épigraphe risquait de faire figure d'aveu et cette paire d'épigraphes pouvait ainsi désigner respectivement Mathilde, représentée de manière anonyme dans la citation du début de *La Bonne*

Chanson III, puis Mathilde, littéralement, et Rimbaud, obliquement. Avec cet "inconnu" que serait Verlaine, comme dans l'épigraphe de l'ariette oubliée IV tirée du poème grivoisement humoristique "Lassitude", on aurait ainsi au complet le triangle amoureux au cœur de ces litiges. Dans le manuscrit, ces douzains ne sont pas séparés par des étoiles ou des astérisques, comme on le dit généralement. Le choix pour séparer les premiers douzains de trois points disposés en triangle (la dernière séparation prend la forme d'un trait horizontal, marquant l'arrivée de la conclusion), où Seth Whidden a deviné une représentation d'un vol d'oiseaux (voir Seth Whidden, "Oiseaux dans la nuit : lecture de 'Birds in the night'", in *LV*, p. 283-294), pourrait aussi impliquer humoristiquement cette relation entre les trois points que sont Verlaine, Rimbaud et Mathilde… Verlaine n'ignorait pas que cet humour graphique allait disparaître dans la version typographique du texte, par une normalisation inéluctable.

L'humour caustique provient aussi de cette allusion à un roman… épistolaire (dans un ordre d'idées un peu différent, on peut penser à "Lettre" dans les *Fêtes galantes* [115]). Verlaine livre à ses proches, en effet, un feuilleton poétique sous forme de lettres. En même temps, l'épigraphe renvoie en amont à des indications de *La Bonne Chanson* (VIII : "femme-enfant" [*OPC* 147]), en aval à "Child Wife". S'anonymisant comme "inconnu", Verlaine pointe l'humour pragmatique de l'anonymat des interlocuteurs dans le monologue polyphonique qui suit : Mathilde, Blémont, Lepelletier et Rimbaud et de manière générale, tous ceux qui ont lu *La Bonne Chanson*, pourront rétablir une coréférence certaine ou possible et comprendre comment Verlaine "déconstruit la rhétorique amoureuse" (formule d'Arnaud Bernadet [*AB1*, p. 47]) en remontant au texte cité.

Car si "Birds in the night" cherche à ramener la "mémoire" de l'interlocutrice vers la "souvenance" qu'a Verlaine d'un passé commun (*v.* 48 et 41), elle joue aussi sur la mémoire intertextuelle, poussant le lecteur à remonter la pente pour comparer le passé de *La Bonne Chanson* au présent de la "mauvaise" (on y reviendra). C'est cependant surtout le quatrain cité qui donne les clefs de cet emploi, avec ces "yeux/Qui l'admiraient sans redouter d'embûches", puisque "Birds in the night" suggère que dans son émerveillement béat, Verlaine n'a pas été clairvoyant, les "embûches" que sont, pour reprendre une autre périphrase classique, les *appas* de la femme, pouvant déclencher par syllepse une interprétation plus grinçante, où le "babil charmant" laissant "devin[er]" "un cœur bon" dans le texte antérieur seraient précisément une illusion. Tel est en effet le "piège exquis" du *v.* 60 du poème. Car en recourant à une expression qui désignait d'abord la fermeture par un fil des paupières d'un faucon, pour le dresser (cf. les oiseaux du titre…), le poète au "regard mouillé" a maintenant, en rime, "peut-être enfin les yeux dessillés" (v. 38 et 40). Ainsi, le "vous voyez bien" (v. 13) argumentatif possède également sa valeur de perception oculaire : il s'agit de faire de sorte que la femme *voie* aussi bien que le locuteur. Un glissement perceptuel s'est opéré, dans le temps et dans la perception, ce que scelle métaphoriquement le choix métrique : tandis que les décasyllabes de la *Bonne Chanson* III sont des 4-6, ceux de "Birds in the night" sont des 5-5. Cette distinction, peu compréhensible si l'on s'en tient à la notion fallacieuse "du" décasyllabe, est souvent activée chez Verlaine : il juxtapose deux fois ces mètres distincts dans les *Poëmes saturniens* et emploie le même procédé dans *Les Amies*. Malgré de petites discordances, le texte antérieur est bien plus concordant que son homologue plus étendu de 1872.

Titres

Avant de choisir "Birds in the night", Verlaine a songé à deux autres titres.

D'abord, "À Celle qui est restée en France", titre inscrit sous la mention "Romances sans paroles" dans une lettre à Mathilde du 5 septembre 1872. Ensuite, "La Mauvaise Chanson", figurant dans sa lettre à Lepelletier du 24 septembre 1872 où il coiffe le deuxième douzain [*CG* 1 252] et dans sa lettre à Blémont du 5 octobre qui présente les trois premiers quatrains en indiquant qu'"une dizaine de petits poëmes pourraient en effet se dénommer : *Mauvaise Chanson.*" [*CG* 1 256]. Le titre est glosé dans une lettre à Blémont qui daterait de décembre : "Je fais imprimer ici un petit volume : *Romances sans paroles*, – il y aura dedans une partie quelque peu élégiaque, mais, je crois, pas glaireuse ; quelque chose comme la *Bonne Chanson* retournée, mais combien tendrement ! tout caresses et *doux* reproches, – en dépit des choses, qui sont, je le répète, littéralement hideuses, sauf erreur (que j'implore !)." [*CG* I 287]. Le titre existait déjà comme possibilité virtuelle dans ce passage enjambant des deux dernières strophes de *La Bonne Chanson* II [*OPC* 143] (la première strophe du poème III étant celle citée en épigraphe dans le manuscrit du recueil…) qui parlait d'"un digne prix//De sa chanson bonne ou mauvaise !" – en l'occurrence une sérénade "sous [l]a fenêtre" de la femme aimée (pour une "mauvaise", il suffit de penser à la "Sérénade" saturnienne).

On n'a pas d'informations précises permettant de connaître les motivations de l'abandon de ces titres. Selon P. Petitfils, Blémont "lui suggéra cet autre titre que Rimbaud le dissuada de retenir : *la Mauvaise Chanson.*" (*Verlaine*, Julliard, 1981, p. 161), indication gratuite. On peut cependant remarquer leur relative transparence contextuelle : l'un se présente comme le don (empoisonné) d'un poème à une personne réelle, le titre formulant une accusation correspondant à celle qu'il réitère dans ses lettres ("c'est moi qui suis l'*abandonné*", *CG* 1 253) et désignant, pour tous ceux qui connaissaient Verlaine, Mathilde ; le second apparaît comme une antithèse à *La Bonne Chanson*, se référant, nul ne l'ignorait, à la même Mathilde.

Le titre définitif renvoie sans doute à une chanson d'Arthur Sullivan, compositeur d'opéra-comique célèbre à l'époque : "Oiseaux dans la nuit, aux doux appels,/Vents dans la nuit, aux soupirs étranges,/Venez à moi, aidez-moi, ô vous tous [...]" (voir V.P. Underwood, *Verlaine et Angleterre*, Nizet, 1956, p. 76-77), tirée elle-même d'une autre chanson, qui contient ces mêmes paroles et que l'on pouvait voir sur scène à l'époque et dont la première version s'appelait (Verlaine le savait-il ?) *Box and Cox : A Romance of Real Life* ("Box et Cox : une romance de la vie réelle", voir sur ce point l'article de Seth Whidden, "*Sagesse*, Paul Verlaine", in *L'Explication littéraire. Pratiques textuelles*, éd. Ridha Bourkhis, Armand Colin, 2006, p. 185-192).

Ces oiseaux dans la nuit supposent-ils une espèce en particulier ? Il y a peu de chance qu'il s'agisse là de hiboux. Comme l'a suggéré Henri Scepi [in Bernardet, 2007], il s'agit de rossignols, dans le droit fil du "Rossignol" saturnien, d'"En sourdine" ou de "*La Bonne Chanson* XVII", à laquelle le poème se réfère presque certainement (comme le fait plus nettement l'ariette oubliée IV) :

> Isolés dans l'amour ainsi qu'en un bois noir,
> Nos deux cœurs, exhalant leur tendresse paisible,
> Seront deux rossignols qui chantent dans le soir.

Le pluriel de "Birds" peut désigner un couple (ou un triangle) plutôt qu'un grand nombre d'oiseaux. Compte tenu de la localisation et de la datation du poème, il s'agit en tout état de cause d'oiseaux migrateurs, se rencontrant de manière plus ou moins éphémère dans cette nuit allégorique. Verlaine avait déjà évoqué la migration sous la forme de la grive de "Nevermore [I]", des "hirondelles" que sont les "soucis" de "septembre" dans "À une femme" (qui vont donc s'en aller tout de suite) ou encore des "allégresses" et "candeurs" qui ont "fui les noirs hivers" de l'ennui pour rejoindre "Le printemps des regrets" dans "Vœu" – encore des hirondelles implicites. Verlaine n'ignore sans doute pas que les rossignols aussi sont des oiseaux migrateurs – en Angleterre, ils ne sont justement présents que l'été... La présence de deux villes au bas de "Birds in the night" ("Bruxelles, Londres") et la période indiquée : "7bre 8bre 72." suggèrent en effet un déplacement de ces oiseaux et plus précisément la période de la migration (ils volent dans le sens inverse, répliquerait certes un ornithologue). Le choix du mètre à connotations chansonnières qu'est le 5-5 (le "taratantara" – "le vers de la romance", observe Alain Chevrier in *"La forme pantoum chez Verlaine"*, *RV*, 10, p. 132), renforce cette suggestion ornithologique, d'autant qu'il s'agit du mètre utilisé précisément dans "Le Rossignol". Cette fois encore, le 5-5 est cependant malmené à plusieurs endroits, coupant même un adjectif indéfini et une conjonction :

Je souffrirai <u>d'une</u> + âme résolue.

(*v.* 28)

Plein d'amour pour <u>quel + que</u> pays ingrat.

(*v.* 32)

Vous qui fûtes <u>ma</u> + Belle, ma Chérie,

(*v.* 33)

Souffrir longtemps <u>jus + qu'à</u> ce qu'il en meure,

(*v.* 44)

Dans "Le Rossignol", les souvenirs les plus criards donnent lieu à une césure totalement discordante, correspondant à la voix de souvenirs-corbeaux ("Qui mélancoli + quement coule auprès,"). Ici, de même, la concentration de trois des quatre vers les plus dissonants du poème en l'espace de six vers se trouve à l'endroit où le sujet répète trois fois "je souffrirai". Renonçant à "geindre", il laisserait cependant sortir cette plainte qu'il essaie de contenir dans la réitération élégiaque même, mais aussi dans ces discordances, d'où le fait que le quatrième de ces vers apparaît précisément lorsque le mot "Souffrir" resurgit en attaque d'un vers dans le douzain suivant. Cette énonciation bouleversée est bien entendu un *effet* artistique et non un symptôme spontanément émis par un poète secoué par l'émotion.

Si ces oiseaux pourraient être Verlaine et sa femme, se rencontrant dans la nuit symbolique de leur amour à Bruxelles, le titre primitif du poème rappelle que Mathilde est *restée en France* : les allusions paratextuelles à Londres signifiaient, pour ceux qui connaissaient Verlaine, un voyage en compagnie de Rimbaud. Comme l'a bien vu Jean-Luc STEINMETZ (dans "Verlaine regarde [dans les *Romances sans paroles*]", in *LV*, p. 206) on peut penser ici à un passage de "Bruxelles. Simples fresques II" qui donne aux amants un nid, les apparentant ainsi à des oiseaux : "Oh ! que notre amour/N'est-il là niché" – vers qui inquiétait Verlaine, compte tenu de l'interprétation référentielle qu'on risquait d'en tirer.

Verlaine s'emploie à fournir une chanson argumentative, combinaison que l'on a pu juger assez contradictoire. Il le fait avec de nombreuses répétitions qui, typiques de la chanson, prennent la forme de réitérations et de récapitulations destinées à assurer la transmission de l'émotion. Aux anaphores à variations pathétiques comme celles de la série "Je souffrirai […] Oui ! je souffrirai, […] Mais je souffrirai" (*v.* 28-30), où l'affirmation initiale est renforcée, puis soumise à une définition plus précise, s'ajoutent de nombreux retours lexicaux et isotopiques qui servent à souder dans une structure articulée complexe les sept douzains dans une logique en principe implacable. En dépit de ses analepses et de ses prédictions, qui déjouent toute linéarité rétrospective, le sujet procéderait lucidement de l'analyse du passé affectif d'un couple vers la constatation stoïque de sa défaite. L'âme serait un "Pauvre Navire", ressemblant fortement au "brick perdu jouet du flux et du reflux" qui, dans "L'Angoisse", "pour d'affreux naufrages appareille". Faute d'intervention de "Notre Dame", c'est-à-dire de la femme aimée, ce vaisseau "Pour l'engouffrement en priant s'apprête". Sa prière ne s'adresse pas vraiment à cette Vierge Marie qui sait calmer les tempêtes, on l'aura compris, mais à cette femme aimée qui le voit sombrer sans pitié. Se disant "plein de pardons chastes" (*v.* 9), le sujet apportera cependant très vite la preuve que la chasteté n'est pas le mot qui qualifie le mieux la relation évoquée.

La nue et sa voilette

Le sujet "déplore", à la fin du premier douzain, "D'être, grâce à vous, le moins heureux homme." Déploration que l'on pouvait interpréter d'une manière littérale, et anodinement élégiaque, ou en fonction d'expressions comme "TRE LE PLUS HEUREUX DES HOMMES. *Ad summum voluptatem pervenire.*" Il s'agira bien, en partie, d'évoquer un bonheur des corps, spontané, mais inhibé par des influences extérieures.

Pour Jean-Luc Steinmetz, "Verlaine, habitué de nus souvent libertins, dès l'époque des *Amies*, ne cherche pas à maquiller ce souvenir où il ne trouve rien de répréhensible. De justesse il s'écarte de l'évocation plus précise d'une rencontre charnelle seulement résumée par des 'enlacements fous'" [*LV*, p. 106]. C'est minorer un peu la verdeur de ce texte où la personne interpellée bondit nue, où ces "enlacements fous" (la même expression avait été modifiée, dans "Lettre" [115], en "enlacements vains", sans doute pour en atténuer un peu la force) invitent Mathilde à se remémorer concrètement la scène, tout en permettant à ceux qui la connaissaient – et notamment aux hommes (Lepelletier, Hugo, Cros et bien d'autres, dont Rimbaud…) – de la déshabiller mentalement, programmation respectée avec une certaine jubilation dans le film *Total Éclipse* (*Rimbaud et Verlaine*) d'Agnieszka Holland en 1995 (il était prévisible que l'on s'intéressât en priorité à cette scène...) ; le récepteur est encouragé à adopter une posture de voyeur conforme au contrat d'exhibition offert par l'émetteur, qui ouvre la porte du texte sur ce corps nu. Mathilde (l'ex-Madame Paul Verlaine, *Mémoires de ma vie*, éd. M. Pakenham, Champ Vallon, 1992, p. 182) protestera qu'elle était vêtue de la robe mentionnée dans le poème, essayant assez vainement d'influer sur la réception du poème (on retiendra son objection sans trop y croire et parfois en se moquant de cette pudeur comme si elle aurait dû se sentir flattée de son exposition dans la galerie des portraits verlainiens), ce qui rappelle qu'il s'agissait bien d'un problème de *pudeur*. Car cette femme évoquée initialement "En robe grise et verte avec des ruches" avant le mariage, aura été dépouillée de ses habits et confrontée à ses propres instincts charnels par le mariage, avant même la scène spécifique évoquée. Lorsqu'elle est à nouveau habillée, "En robe d'été/Blanche et jaune avec des fleurs de rideaux", il ne s'agit pas uniquement de comparer cette robe avec celle, bicolore aussi mais différente, mentionnée dans la première épigraphe : ces fleurs de rideaux (et Mathilde laisse entendre que la description était juste) font un peu trop penser aux pantoufles fleuries de Monsieur Prudhomme et elles ont vocation à signifier que la femme a repris avec ses habits son identité sociale et bourgeoise : "La petite épouse et la fille aînée/Avait reparue avec la toilette" (*sic*, dans le manuscrit comme dans l'édition originale, les éditions ultérieures substituant "Était" à "Avait"). La formule, retorse, implique que la jeune femme se conforme ainsi à un rôle social de fille qui doit se montrer responsable devant ses parents, mais aussi – étant une "petite épouse" – se comporter comme si elle ignorait toujours tout de la passion amoureuse et plus précisément de la sexualité. Aussi l'expression "vous n'aviez plus l'humide gaîté/Du plus délirant de tous nos tantôts", désignant anaphoriquement les délires érotiques de ces "enlacements" qualifiés précisément de "fous", suggère par l'expression "l'humide gaîté" non seulement, littéralement, l'apparition derrière la porte de cette femme "éplorée et gaie", mais aussi une autre humidité féminine, dont la littérature érotique n'a jamais cessé de s'émerveiller, mais dont les parents de cette femme n'auraient pas trop envie d'imaginer l'existence. Les larmes élégiaques qui mouillent le regard du sujet (*v.* 38), remémorant non sans volupté de telles scènes, désignent bien la tristesse, mais son rire "à travers [s]es pleurs" peut fortement suggérer, complémentairement, une métaphorisation masculine subreptice, topique dans les curiosa comme, par euphémisme, dans la littérature "sérieuse".

Il va sans dire (mais encore faut-il insister sur ce point compte tenu de la manière dont on passe sous silence cette implication dans les commentaires du poème), que l'expression "fille aînée" convoque la présence des parents qui, dans le schéma actanciel implicite du poème, jouent le rôle d'opposant au héros locuteur – qui, précisément, s'auréole des attributs d'un héros, militaire ("Mais je souffrirai comme un bon soldat/Blessé qui s'en va dormir à jamais", *v.* 30-31) ou spirituel ("par instants, j'ai l'extase rouge/Du premier chrétien sous la dent rapace", *v.* 81-82). Tandis que dans la version Blémont, le soulignement dans le vers "D'être grâce à *vous*, un lamentable homme" (*v.* 12) ("lamentable" au sens en principe classique : digne de susciter la compassion) présente une intonation implicite, l'accent d'insistance soulignant que ce malheur existe grâce à elle et nullement par la propre faute du sujet, pour le soulignement analogue dans "Et de *votre* voix vous disiez : 'je t'aime !'" (*v.* 20), les implications sont plus complexes. Il ne s'agit pas d'une cheville ou d'un pléonasme. Dans la version envoyée dans une lettre à Lepelletier, "*votre voix*" était soulignée, pour insister sur le fait que son *regard* avait déjà communiqué un message dans ce texte où la sémiologie est aussi bien affaire d'intonations, de gestes et d'habits que de paroles ("votre regard qui mentait lui-même") ; dans la version transmise à Blémont, l'insistance sur le mot "*votre*" – et non pas sur "voix" – permet une autre inférence : la femme parlerait cette fois *de sa propre voix*, et non pas en donnant expression à cette autre voix qui l'habite, et dont elle a du mal à se rendre indépendante, celle de ses parents. Cette logique n'est pas appuyée par un tel soulignement dans la version définitive, mais les deux implications restent présentes. Le lecteur pourra du reste trouver une confirmation de l'interprétation moins littérale, dans l'hypothèse d'une coréférence ou du moins d'une relation intertextuelle, lorsqu'il lit "Child Wife", où la femme qui "n'ét[ait] que chant" "bêl[a] vers [sa] mère – ô douleur ! –/Comme un triste agnelet." La voix de la famille ramène la fille vers un destin social bourgeois, timoré et asexué, alors qu'elle aurait pu, en devenant indépendante, écouter sa propre voix, celle du "chant" qui se fait plus authentique dans la vérité nue de l'amour. C'est ainsi que se comprend une partie de l'ironie de l'épigraphe des *Liaisons dangereuses* : Danceny écrit à Valmont, au sujet de Cécile : "Elle est si jeune ! et sa mère la traite avec tant de sévérité !"

C'est ainsi qu'avec la rime *toilette::voilette*, croisée avec celle, non moins éloquente, *fille aînée::destinée*, le sujet oppose les "bons yeux en cette occurrence" (*v.* 58) de la scène des retrouvailles érotiques à cette "destinée/Qui me regardait sous votre voilette". En acceptant son statut social de "fille aînée", c'est la "destinée" du couple qu'elle scellerait ; en reprenant sa "toilette" et sa "voilette", elle redevient la petite bourgeoise qui déguise, maquille et *voile* sa propre vérité, victime autant que le sujet de cette dénégation du corps et du désir ; le regard, maintenant, est filtré, mettant fin à la communication directe des yeux. Tout se passe comme si cette "froide sœur" (*v.* 7) avait le choix entre deux formes de relation familiale inconciliables, celle de sa famille au sens héréditaire (cf. *La Bonne Chanson* IX : "Son bras droit, dans un geste aimable de douceur,/Repose autour du cou de la petite sœur,") et celle de son couple, qui pourrait lui permettre de redéfinir son identité dans un nouveau cadre familial. Mais cette froideur est aussi, dans une logique assez baudelairienne, celle d'un refus de la chaleur érotique, le regard de la femme "Flamb[ant] comme un feu/mourant qu'on prolonge" lorsqu'elle dit "Je t'aime !".

La France, la Vierge et la Mort

On a pu voir dans les images de martyre et de prière les prodromes de la conversion. Comme Lepelletier et Blémont, Mathilde ne pouvait cependant ignorer les convictions athées de Verlaine, d'autant qu'elle voulait le persuader, puisqu'il voulait écrire un livre portant sur les atrocités commises par Versailles lors de la Semaine sanglante, de partir avec elle se documenter en Nouvelle Calédonie. Lorsqu'il fait de Mathilde sa "Patrie,/Aussi jeune, aussi + folle que la France", ce lien consonantique souligne sans doute la folie meurtrière récente, comparant obliquement la division du couple à la guerre civile et faisant de Mathilde une sorte de Marianne, avant d'en faire une Marie (on sait que la figure de Marianne repose en partie sur une laïcisation de la Vierge Marie). L'idée du "bon soldat" qui va mourir "plein d'amour pour quelque pays ingrat" (*v.* 30-32) pouvait faire penser non seulement aux morts des guerres qui ont jalonné de cadavres le Second Empire, mais aussi aux morts républicains des sorties en masse de la guerre de 1870-1871 opérées pour défendre la Troisième République, héros trahis par le gouvernement de défense nationale dans l'idée des Communards. Comme on le sait, puisqu'il est né à Metz, Verlaine a dû choisir la nationalité française, mais justement pour les Communards l'annexion de la Lorraine, résultant de la capitulation, s'expliquait par une trahison visant à faire tomber la République et à permettre de ramener les soldats à Paris pour réprimer les ouvriers.

Le premier titre "À celle qui est restée en France" laisserait entendre en tout cas génétiquement que celle qui, du moins dans les versions connues du poème, est la Patrie du sujet, aurait dû se trouver être fidèle à son soldat en s'expatriant à Bruxelles puis à Londres.

Verlaine finira sur l'évocation du martyr chrétien qui meurt "sous la dent rapace" du lion, mais cette "extase rouge" pourrait désigner, outre le sang qui coule dans cet acte qui le met définitivement hors de lui (étymologiquement, l'âme quittant le corps), la mort du martyre de la Commune qui, contrairement aux républicains modérés, qualifiés de "bourgeois vessards", "La confessait sous/Les balles" ("La" : c'est-à-dire la Commune) selon l'expression du poème ultérieur "Opportunistes" [*OPC* 929], (cf. "Des morts", poème qu'il aurait écrit au lycée mais qu'il a publié dans L'Avenir de Vermersch le 13 novembre 1872, quelques semaines après la rédaction de "Birds in the night" : "La République, ils la voulaient terrible et belle,/Rouge et non tricolore, […]" [*OPC* 18]).

La fin du texte est en tout cas d'autant plus équivoque qu'avant de fournir ce modèle prétendument innocent, l'avant-dernier quatrain faisait du sujet un "Pécheur/Qui se sait damné s'il n'est confessé" et "Se tord dans l'Enfer, qu'il a devancé", ce qui ne suppose pas autant une innocence à toute épreuve, anticipant assez "Crimen amoris" (sans parler d'*Une saison en enfer* de Rimbaud).

Quelle que soit en définitive l'interprétation de ces images, leur statut allégorique attribue à la femme une responsabilité pour le salut moral du sujet, le dessillement hypothétique ("peut-être", *v.* 40) des yeux ne l'empêchant pas d'espérer toujours la convaincre, de la ramener à lui, la supplication s'ajoutant à l'invective. Lorsqu'il dit que "l'affaire est conclue" (*v.* 26), il espère susciter un démenti. Surtout, ces valeurs allégoriques reviennent constamment à l'idée de la mort avec une insistance lourde ("dormir à jamais", *v.* 31 ; "Souffrir longtemps jusqu'à ce qu'il en meure.", *v.* 44 ; "Par instants je meurs", *v.* 87). Le sujet avait protesté son rejet de toute expression élégiaque (le refus de "geindre", *v.* 25) et de toute réception empathique (le refus de ce qu'on "ose [l]e plaindre", *v.* 27, la rime *geindre::plaindre* scellant la complémentarité de ces dénégations), mais si ses représentations paroxystiques peuvent comporter un élément d'ironie, on se trouve en définitive devant un message dont le fin mot pourrait bien être la tentation grandissante du suicide.

QUELQUES ASPECTS DES
"INFINIES COMPLICATIONS DE LA VERSIFICATION"

Dans ce chapitre dont le titre est inspiré par Baudelaire [*Pr* 611], nous ne nous attarderons que sur un petit nombre des "infinies complications de la versification" verlainienne qui sont à prendre en considération pour leurs effets directs sur le sens des poèmes. Il sera question autant (et même un peu plus, compte tenu de leurs dimensions et de leur richesse) des *Poëmes saturniens* que des deux autres recueils, bien que le premier volume de Verlaine ne soit pas au programme de l'Agrégation pour l'étude grammaticale et stylistique. C'est que pour comprendre les stratégies poétiques de Verlaine, il ne saurait être question de se limiter à ses aspects sémantiques et thématiques, comme s'il s'agissait d'aborder des "contenus", un "fond", qui pouvait tout aussi bien se trouver dans un roman ou une pièce de théâtre. Que ce soit pour des dissertations ou leçons portant sur le lyrisme, la mélancolie ou l'humour de Verlaine, ou *a fortiori* pour des explications de texte, l'impasse sur la versification est impensable. Le poète lui-même était à la fois un fin technicien et un créateur incapable simplement de prodiguer des formes sans les *motiver*. Aussi s'agira-t-il pour le candidat à l'Agrégation d'éviter simplement de recourir à une terminologie abstraite ; il faut essayer de saisir les relations entre les procédés de versification et les actes de communication proposés par ces poèmes.

Pour l'analyse des strophes, en particulier, on consultera surtout deux articles récents de Benoît de CORNULIER, "Sur la métrique de Verlaine dans les *Poèmes saturniens*", in *LV* et "Aspects de la versification de Verlaine dans les *Fêtes galantes*", in *PRV* ainsi que le chapitre sur la versification de Bertrand DEGOTT dans [BERNADET, *Verlaine première manière*]. Pour les formes liées à la chanson, on consultera Brigitte [BUFFARD-MORET, 2006, p. 301-319]. Nous avons consacré des chapitres à la versification des *Poëmes saturniens* et des *Romances sans paroles* dans nos éditions critiques de ces recueils (Champion, 2003 et décembre 2007 respectivement).

"Cervelle de girouette ! tu n'as point rempli mes instructions : j'avais écrit bien "*rhy*thme", qu'on a imprimé mal (tu n'as donc vu clair ?)." écrivait Verlaine à Lepelletier en 1869 [*CG* 1 140]. Pour "Sub urbe", il a modifié sur les épreuves du *Parnasse contemporain* l'orthographe sans h à laquelle il accordait une grande importance. Ce dont là des préoccupations symptomatiques : le "rhythme" était pour Verlaine au centre de l'expérience poétique et, d'une certaine manière, il y a chez lui une éthique du rythme – éthique du risque et politique, souvent, de la discordance (nous renvoyons aux travaux d'Arnaud Bernadet où cette question a une importance névralgique). Le rythme qui permet au chant de geste de s'avancer "en beaux couplets et sur un rhythme âpre et vainqueur" dans le "Prologue" [36] revient dans l'éloge des "rhythmes chanteurs" de l'"Épilogue" [92], caractérisant aussi bien la "mazurque lente" qui "port[e]" la femme aimée "dans son rhythme indolent comme un vers" ("Initium" [67]) que le "rhythme heurté des sanglots" de familles en deuil ("Sub urbe" [69]) et le mot figurera même dans la référence, dans la note en bas de page de "Marco" (malencontreusement reléguée dans les notes en fin de volume dans beaucoup d'éditions) [169], au "rhythme" de "ritournelle" emprunté à un autre poète. Rythmes de la poésie épique ou du chant lyrique, concordants ou discordants, ces impulsions de joie et de souffrance scandent le recueil, l'adjectif pouvant qualifier aussi bien une rivière comme dans "Nocturne parisien" où l'Eurotas, "Rhythmique et caressant, chante ainsi qu'un poète" [79], qu'une femme ("quand Marco dormait", "L'haleine montait, rhythmique et légère" [83]) ou, avec une insistance lourde et réflexive, un sabbat rythmé qui est aussi un sabbat des rythmes dans "Nuit du Walpurgis classique" : "Un rhythmique sabbat, rhythmique, extrêmement/Rhythmique" [56]. Car Verlaine est bien l'un des plus éminents, quoique jeunes, représentants de ces "Formistes" que sont, selon leurs détracteurs, les Parnassiens. Comme le montre sa lettre à Lepelletier le 23 mai 1873, il n'a rien perdu de son intérêt pour la versification au moment d'achever les *Romances sans paroles*, sept ans plus tard, combattant toujours la facilité créatrice :

> […] je suis enchanté que mon voluminet t'ait plu, malgré ses "hérésies" de versification. (Je te prépare bien d'autres "déconcertements" si l'affreux état de ma santé me laisse encore assez vivre pour ébaucher l'œuvre dont je te parlais l'autre jour.) – À vrai dire je n'en suis pas mécontent, bien que ça soit encore bien en deçà de ce que je veux faire. Je ne veux plus que l'effort se fasse sentir et en arrive avec de tout autres procédés, – une fois mon système bien établi dans ma tête, – à la facilité de Glatigny, sans – naturellement – sa banalité. Je suis las des "crottes", des vers chiés comme en pleurant, autant que des tartines à la Lamartine (qui, cependant a des choses inouïes de beauté).

[*CG* 1 321]

Pour comprendre ces "'hérésies'", il faut cependant pouvoir connaître un peu la religion... classique. Sinon, on ne comprendra pas en quoi, dès les *Poëmes saturniens*, le lecteur risquait d'être *déconcerté*.

Après la longue période de stabilité relative de la versification classique, l'évolution de la versification au XIXe siècle a été très rapide : s'attachant à la révision des conventions du classicisme, la génération de 1820-1830 a déclenché, par sa pratique comme par ses théorisations, un processus de mise en cause des procédés de versification de l'époque, mais aussi de l'idée même de modèles à imiter, de règles qui seraient à jamais incontestables. Le retour en force de préoccupations techniques dans les années 1850 s'expliquait en partie par le besoin de "serrer les boulons" de la création, à un moment où "sous prétexte d'imiter Musset et Lamartine, on en arrivait, en effet, tout doucement à ne plus se douter de ce que sont les exigences d'un vers, et le premier collégien venu se croyait capable d'écrire *Namouna* et *Mardoche*." (voir Adolphe Racot, *Les Parnassiens*, édité avec Louis-Xavier de Ricard, *Petits Mémoires d'un Parnassien*, éd. M. Pakenham, Minard, 1967, p. 158). En même temps, cette attention renforcée à la facture poétique n'était pas en soi un gage d'orthodoxie ; pour les principaux poètes, l'évolution du vers ne s'était pas arrêtée avec la bataille d'*Hernani* en 1830. Comme on l'avait compris dès cette époque, un procédé inédit pouvait être aussitôt repéré et imité, perdant vite sa nouveauté. D'où des métamorphoses incessantes du vers composé, en particulier, qui changera de décennie en décennie, et parfois d'année en année, les poètes et leur public faisant l'apprentissage de nouveaux rythmes avec plus ou moins de félicité ou d'inconfort et d'irritation. Le même rythme qui avait été révolutionnaire en 1830 pouvait n'être qu'audacieux en 1835 pour devenir franchement routinier en 1840. L'appréciation des effets variera cependant d'un lecteur à l'autre, ce qui ne facilite pas l'appréciation du degré d'orthodoxie ou d'hétérodoxie des différentes facettes de la versification verlainienne : on risque soit de surestimer, soit de sous-estimer les discordances, selon le choix de perspective. Avec les yeux et les oreilles de Sainte-Beuve, les *Poèmes saturniens* sont l'Empire romain après les invasions barbares ; avec ceux de Rimbaud, la vraie invasion resterait encore à accomplir...

Si l'on part de l'idée d'un Parnasse qui ne serait qu'une parenthèse rétrograde ou insignifiante entre le romantisme et le symbolisme, on peut aboutir à des affirmations comme "les Parnassiens n'[ont] pas plus fait bouger l'ordre moral que l'ordre prosodique" (voir André Guyaux, *Baudelaire*, "Mémoire de la critique" Presses de l'université de Paris-Sorbonne, 2007, p. 77). Alcide Dussolier (cité par Yann Mortelette, *Le Parnasse*, Presses de l'université de Paris-Sorbonne, "Mémoire de la critique", 2006) aurait probablement approuvé la première moitié de l'énoncé, lui qui commentait ainsi l'entreprise des Parnassiens :

Les mots de *patrie* et de *liberté* ont le privilège de leur dédain.
Ils n'aiment donc rien ? Ils ne croient à rien ?
Si.
En politique, ils croient au rythme ;
En philosophie, – au rythme ;
En morale, – au rythme ;
"Le ry-y-ythme ! le ry-y-ythme !"
Oh ! les Brid'oison du Pinde !

Le rythme se trouve en effet au cœur des préoccupations des Parnassiens sous leur sobriquet "les Formistes". Un certain savoir des manuels scolaires poussiéreux, conforté par une histoire littéraire imperméable à l'histoire des formes, considérée comme une province techniciste et formaliste où l'on organise des décomptes de syllabes et des formules rimiques savamment inutiles, laisse supposer que les Parnassiens ont simplement veillé à rétablir une rigueur qui manquait aux poètes romantiques, d'où l'idée d'un souci néoclassique du respect des règles. Les pratiques des poètes publiés dans le *Parnasse contemporain* ne seront pas toujours d'une fracassante nouveauté sur certains plans (par exemple le choix des mètres), mais il suffit de parcourir les recensions contemporaines pour constater que bon nombre de ces poètes – et pas seulement ceux auxquels la postérité a accordé quelque crédit – ont été critiqués non pas pour leur pusillanimité formelle, mais pour des audaces jugées hallucinantes. Paul Stapfer arrivait à des conclusions proches de Dussolier, en soulignant l'expérimentalisme de ces poètes à l'esprit curieux et aux productions non moins curieuses :

Il s'est formé autour de M. de Banville un laboratoire de poésie où tous les rythmes possibles ont été curieusement essayés. Ce qui n'a d'autre mérite que celui de la difficulté vaincue est un amusement sans intérêt pour l'art sérieux ; il faut n'avoir rien à faire pour passer son temps à jouer

[Article de 1873, *ibid.*, p. 126].

L'auteur accorde ainsi une importance considérable à Banville, dont le savoir des manuels précité fait l'auteur à la fois d'un traité rétrograde (*Petit Traité de poésie française*) et d'expériences formelles virevoltantes (les *Odes funambulesques*), sans se rappeler que le traité était destiné à des lycéennes et sans se demander pourquoi un poète d'arrière-garde ou un simple jongleur sans autre chose à offrir que des formes érudites susciteraient l'admiration de Verlaine, Mallarmé et Rimbaud. C'est d'abord qu'à la différence des détracteurs de Banville, ces poètes d'avant-garde avaient lu son œuvre : ils en connaissaient bien les pratiques audacieuses. La "difficulté vaincue" faisait partie des plaisirs de tous ces nouveaux poètes et Baudelaire a lui aussi fait part de son "goût passionné de l'obstacle" [*CB* 1 181]. Écrivant à Verlaine que "heureusement, nous sommes tous assez blasés sur toutes les jongleries possibles pour ne pouvoir être pris que par la poésie vivante" [*CG* 1 98], Banville l'incitait à faire attention à ne pas encourir le risque de passer, comme c'était son cas depuis la publication des *Odes funambulesques*, pour un jongleur ; il n'était cependant pas le seul à apprécier la maîtrise formelle de Verlaine.

Il serait en réalité difficile d'attribuer à Verlaine quelque gratuité dans le choix de procédés de versification. Ce "formiste" était sans doute, après Hugo et Baudelaire, l'un des maîtres de la *motivation* des effets formels. Dès les *Poëmes saturniens*, les procédés de Hugo, Banville et Baudelaire seront repris, prolongés, radicalisés au-delà de tout ce que les œuvres les plus récentes de ces poètes avaient osé.

Malgré cette évolution diachronique en spirale de la versification française, où il faut tenir compte de la conjoncture de chaque acte poétique, et malgré l'arrivée progressive, dans l'œuvre de Verlaine, de nouveaux procédés affectant les choix de mètres, de césures, de strophes, ce processus ne se prête pas toujours à une analyse linéaire, même en écartant le problème des innombrables incertitudes qui subsistent quant aux dates de composition des poèmes. S'il tenait à se distinguer sur le terrain de la versification, à un moment où la recherche de l'originalité formelle nourrissait une vive concurrence entre les jeunes poètes, la versification était pour lui un ensemble de moyens et nullement une finalité. Lorsqu'il parle dans son essai consacré à Baudelaire de "ce qui distingue les véritables poètes des rimeurs subalternes" [*Pr* 600], la distinction repose sur des choix thématiques, mais pour lui comme pour Baudelaire, il était possible d'être un bon versificateur sans pour autant être réellement poète. Banville n'était du reste pas loin d'affirmer que réciproquement, un mauvais versificateur pouvait être un bon poète – les grands poètes du classicisme comme Racine ou Corneille, en dépit de leur "mauvais outil" (l'état rudimentaire, à ses yeux, de la versification au XVIIe siècle), mais aussi Musset, bon poète en dépit d'un manque de rigueur formelle insigne. Ainsi, ce sont des motivations poétiques et non simplement techniques qui expliquent que "Beams" (*RSP*) présente des césures plus conventionnelles qu'"Il bacio" (*PS*), poème dont on déplore parfois la prétendue immaturité et qui serait d'au moins sept ans antérieur.

Mètres

Le poète doit d'abord faire des choix : isométrie ou hétérométrie ? vers composés et/ou simples ? vers pairs et/ou impairs ? Ce qui suppose un éventail de paramètres pragmatiques où il faut tenir compte des contraintes variables des mètres et de leurs compatibilités et incompatibilités, mais aussi de leurs connotations culturelles.

Nous nous pencherons surtout ici sur les vers composés, qui posent de plus grandes difficultés d'analyse. Rappelons toutefois que, contrairement à ce que laissent entendre certains manuels de versification, y compris celui, célèbre, de Jean Mazaleyrat, il ne saurait être question, sauf en cas de sériation idiosyncrasique très rare, de parler de "césures" pour les vers de moins de 9 syllabes. Ainsi, même pour un poème comme "Dans la grotte", où Verlaine produit 3 octosyllabes qui peuvent se rythmer 4-4 dans le premier quatrain, il s'agit de *coupes*, qui peuvent avoir un intérêt *rythmique*, mais non du phénomène *métrique* qu'est la *césure*. Notons aussi que les vers *très* courts posent deux problèmes : d'une part, la proportion du vers occupée par la rime peut déboucher sur une impression de calembours, d'où l'emploi des vers les plus courts pour des thèmes le plus souvent comiques ; d'autre part, de tels vers manquent d'élasticité syntaxique, d'où parfois un aspect acrobatique très adapté à l'humour (par exemple aux *Odes* précisément *funambulesques* de Banville), mais plus difficile à utiliser dans un contexte lyrique, sinon en hétérométrie. Verlaine joue sur ces contraintes dans "Marine" [49], poème en une phrase en pentasyllabes qui se termine sur un adverbe pentasyllabique. Dans "Chanson d'automne", au lieu de produire une concordance pour montrer qu'il a su "surmonter" la contrainte formelle, il a produit en clausule l'enjambement plus ou moins banvillien "Pareil à la/Feuille morte.", appliquant à la frontière entre les vers la même technique enjambante qu'on a vue pour la césure. Ce procédé insiste sur la discordance, figurant le ballottement du sujet par le "vent mauvais" qui balaie la concordance. Grâce à cet effet suspensif, Verlaine a pu mettre fortement en relief le comparant qui remplit le dernier vers "consistant" (c'est-à-dire sémantiquement cohérent lorsqu'on le sépare de son contexte, le terme est de Benoît de Cornulier) : "Feuille morte.". Verlaine a relevé un défi en utilisant les vers de 3 et de 4 syllabes pour un sujet mélancolique, avec des procédés de chanson, comme le souligne le titre, mais aussi en recourant à ce qui pouvait sembler un trait comique. L'effet mélancolique est irrésistible ; il n'est cependant pas absolument exempt d'humour rythmique car Verlaine savait qu'il procédait ainsi à un acte de provocation qui, pour certains lecteurs, avoisinait sans doute la mystification. Dans la même section des "Paysages tristes", les vers "Se levant blafarde et solennelle, une/Nuit mélancolique et lourde d'été," [60], s'agissant d'un rossignol, ne sont pas eux-mêmes sans humour.

Dans les *Poèmes saturniens*, le vers le plus court utilisé en isométrie est le 5-syllabe, les vers de 3 et de 4 syllabes n'apparaissant qu'en hétérométrie. Dans les *Fêtes galantes*, on trouve en hétérométrie des vers de 6, 4 et même 2 syllabes et dans *La Bonne Chanson*, outre le vers de 3 syllabes en hétérométrie, on trouve le vers de 4 syllabes en isométrie, qui reviendra dans les *Romances sans paroles* pour les deux poèmes formellement proches, comme en un diptyque implicite à volets antithétiques, "Walcourt" et "Charleroi". Ces vers très courts renvoient formellement à la chanson, tout en pouvant avoir un contenu sémantique en apparence inadaptée – d'où précisément un intérêt au moins aussi grand que lorsque le poète active des connotations plus conformes à ce que les choix métriques pouvaient laisser anticiper.

• **Vers composés**

Les poètes, du Moyen Âge jusqu'au début des années 1880, avec de rares exceptions, ne césurent pas des vers de moins de 9 syllabes (et parfois, ne césurent pas des vers de 9 syllabes) ; les vers de 10 syllabes ou plus (et le plus souvent les vers de 9 syllabes) sont traditionnellement césurés. Les fondements cognitifs de cette distinction ont été explorés par Benoît de Cornulier, qui en a tiré une "loi des 8 syllabes" selon laquelle il existe un palier cognitif au-delà duquel ce n'est qu'à l'aide de la césure que le récepteur de la poésie métrique peut sentir la justesse des équivalences rythmiques (capacité que prouve *a contrario* la capacité de ce récepteur de détecter des vers faux dans une série ; voir [CORNULIER, 1982] et du même auteur *Art Poëtique, Notions et problèmes de métrique*, PU de Lyon, 1995). La césure permet de gérer la perception de vers longs et elle est de ce fait indispensable à leur métricité. Dès 1872, Rimbaud affaiblit la césure dans des vers de 10, 11 et 12 syllabes au point de les rendre amétriques malgré leur isosyllabisme. Verlaine produira des effets comparables, mais dans des poèmes plus tardifs que ceux de la période s'étendant des *Poëmes saturniens* jusqu'aux *Romances sans paroles*.

Dans les *Poëmes saturniens*, on trouve bon nombre de poèmes en 6-6, mais aussi plusieurs poèmes en 4-6 et en 5-5, toutes ces mesures étant utilisées en isométrie et en hétérométrie. Dans les *Fêtes galantes*, le 5-5 disparaît de vue, mais les deux autres mesures restent présentes. Dans *Romances sans paroles*, le 5-5 rejoindra le 4-6 de manière spectaculaire puisque telle est la mesure des 84 vers de "Birds in the night", mais Verlaine ajoute aussi le 3-6, le 4-5 et le 5-6, mesures autrement confidentielles.

• L'alexandrin

Dans sa "Critique des *Poëmes saturniens*", Verlaine évoque un emploi de l'alexandrin qui serait respectueux des connotations traditionnelles de ce mètre :

> L'alexandrin a ceci de merveilleux qu'il peut être très solide, à preuve Corneille, ou très fluide avec ou sans mollesse, témoin Racine. C'est pourquoi, sentant ma faiblesse et tout l'imparfait de mon art, j'ai réservé pour les occasions harmoniques ou mélodiques ou analogues ou pour telles ratiocinations compliquées des rythmes inusités, impairs pour la plupart, où la fantaisie fut mieux à l'aise, n'osant employer le mètre sacro-saint qu'aux limpides spéculations, qu'aux énonciations claires, qu'à l'exposition rationnelle des objets, invectives ou paysages.

[Pr 721]

Partant des effets variables et même contradictoires de l'alexandrin – ou du moins de ce que l'on peut en faire – Verlaine a cependant tendance à restreindre cette variation, par le fait de mentionner deux dramaturges classiques, alors qu'il aurait pu mentionner Hugo ou un autre poète romantique ou parnassien, mais aussi par l'idée d'avoir "réservé" ce mètre "sacro-saint", hautement investi par la tradition, à certaines formes de poésie. La limpidité et la clarté, l'exposition rationnelle, ne font que souligner cet appel fait à l'idée d'un vers spécifiquement classique. Sans nier la possibilité de connotations de ce type dans l'œuvre de Verlaine (cf. notre explication de "Dans la grotte"), il est évident que pour se limiter aux *Poëmes saturniens*, objet du commentaire précité, l'alexandrin sert pour des poèmes épigrammatiques ("Monsieur Prudhomme") et ironiques ("Lassitude") et dans des énonciations qui n'ont rien de limpide, comme dans le sonnet très onirique "Mon rêve familier" (voir Jean-Pierre Bobillot, "tre ange et pénétrant ?", *LV*, p. 89-111) ; l'alexandrin est même, pour le recueil de 1866, l'un des terrains de prédilection de la mise à mal de la concordance classique entre structures syntaxiques et métriques, pour la création d'ambiguïtés et d'ambivalences rythmiques. La modestie de Verlaine ("sentant ma faiblesse et tout l'imparfait de mon art"), est comme celle d'"Il Bacio" avec son "chétif trouvère de Paris" [75] qui se dit incapable de "dress[er]" en l'honneur du baiser "un vers classique" alors qu'en réalité ce facteur négatif dans sa versification masque la volonté positive – la capacité – de produire des vers non-classiques.

Ce sont bien les alexandrins des *Poëmes saturniens* qui allaient déclencher l'irritation de Sainte-Beuve :

– Et maintenant je vous dirai, au risque de paraître inconséquent avec Joseph Delorme, un furieux oseur lui-même en son temps, que je ne puis admettre des coupes, des césures comme il y en a aux pages 18, 27, 100 et 108 (vous les retrouverez bien) : l'oreille la plus exercée à la poésie s'y déroute et ne peut s'y reconnaître. Il y a limite à tout.

[*OB* 22, *CG* 1 102]

Il s'agissait des césures suivantes :

Et le vieux tremble sa + plainte sempiternelle.

("Après trois ans")

Siciliennes, ni + les pompes aurorales,

("L'Angoisse")

Déroule, mate, ses + impeccables accords

("Un dahlia")

Tu consoles et tu + berces, et le chagrin

("Il Bacio")

L'ancien "oseur" avait dû susciter des réactions analogues de la part des tenants de la versification classique. Querelle de générations où les explorateurs finissent par dire que la carte est achevée et qu'on ne peut aller plus loin… La "limite à tout" serait en particulier la limite de chaque hémistiche, mais aussi une frontière biologique, que la culture ne pourrait déplacer plus loin que ne l'avait fait la génération de 1830. Ce en quoi le critique avait tort, même si, on l'a vu, de telles frontières existent effectivement. Verlaine avait cependant théorisé à l'avance sa pratique à partir de sa lecture des *Fleurs du Mal*.

Prenons d'abord quelques catégories de césures, en fonction de leur degré de discordance.

Césures entre substantifs et adjectifs (postposés ou antéposés)

Ce procédé est routinier, du point de vue de la versification, faisant partie des procédés massivement utilisés à l'époque, notamment par Hugo. Sa banalité ne signifie pas pour autant que de tels effets sont insignifiants puisqu'ils produisent généralement un léger effet suspensif tendant à mettre en relief le mot qui suit la césure (*PS* : "De tonnerres, de flots + heurtés, de moissons mûres,/Et retenant le vol + obstiné des essaims," [35], *FG* : "Et c'étaient des éclairs + soudains de nuques blanches ;", "Le soir tombait, un soir + équivoque d'automne :" [103], "Or, Madame, un projet + impatient me hante" [115] ; *RSP* : "En poussant d'aigres cris + poitrinaires, hélas !" [152]). Parfois, l'effet est enchaîné comme dans "Prologue" où l'on trouve coup sur coup "Francs + tumultueux", "Trouvère + héroïque", "part + auguste" [36].

Césures sur proclitiques

Verlaine a attiré l'attention sur de telles césures, plus audacieuses, dans son essai de 1865, soulignant les mots en principe inaccentuables placés avant la césure :

Baudelaire est, je crois, le premier en France qui ait osé des vers comme ceux-ci :

… Pour entendre un de *ces* concerts riches de cuivre…

… Exaspéré comme *un* ivrogne qui voit double…

[*Pr* 611]

On en trouve de nombreux exemples chez Verlaine (*PS* : "C'est l'ouragan, c'est la + tempête, c'est la houle" [37], "Vêtus de blanc, et des + lueurs d'apothéoses" [37], "Pour elle seule, et les + moiteurs de mon front blême ;" [43], "Et les prés verts et les + gazons silencieux ?" [66] "De son oreille où mon + Désir comme un baiser" [67]. *FG* : "Elle passe, sous les + ramures assombries," [100], "Interceptés ! – et nous + aimions ce jeu de dupes." [103], "Égal à toutes les + flammes les plus célèbres" [115], "Comme César pour un + sourire, ô Cléopâtre,"…).

Césures sur prépositions monosyllabiques

Les césures sur prépositions disyllabiques comme *avec* et *parmi* sont routinières à cette époque. Exagérant ce que ce type de vers avait de discordant, on cherche parfois à éviter de telles césures par le postulat de mesures d'accompagnement inutiles et invraisemblables. L'effet de ces césures est proche de celle de la catégorie précédente (*PS* : "En beaux couplets et sur + un rhythme âpre et vainqueur," [36], "Sur la kithare, sur + la harpe et sur le luth," [37], *FG* : "Qu'elle sourit, tout en + rêvant, à maint détail." [100], "Par Marc-Antoine, et par + César que vous par moi," [116] ; *RSP* : "L'ombre des arbres dans + la rivière embrumée" [135], "Et vous bêlâtes vers + votre mère – ô douleur ! –" [152]), mais dans certains cas, elle débouche plus facilement sur l'accentuation possible du monosyllabe, ce qui est notamment une solution très plausible pour un vers de ce type dans "Nevermore [2]" : "Le vers est dans le fruit, + le réveil dans le rêve./Et le remords est dans + l'amour : telle est la loi." Le vers est justiciable, certes, d'une lecture ternaire (on reviendra plus loin sur cette question des vers ternaires) ; elle peut cependant attribuer à ce 3e et dernier emploi de la même préposition un accent d'insistance, soulignant à quel point le remords n'est pas quelque chose qui se greffe sur l'amour, mais une de ses propriétés intrinsèques.

Césures au milieu d'un mot

On ne trouve pas dans ce corpus des alexandrins présentant un *e* féminin en 6e position (ce qu'on appelle depuis un peu plus d'un siècle une "césure lyrique", par exemple le vers plus tardif "Ô, va prier contre + l'orage, va prier.", *Sagesse* I, VIII [*OPC* 248]) ou en 7e position (ce qu'on appelle dans la même terminologie une "césure enjambante", désignée aujourd'hui plutôt par le terme "césure à l'italienne"). On trouve cependant à l'occasion une césure qui coupe un mot composé, dans l'"Épilogue" parnassien : "La Colombe, le Saint- + Esprit, le saint Délire," [93]. On pourrait presque y adjoindre analogiquement "chant + de geste" dans "Prologue" [36], même si *chant de geste* n'a pas le même statut lexical que *chanson de geste*. Dans "À la grotte", le vers "Et la tigresse épou + vantable d'Hyrcanie" [102] se fait sans même utiliser une frontière morphologique, mais on a pu montrer que malgré la possibilité de recourir à une lecture ternaire, il s'agissait ici pour Verlaine, en même temps, de libérer un jeu de mots (voir notre explication d'"À la grotte").

Si un pourcentage très élevé de ces discordances se trouve dans les *Poëmes saturniens*, c'est surtout parce que l'alexandrin y constitue un choix métrique dominant (23 poèmes en isométrie, "Nuit du Walpurgis classique" avec l'octosyllabe), tandis que dans *Fêtes galantes*, il joue un rôle bien plus discret (4 poèmes en isométrie, "Dans la grotte" avec l'octosyllabe) ; dans les *Romances sans paroles* son emploi s'amenuise encore davantage (2 poèmes en isométrie et 2 en combinaison, l'un avec l'heptasyllabe, l'autre avec l'hexasyllabe) ; il faut ajouter que dans les *Romances*, l'emploi isométrique dans "Green" et "Beams" est si concordant que l'on pourrait s'en étonner si ces textes ne laissaient pas entendre, en faisant appel à des notions d'apaisement et de calme, la portée de ces emplois qui attestent, pour l'époque, une sorte d'hypercorrection classique, jouant précisément sur le statut solennel de ce "mètre sacro-saint" ; dans "Child Wife", le seul vers discordant pointe un endroit décisif où la jeune femme évoquée se retourne en bêlant vers sa mère…

Mesures d'accompagnement ou de substitution

Nous ne prendrons en considération ici que la mesure la plus célèbre d'accompagnement ou de substitution du 6-6, le vers rythmiquement ternaire dont chaque segment de 4 syllabes permet une accentuation terminale (donc, outre l'accent métrique de la voyelle masculine conclusive de l'alexandrin, la 4e et la 8e syllabe doivent être accentuables). Ce type de vers est qualifié généralement de "trimètre" ou de "trimètre romantique", dénominations qui distinguent cette mesure rythmiquement (ternaire plutôt que binaire) et culturellement (romantique plutôt que classique). Aujourd'hui encore, de nombreux manuels présentent le vers de *Suréna* : "Toujours aimer, toujours + souffrir, toujours mourir" comme un "trimètre" en s'autorisant de sa structure syntaxique ternaire, alors que Corneille n'aurait jamais imaginé que l'on puisse, dans le cadre de la versification et des règles de diction contemporaines, lire autrement qu'en 6-6 le vers concerné. Même pour Hugo, qui a indéniablement cultivé le vers ternaire, il est souvent difficile à savoir ce qui, pour lui, était vraiment ternaire rythmiquement ; beaucoup des "trimètres" qu'on lui impute n'en étaient sans doute pas à ses yeux. On a démontré en tout cas il y a un siècle que dans ses textes sérieux, ses innombrables alexandrins – y compris les "trimètres" plausibles – évitent massivement l'emploi de mots peu "accentogènes" avant la césure (voir Gustaf Aae, *Le Trimètre de Victor Hugo, étude de versification française*, Lund, Ph. Lindstedts Universitetsbokhandel, 1909 ; voir aussi Michel Grimaud, *Pour une métrique hugolienne, textes de Wilhem Ténint, Gustaf Aae, Philippe Martinon*, Minard, 1992 et les travaux de B. de Cornulier, précités). Ce qui serait étonnant si la mesure ternaire *remplaçait* réellement le 6-6 dans une minorité significative de ses alexandrins. On en a déduit très justement que le "trimètre" était dans les poèmes sérieux de Hugo une mesure *d'accompagnement* rythmique mais non pas un mètre *de substitution*. On peut en dire autant, en tout état de cause, pour le Verlaine de la période allant des *Poëmes saturniens* jusqu'aux *Romances sans paroles*, la situation se modifiant radicalement dans les poèmes composés dans les dix-huit mois suivants. Autrement dit, chez lui le rythme ternaire n'existerait que superposé, pour ainsi dire, au rythme métrique binaire.

Cela implique en particulier que les vers exclamatifs que sont "De mes ennuis, de mes + dégoûts, de mes détresses !" [41] et "De la douceur, de la + douceur, de la douceur" [42] dans deux sonnets de suite de "Melancholia" ne supposent pas la neutralisation du 6-6. Même si certains poèmes fournissent plus d'un vers de ce genre, les vers sûrement ou plausiblement ternaires ne constituent jamais des séquences permettant d'établir une périodicité concurrente. C'est dire qu'une séquence comme "De la douceur,/de la + douceur,/de la douceur" ne présente pas deux *césures*, mais deux *coupes* et une seule césure. On trouve plus tard dans l'œuvre des textes où l'utilisation massive des vers ternaires change nettement les enjeux (par exemple dans "Langueur" [*OPC* 370]), mais aucun exemple aussi poussé ne se trouve pour la période 1866-mai 1873. Contrairement à la césure, qui reste, moyennant de rares exceptions, synthétique dans ces recueils, la coupe est analytique : les vers ternaires peuvent supposer des coupes à l'italienne (la coupe traditionnellement dite "enjambante", coupant un mot avant le *e* féminin), avec "récupération" (Terme de B. de Cornulier) du *e* féminin au début du segment rythmique suivant (comme dans l'exemple baudelairien cité par Verlaine : "Exaspéré/comme un + ivro/gne qui voit double"), tandis que l'on ne trouve pas pendant cette période, pour les alexandrins, de césure à l'italienne.

De manière générale, il convient dans ces textes de maintenir la césure *malgré* la discordance, et surtout *à cause* d'elle. Sans cela, on perd les mises en relief nombreuses dues à des effets suspensifs qui reposent justement sur la présence de la césure. Si des vers comme "Du poëte ivre, ou son + regret, ou son remords," et "Les corps, en sorte qu'il + ne reste absolument" ("Nuit du Walpurgis classique") peuvent (surtout le premier) suggérer un traitement ternaire, on aurait tort de supposer que le 6-6 a disparu. Au contraire, puisque dans ce poème qui parle d'"accords/Harmonieusement dissonants dans l'ivresse ;" [56], cette dissonance exige que l'on *entende* les césures discordantes au lieu d'essayer de les occulter, comme pour le second vers de Baudelaire cité par Verlaine : "Exaspéré comme *un* + ivrogne qui voit double." où la perception brouillée par l'ivresse s'exprime dans une césure qui brouille la perception de l'alexandrin. Ces discordances, qui faisaient le malheur de Sainte-Beuve et le bonheur de beaucoup des Parnassiens, laissaient percevoir *a contrario* le rythme 6-6 : compte tenu de la pression métrique exercée par l'ensemble des textes concernés, l'exception fait sentir la règle.

La réalisation en 6-6 est particulièrement favorisée par des vers discordants où le second hémistiche est "consistant". Ainsi, des vers comme "Par la logique d'une + **Influence maligne**." [33] ou "L'ombre des arbres dans + **la rivière embrumée**" [135], offrent un second hémistiche parfaitement autonome sémantiquement, ce procédé servant à dramatiser ce contenu qui rétablit la concordance perdue dans le premier hémistiche, à la fin du second.

Sans périodicité dans ces poèmes, le "trimètre" peut cependant apparaître comme une option récurrente dans un poème. Si l'on prend le "Prologue" saturnien, voici les césures les plus avant-gardistes pour un lecteur de 1866, avec un doute cependant pour le *v.* 47 :

En beaux couplets et <u>sur</u> + un rhythme âpre et vainqueur,

(*v.* 44)

Ne chantaient pas le *chant* + *de geste* sans rivaux

(*v.* 47)

C'est l'ouragan, c'est <u>la</u> + tempête, c'est la houle

(*v.* 65)

Vêtus de blanc, et <u>des</u> + lueurs d'apothéoses

(*v.* 73)

Sur la kithare, <u>sur</u> + la harpe et sur le luth

(*v.* 95)

Soit deux césures sur proclitiques, deux sur prépositions monosyllabiques et une qui, peut-être, coupe dans l'idée de Verlaine un mot (quasi) composé. Ce n'est pas un hasard si *tous* ces cinq vers atypiques autorisent une lecture ternaire, avec des coupes à l'italienne en 4e (*v.* 95) ou en 8e position (*v.* 47 et 65). La plupart de ces vers ont un rapport direct avec le chant poétique et ses rythmes, mais le "trimètre" n'a pas plus un domaine thématique "approprié" que les vers impairs. Ce "rhythme" peut donc être "âpre et vainqueur", signifier un désordre effroyable ou tout aussi bien chanter des harmonies indicibles.

Parfois, on produit soit des calembours (comme pour "épou + vantable"), soit des hémistiches fantômes comme dans "L'Amour par terre" où l'Amour "Souriait en bandant" [120], les techniques de Verlaine rejoignent celles de la poésie satirique et comique. Les césures peuvent aussi avoir des implications idéologiques très sérieuses et l'agression contre le "Saint- + Esprit" précitée trouve une variante plus douce dans un vers non moins anticlérical de "L'Angoisse" : "Qu'étirent dans le ciel + vide les cathédrales," [45]. De même, le vers à césure suspensive "Brûler des juifs, mais c'est + une dilection ! [...]" donne expression, dans la dramatisation même de son second hémistiche consistant, à la "dilection" du confesseur qui apparaît dans sa façon même de s'exprimer, le rythme faisant office de didascalie pour donner une impression forte d'oralité vivante et présente au lecteur du texte imprimé.

Verlaine se sert souvent de la césure pour produire des effets réflexifs comme lorsqu'il parle d'"Égorgement, d'un *bout* + du monde à l'autre *bout* !", utilisant ainsi les *bouts* terminaux des hémistiches pour placer le mot *bout* ("Prologue" [36]) ; on a vu que "le paradis au bout." se trouve semblablement "au bout" d'un poème de *La Bonne Chanson*. Dans "Il bacio", le "trouvère" se dit incapable de donner un vers classique, ce qui s'illustre, comme involontairement, par la césure discordante et radicalement post-classique "tu + berces" ("Il bacio"). Dans "Un dahlia" [73], l'expression "impeccables accords" a pu faire penser que Verlaine faisait l'éloge d'une concordance classique entre unités métriques et syntaxiques, mais le vers "Déroule, mate, ses + impeccables accords" fournit, par un jeu de mots évident, une discordance (cf. "À la manière de Paul Verlaine" : "D'un accord discord [...]" [*OPC* 503]). On peut aussi noter la manière dont Verlaine utilise un verbe comme *[se] pencher* comme dans "Il bacio", avant la césure : "Salut ! l'homme penché + sur ta coupe adorable," [75] (la coupe de vin du baiser, mais aussi la coupe qu'est la césure) ou "La Mort de Philippe II" [87] en début de vers : "Un homme en robe noir, à visage de guivre,/Se penche,". De même, dans l'évocation de l'agonie de Philippe II, dans le vers "Tel l'ouragan passe à + travers une ruine.", la solution ternaire n'empêche pas de sentir comment l'ouragan de la mort passe à travers les ruines de cet alexandrin binaire hétérodoxe, la césure se plaçant "à travers" l'expression *à travers*… Tel est aussi le mimétisme de l'évocation de l'Action désordonnée du "Prologue" : "L'Action à présent, + – ô pitié ! – l'Action,/C'est l'ouragan, c'est <u>la</u> + tempête, c'est la houle" [36] : il ne faut pas négliger la valeur discordante en 6-6, essentielle à l'effet escompté, en se limitant au rythme 4-4-4 concordant.

Parfois, comme c'est le cas dans cette évocation de l'Action de "Prologue", les discordances arrivent en cascade. Mais on doit aussi tenir compte de poèmes plus courts, où ces effets peuvent avoir des conséquences différentes. Ainsi, dans "À une femme", la série de césures hétérodoxes est d'autant plus percutante qu'il s'agit d'un sonnet : la discordance atteint ainsi ce qui était sans doute pour le lecteur contemporain une densité sans précédent, ce qui pouvait donner l'impression à un Sainte-Beuve que la césure avait été réellement cassée et non pas seulement "disloquée" (selon le terme hugolien). S'il faudrait nuancer – car il suffit de comparer un tel poème avec certains textes du Rimbaud de 1872 ou du Verlaine de 1873-1874 pour voir comment on casse vraiment un vers composé – il n'empêche que l'une des spécificités de ses pratiques, dès les *Poëmes saturniens*, consiste à faire monter les enjeux, en démultipliant et en concentrant des procédés utilisés généralement de façon assez dispersée par Baudelaire – même s'il est significatif que le seul endroit où il emploie un proclitique en 6e position dans deux vers de suite se trouve lors de l'évocation de la folie humaine dans "Le Voyage"…

• Les décasyllabes

Il serait d'abord prudent de parler de décasyllabes au pluriel plutôt que de parler en termes "du" décasyllabe. Le décasyllabe 4-6, vers composé par excellence du Moyen Âge, toujours massivement utilisé au XVIe siècle et qui continuera malgré la domination de l'alexandrin au XVIIe et au XVIIIe siècles, était considéré très différemment que le décasyllabe 5-5 qui était bien moins prestigieux, étant associé surtout à la chanson. Le 5-5, utilisé au Moyen Âge et au XVIe siècle, sera beaucoup moins visible pendant la période classique, pour réapparaître notamment avec les poètes romantiques.

Dans *Poëmes saturniens*, on trouve le 4-6 en isométrie dans "Crépuscule du soir mystique" et "L'Heure du berger", en combinaison avec le pentasyllabe dans "Sérénade" (voir plus loin la rubrique "Réflexivités et problèmes de discrimination métrique") ; on trouve le

5-5 dans "Résignation", "Promenade sentimentale" et "Le Rossignol" en isométrie, en combinaison avec le pentasyllabe dans "Croquis parisien" et "Marco". Dans *Les Amies*, "Pensionnaires" est en vers 5-5 et "Per amica silentia" en 4-6. Dans *Fêtes galantes*, le 4-6 apparaît dans "Clair de lune", "À la promenade" et "Colloque sentimental" mais le 5-5 ne s'y trouve pas. *La Bonne Chanson* présente deux poèmes en 4-6 et 2 poèmes en 5-5, dont le dernier poème du recueil. Dans *Romances sans paroles*, seule l'ariette oubliée V est en 4-6, le 5-5 étant le mètre utilisé dans la séquence "Birds in the night".

Le seul de ces recueils sans poèmes en 5-5 est *Fêtes galantes* et ce fait pourrait bien s'expliquer par l'idée de Verlaine que ce vers n'était pas vraiment un choix logique pour l'évocation d'une période où ce mètre a été peu utilisé (cf. plus loin un raisonnement similaire concernant l'absence de sonnets, ou du moins de sonnets patents, dans le même recueil).

Les césures de ces poèmes contiennent des phénomènes globalement proches de celles utilisées pour l'alexandrin : des césures *entre substantifs et adjectifs* (4-6 : *A* : "Le glorieux + Stigmate vous décore." (voir [BIVORT, 2000, p. 55]), *FG* : "De qui la main + imperceptible sait" [101] ; 5-5 : *PS* : "De la symphonie + immense des rêves," [82], "Ses yeux, et ce doux + mystère charmait" [83], *RSP* : "Ô quels baisers, quels + enlacements fous !" [146]), *sur proclitiques* (4-6 : *PS* : "Mêle dans une + immense pâmoison" [54], *FG* : "Votre âme est un + paysage choisi" [97], "Tristes sous leurs + déguisements fantasques." [97] ; 5-5 : *PS* : "Communiquant sa + terrible colère," [83], "Et comme pour une + immense accolade" [*OPC* 155], *RSP* : "Je souffrirai d'une + âme résolue." [145], "Vous qui fûtes ma + Belle, ma Chérie," [145]), *sur prépositions monosyllabiques* (5-5 : *PS* : "Le bruit du vent de + la nuit dans un arbre," [83], "Ondulait, et dans + l'ombre des rideaux" [83], *BC* : "Et danse, du sol au + firmament clair." [*OPC* 154]), au milieu d'un mot composé ou en séparant un verbe du pronom postposé dans une construction interrogative (4-6 : *FG* : "Au calme clair + de lune triste et beau," [97], "– Pourquoi voulez- + vous donc qu'il m'en souvienne ?" [122]), *avant la voyelle masculine tonique de mot* (4-6 : *PS* : "Parmi la ma + ladive exhalaison" [54], *A* : "Dans l'ombre mol + lement mystérieuse," [*OB1* 55] ; 5-5 : *PS* : "Qui mélancoli + quement coule auprès," [60]).

Pour le 5-5, il n'existe aucune solution de rechange conventionnelle et on a presque universellement considéré ce mètre incompatible avec le 4-6 et le 6-4. Pour le 4-6, en revanche, la recherche montre que le 6-4 a pu parfois être utilisé comme rythme d'accompagnement ponctuel et considéré sans doute comme l'équivalent, par permutation des hémistiches, du 4-6. Tandis donc que les discordances en 5-5 paraissent pour ainsi dire inescamotables, celles en 4-6 se prêtent parfois à la possibilité d'une lecture 6-4 concordante. Comme l'a montré Benoît de Cornulier, dans certains textes, notamment "L'Heure du berger", Verlaine semble avoir produit exprès la possibilité pour plusieurs vers d'une lecture 4-6 *ou* 6-4 (même si dans le poème en question, il n'y a pas de forte discordance dans l'hypothèse 4-6) et la lecture 6-4 permet de neutraliser plusieurs des discordances les plus grandes ("Au calme clair (+) de lu + ne triste et beau," [97], "– Pourquoi voulez-(+)vous donc + qu'il m'en souvienne ?" [122] "Parmi la ma(+)ladive + exhalaison" [54], *A* : "Dans l'ombre mol(+)lement + mystérieuse," cf. [BIVORT, 2000, p. 55]). Comme pour la possibilité d'une lecture ternaire des alexandrins, il ne faudrait cependant pas en conclure que dans ces vers, la césure 4-6 est simplement à oublier : la pression métrique fait sentir la discordance précisément parce que le lecteur a intégré le rythme 4-6 et, comme l'a montré B. de Cornulier [PRV], une césure au milieu de "ma + ladive" produit très exactement un 4-6 maladif ; de même, la lecture du "Rossignol", pour prendre cette fois un exemple en 5-5, montre que la cacophonie de la césure au milieu de l'adverbe "mélancoli + quement" correspond au bruit des oiseaux criards, probablement des corbeaux, peu amateurs de la concordance classique.

Comme on l'a vu, le 4-6 possède une fonction signalétique dans la genèse des seuils des *Fêtes galantes* tandis que dans les *Poèmes saturniens*, les vers de 5 syllabes et les 5-5 jouent également un rôle de marquage des seuils, avec deux fois la juxtaposition de poèmes présentant les deux modèles principaux de décasyllabes (et une juxtaposition du même type dans *Les Amies*).

Les mètres impairs, fortement liés à la chanson, apparaissent notamment dans les deux poèmes saturniens comportant le mot *chanson* dans leurs titres (*Chanson d'automne* et *La Chanson des ingénues*), mais aussi dans des poèmes qui n'ont aucune connotation chansonnière.

• Les ennéasyllabes

Dans l'ariette oubliée II [126], Verlaine utilise le 3-6 avec une césure entre substantif et adjectif ("contour + subtil") et un autre après proclitique : "Et dans les + lueurs musiciennes,", où l'effet suspensif met en vedette le second hémistiche consistant avec sa formulation synesthésique.

Dans "Bruxelles. Chevaux de bois" [141] comme plus tard dans l'"Art poétique" [OPC 326], Verlaine utilise une mesure tout à fait distincte, le 4-5, d'une manière très concordante.

• L'hendécasyllabe 5-6

Cette mesure apparaît dans l'ariette oubliée IV [128], employée sans discordances. Telle était la mesure utilisée dans les hendécasyllabes de Marceline Desbordes-Valmore, dont ce poème semble pasticher discrètement l'œuvre par son ton, son vocabulaire et sa dimension axiologique.

• Réflexivités et problèmes de discrimination métrique

La critique a été déconcertée par "Croquis parisien" avec ses "bouts de fumée en forme de cinq", sans s'apercevoir que le mot *forme* était la clef pour comprendre cette plaisanterie puisque si l'on pouvait y voir une allusion à la forme justement visuelle de la fumée, ballottée par les rafales du vent pour prendre des formes capricieuses, Verlaine fait évidemment allusion à la forme métrique du poème avec des décasyllabes 5-5 et ses 5-syllabes (comme l'a bien compris J.-S. Chaussivert, "Esthétique du taratantara verlainien", *Revue des sciences humaines*, 35, n° 139, juil.-sept. 1970, p. 401-409).

Or si la combinaison du 5-5 avec le vers de 5 syllabes (cf. aussi "Marco") repose sur une évidente compatibilité des mesures, dans *Les Fleurs du Mal*, Baudelaire avait proposé deux poèmes hétérométriques caractérisés par des combinaisons de vers surprenantes, "La Musique" et "Le Poison", combinant l'alexandrin avec, respectivement, des pentasyllabes et des heptasyllabes, d'où des combinaisons de 5 et de 6 syllabes d'un côté, de 6 et de 7 syllabes de l'autre. Tandis qu'un poème comme "Chanson d'automne" ne pose aucun problème de discrimination métrique parce que ses vers de 3 et de 4 syllabes sont courts, plus on augmente les dimensions des vers, plus la tradition ménage un écart d'au moins deux syllabes entre les mesures utilisées (pour ce concept essentiel de "discrimination métrique" et l'analyse de son intérêt pour les deux poèmes de Baudelaire, on consultera, parmi d'autres travaux de Benoît de Cornulier : "Prosodie : éléments de versification française", in *Théorie de la littérature*, éd. A. Kibédi Varga, Picard, 1981, p. 100 et 123-133 ainsi que "Métrique des Fleurs du Mal", in *Baudelaire,* Les Fleurs du Mal. *L'intériorité de la forme*, SEDES, 1989, p. 64-65). Ce n'est pas une coïncidence si les deux poèmes de Baudelaire développent respectivement une conception nouvelle de la musique, faisant une place stratégique à la discordance, et des altérations de la perception, sous l'influence du vin, de l'opium et de l'amour. Verlaine reprendra cette technique d'une manière différente dans "Sérénade" [71], où l'emploi du décasyllabe 4-6 avec le pentasyllabe produit des mesures de 4, 5 et 6 syllabes, fortement contribuant à l'effet dissonant de cette sérénade parodique à laquelle on est incité à "ouvr[ir son] oreille", pour bien entendre cette "voix aigre et fausse" qui s'exprime dans le choix même de mètres. Dans l'ariette oubliée IX [135], l'illusion d'optique du rossignol et du sujet donne à la combinaison de l'alexandrin avec l'heptasyllabe une signification en droite ligne de ce même choix chez Baudelaire, dans "Le Poison" avec ses mirages délétères, où les yeux de la femme sont des "Lacs où mon âme tremble et se voit à l'envers…" ; le choix métrique de l'ariette n'est pas que le résultat d'une imitation technique, il signale une relation intertextuelle.

Rimes, strophes, formes fixes : quelques pistes de réflexion

Dans *Poëmes saturniens*, *Fêtes galantes* et *Romances sans paroles*, les systèmes rimiques sont souvent d'une extrême complexité. Nous n'aborderons ici que quelques aspects de la question, en renvoyant le lecteur aux travaux récents de Benoît de Cornulier pour l'essentiel : la constitution de systèmes strophiques conventionnels, mais aussi, comme c'est notamment le cas pour certains des "Paysages tristes", de dispositions très personnelles. On sera attentif en particulier à la différence entre des formes strophiques typographiquement délimitées et l'emploi de blocs ou de paragraphes en vers, présentant soit comme c'est souvent le cas dans ce corpus des distiques de rimes suivies, soit des vers mêlés, en fonction de schémas qui peuvent être très complexes comme dans les premiers poèmes des "Paysages tristes". Pour les paragraphes en vers, il est utile d'examiner l'emplacement d'éventuels blancs entre les paragraphes ; on notera par exemple que dans "Prologue", les blancs se trouveront toujours entre des couleurs de rimes différentes (mm//nn) plutôt qu'entre deux occurrences d'une même couleur (m//m) sauf précisément pour le tout dernier blanc qui isole dramatiquement le dernier vers, effet de clausule que l'on peut rapprocher de celui obtenu dans "Initium" par la séparation du vers ultime du dernier quintil [67] ou de l'effet produit par définition par le recours au système de la *terza rima* ou tierce rime (employé dans "Sub urbe" [69], "La Mort de Philippe II" [85] (en 2 séquences), dans "Les Coquillages" [105] ; le vers érotique des "Coquillages" gagne ainsi un relief remarquable, comme l'arrivée des poux à la fin de "La Mort de Philippe II").

Il convient également de noter l'emploi de dispositions typographiques qui ne correspondent pas aux schémas rimiques, comme pour les tercets si importants dans les *Fêtes galantes* qui supposent la présence sous-jacente de sizains rimiques (comme dans la disposition d'un sonnet), ou encore les distiques typographiques de "Spleen" qui sont à lire dans une relation complexe avec le schéma rimique en quatrains de rimes croisées.

Les rimes sont un lieu stratégique dans la production du sens poétique. Cela peut prendre la forme, souvent, de rimes plus ou moins synonymiques, mais tout autant de rimes antonymiques, synecdochiques, etc., le jeu pouvant consister, en vertu d'une technique recommandée par Banville, à produire un maximum d'écart et d'étonnement entre les mots placés à la rime, ou à produire des liens métaphoriques entre des termes que la syntaxe même ne rapproche pas explicitement. Celui qui perçoit le caractère très éloquent de l'enchaînement *faim::bouges::rouges* dans "Nocturne parisien" [79] pourra plus aisément déplier les suggestions politiques du texte, comme ailleurs *libertés::révoltés* ("Grotesques" [51]) ; celui qui lit le début de "Marco" se trompe-t-il en se disant que la rime *hommes::Sodomes* [82] incite à supposer une évocation du désir homosexuel ? Selon la logique officielle, certes, il se trompe ; mais les logiques verlainiennes ne sont justement pas toujours compréhensibles, sont prises en compte d'éléments souterrains et subreptices, ce qui se passe "Sub urbe" éclairant ténébreusement ce qui se passe dans la ville textuelle de surface... Les mots peuvent donc se connecter par contiguïté corporelle (*perruque::nuque* [99]), par réciprocité (*écouteuses::chanteuses* [113]), etc.

La rime peut aider à signaler des calembours, comme lorsque *bas* rimant avec *combats* aide à dévaliser le bloconyme (*combats = *cons* justement *bas*, cf. notre explication de texte portant sur "Dans la grotte"), ou activer un sens étymologique (*bleu::palsambleu* [115]), à produire une suggestivité grivoise (*ridicule::canicule* [107]) ou une complicité des sens... sensuelle (*passions::jouissions* [107]), parfois en activant clandestinement une double duplicité, comme lorsque *baiser* rime avec *causer* dans "Lettre", au moment où le sujet épistolier se demande si cela sert à quelque chose d'écrire la lettre quand il pourrait être en train de faire autre chose. Comme l'a montré Arnaud Bernadet, cette autre chose se donne aussi bien par le second verbe que par le premier, le sens de cette relation étant mis en évidence par la définition de Delvau : "CAUSER. Faire l'amour. C'est par antiphrase, sans doute, puisqu'on ne parle guère lorsqu'on baise : on a trop à faire pour cela." cf. [BERNADET, "César et Cléopâtre : la véritable philosophie de la Lettre"]. On peut aussi construire des passerelles récurrentes comme *jupes::dupes* au début du poème "Les Ingénus" [103], qui reviendra à la fin de "Colombine", suggérant un lien ludiquement précis entre les deux termes de ce rapprochement.

Dans "Résignation", la question de la richesse de la rime sera posée par la haine pour la "rime assonante", la rime étant liée à la richesse exotique évoquée en début de sonnet, avec cependant ensuite un relatif appauvrissement. Verlaine dira lui-même dans sa "Critique des *Poèmes saturniens*" qu'il avait eu recours à de "fréquentes allitérations, quelque chose comme l'assonance souvent dans le corps du vers, rimes plutôt rares que riches, le mot propre écarté des fois à dessein ou presque" [*Pr* 720] ; de manière générale, il aura tendance à utiliser la consonne d'appui exigée par Banville et d'autres adeptes du retour à des rimes moins pauvres que celles de beaucoup de poètes romantiques (Musset étant selon cette perspective l'exemple même des pratiques rimiques qu'il fallait condamner), ce qui se voit très nettement dans la manière dont il a repris un poème de Tardieu pour écrire "Marco" : les rimes chansonnières très pauvres du modèle sont nettement enrichies chez Verlaine.

• **Rimes d'inclusion**

On remarquera dans certains textes une prolifération de rimes où l'un des mots se trouve contenu dans l'autre. Un exemple particulièrement net est le poème liminaire des *Poëmes saturniens* où les inclusions sont proportionnellement nombreuses, que le terme emboîté précède ou suit le terme emboîtant. Dans "Les Sages d'autrefois [...]", il y a du reste une tendance au renversement du procédé, on commence par le mouvement vers l'emboîté (*désastres* = *astres*, *nécromanciens* = *anciens*), pour ensuite repartir dans le sens inverse (*bile* = *débile*, *roule* = *s'écroule*, *tels* = *mortels*, *ligne* = *maligne*). Chez Hugo comme chez Banville, la rime d'inclusion peut être une source d'effets humoristiques percutants. Si des rimes comme *maroufles::pantoufles* sont comiques sans besoin de l'effet des "rimes-gigognes" (terme de Jacques Bienvenu, "Intertextualités rimbaldiennes : Banville, Mallarmé, Charles Cros", *Parade sauvage*, 21, 2007, p. 72-73), *puce::capuce* [118] doit une part de son effet comique à l'inclusion et des rimes comportant des mots que l'on dirait en soi moins prédestinés à un emploi comique comme *troubadour::l'Adour* [78] ou *vestibule::Tibulle* [84] laissent entendre tout de même un humour implicite qui permet de cerner des aspects des poèmes qui ne sont pas signifiés littéralement (la reprise ironique de clichés, le caractère satirique d'un portrait...).

• **L'alternance en genre**

Dans ces recueils, Verlaine montre un grand respect pour les règles concernant les terminaisons de vers et si, par exemple, on trouve dans l'édition originale deux rimes qui font entorse à ces conventions : *lambeaux::flambeaux::tombeau* dans "La Mort de Philippe II" et *profonds::fond* dans "Épilogue", il est évident que le premier exemple résulte d'une coquille et il en va sans doute de même pour le second. Verlaine respecte la règle selon laquelle un mot se terminant par l'une des lettres *s*, *x* ou *z* doit rimer avec un ou des mot(s) se terminant par l'une de ces trois lettres.

Pour l'alternance en genre, en revanche, les entorses sont multiples. Dès les *Poëmes saturniens*, on trouve, outre des ruptures d'alternance interstrophiques localisées, deux poèmes entièrement écrits en rimes masculines, "Croquis parisien" et "Un dahlia". Dans le premier poème, il n'est pas facile d'identifier les motivations de ce choix. Dans "Un dahlia", Verlaine semble principalement sous-entendre le manque de féminité de l'idole qu'est cette fleur "roi", un peu comme dans "Ciel brouillé" Baudelaire avait évoqué une femme en train de vieillir en rimes masculines, sans doute pour suggérer une perte de féminité comme celle des "Petites Vieilles" ("Ces monstres disloqués furent jadis des femmes"). Dans *Les Amies*, les six sonnets en rimes uniquement féminines renvoient à la méthode mise en place par Banville dans "Érinna" où le poète motivait explicitement ce procédé par le contenu saphique du poème ; complémentairement, "Henri III" et "César Borgia" (il ne s'agit pas du poème saturnien de ce titre), présentent des sujets homosexuels en rimes masculines. Malgré Baudelaire et Banville, ces abrogations (ponctuelles) de l'alternance étaient assez rares toujours à l'époque dans la poésie sérieuse, mais courante dans la chanson. Dans *Fêtes galantes*, "Mandoline" ne présente que des rimes féminines, tandis qu'"En sourdine" présente uniquement des rimes masculines et "L'Amour par terre" une alternance par strophe (les strophes 1 et 3 étant masculines, 2 et 4 féminines). Dans *Romances sans paroles*, les ariettes oubliées II, IV, VIII et IX sont en rimes féminines ; le diptyque composant "Bruxelles. Simples fresques" présente un volet féminin, suivi d'un volet masculin ; "Bruxelles. Chevaux de bois" et "Birds in the night" offrent l'alternance par strophe. Dans "Streets I" seul le refrain comporte une rime féminine, les tercets étant masculins. Que "Child Wife" soit écrit uniquement en rimes masculines peut suggérer le manque de féminité de la femme représentée…

Le cas le plus surprenant pour un lecteur de l'époque sera cependant l'ariette oubliée VI [130], qui présente des quatrains à rimes croisés sur le plan des couleurs (abab) tandis que les rimes sont embrassées sur le plan des genres (fmmf mffm…), la technique consistant à faire systématiquement rimer un mot féminin avec un mot masculin, avec cependant une rime terminale défectueuse : "arrive/naïf", jouant sur le voisement et son absence, mais liée aussi sans doute à l'idée même d'inattention dans l'avant-dernier vers du poème ("Voici que la nuit vraie <u>arrive</u>…/Cependant jamais fatigué/D'être inattentif et <u>naïf</u>,/François-les-bas-bleus s'en égaie.") et à l'idée, à la fin de l'avant-dernier quatrain, "De la rime non attrapée !…"… qui arrive aussitôt. Cette technique provient tout droit de Banville, l'un des plus grands maîtres de ces révisions apportées à l'alternance, dans "Élégie"

(*Les Stalactites*) : "Tombez dans mon cœur, souvenir confus,/Du haut des branches touffues !//Oh ! parle-moi d'elle, antres et rochers,/Retraites à tous cachées.//Parlez, parlez d'elle, ô sentiers fleuris/Bois, ruisseaux, vertes prairies !//Ô charmes amers ! dans ce frais décor/Elle m'apparaît encore. […]"

On remarquera que dans tous les cas, Verlaine – comme Baudelaire et Banville – résout par la "monogonie" (selon le terme de Dominique Billy) ou par une forme d'alternance différente le problème de la gestion des *e* féminins à la rime qui a été à l'origine de la règle d'alternance. Il n'y a donc pas, comme chez Rimbaud en 1872, de dispositions franchement aléatoires des genres des rimes, mais chaque fois un système étanche (avec la petite exception terminale que l'on vient de voir pour l'ariette VI). Sur l'ensemble de cette question, voir notamment Alain Chevrier, *Le Sexe des rimes*, Les Belles Lettres, 1996.

• Le sonnet

Le sonnet joue un rôle décisif dans les *Poëmes saturniens*, en partie parce que cette forme censément fixe a fait preuve en réalité d'une grande élasticité. Son statut de forme poétique brève et la relative complexité des contraintes expliquent cette "beauté pythagorique" du sonnet évoquée par Baudelaire, d'où une énergie comprimée que la lecture libère, quel que soit le domaine thématique concerné : "Parce que la forme est contraignante, l'idée jaillit plus intense. Tout va bien au sonnet, la bouffonnerie, la galanterie, la passion, la rêverie, la méditation philosophique." (Lettre du 18 février 1860).

Importé de l'Italie, le sonnet si important à la Renaissance perdra beaucoup de son prestige à cause en partie sans doute d'une saturation du marché, la mode du sonnet étant pléthorique, mais à cause aussi des valeurs du classicisme. Le sonnet allait du coup être relégué aux marges de la poésie et, au XVIIIe siècle, entrer en pleine éclipse. La redécouverte des poètes de la Pléiade par Sainte-Beuve notamment, conduira certains poètes romantiques à cultiver le sonnet (Sainte-Beuve lui-même, mais aussi Musset et Nerval) et si Lamartine et Hugo y verront une forme maniérée peu compatible avec leur conception du lyrisme, le sonnet sera utilisé massivement par les poètes des années 1850 et 1860, Gautier, Banville, mais aussi, en particulier, Baudelaire, qui accorde une place décisive au sonnet dans *Les Fleurs du Mal*.

Dans son *Petit Traité de poésie française* (publié sous forme de livre en 1872), Banville n'admettra qu'une forme "régulière" de sonnet : abba abba ccd ede, la forme que l'on qualifiera plus tard de "française", ne concédant même pas l'appellation "sonnet régulier" au schéma marotique ou "italien" abba abba ccd eed. Cette notion de régularité est en réalité peu discriminante pour l'évaluation des sonnets. Il faudrait plutôt évaluer la fréquence et la force des écarts à partir de tels schémas prototypiques du sonnet.

Dans les *Poëmes saturniens*, les sonnets ne se trouvent que dans deux sections, "Melancholia" et "Caprices", choix qui joue ainsi un rôle dans l'organisation globale du recueil. On y trouve quatre fois le recours au modèle "français", nous conserverons par commodité ce terme... à vrai dire peu approprié, ("Après trois ans", "Vœu", "Mon rêve familier", "L'Angoisse") et deux emplois de son homologue "italien" ("Une grande dame", "Monsieur Prudhomme"). On observera que si la moitié des 8 sonnets de "Melancholia" adoptent le premier schéma, 2 des 3 sonnets de "Caprices" adoptent le second. Ce ne sont que des symptômes de la manière dont Verlaine dispose souvent des poèmes en fonction de choix formels et non seulement thématiques. Les schémas de "Lassitude" (abba baab ccd eed), "À une femme" (abba abba cdc dee) et "Femme et chatte" (abab abab ccd ede) sont certes moins typiques, mais ne comportent rien d'extravagant à une époque où le sonnet reste une forme polymorphe. On ne peut en dire autant pour "Résignation" et "Nevermore [1]".

Si le sonnet le moins typique de "Caprices", "Femme et chatte" avec ses rimes croisées dans les quatrains et son recours à l'octosyllabe, se trouve en tête de section, parmi les 8 sonnets de "Melancholia" les exemples les plus étonnants sont justement les deux premiers ; si le choix de placer "Résignation" juste après "Prologue" a sans doute été motivé en partie par la ressemblance entre leurs systèmes temporels binaires et par le thème partagé de la résignation, ce sonnet "renversé" doit surtout son emplacement au choc qu'il devait procurer au lecteur, exacerbé par l'emploi du 5-5, suivi par l'autre sonnet le plus surprenant du recueil. Dans *Les Amies*, le sonnet renversé "Sappho" [*OPC* 489] se trouve pour sa part en dernière place dans la série : encore, évidemment, une place stratégique.

Le sonnet renversé, comportant une signification métaphorique déjà relevée avait déjà été utilisé pour produire des paradoxes et renversements par Brizeux et Soulary (de façon surtout humoristique par ce dernier) mais Verlaine a sans doute été particulièrement frappé par "Bien loin d'ici" de Baudelaire, qui avait été republié dans le premier volume du *Parnasse contemporain*, sonnet étonnant qui ajoutait au formatage renversé 3344 un schéma rimique décapant. De même que le sonnet baudelairien évoquait une scène exotique dans une forme *bien loin* de celles du sonnet *d'ici*, le sonnet verlainien commence précisément par des rêves exotiques qui rendent particulièrement approprié le choix de cette forme de sonnet exotique, démontant par un paradoxe pragmatique évident l'idée de la résignation (ce n'est pas un versificateur résigné qui procède ainsi, mais plutôt un poète révolté). Dans "Nevermore [I]", le choix de fournir des quatrains monorimes (aaaa bbbb) est à nouveau légitimé par le sens même du poème puisque ce système contribue puissamment à la monotonie ou à l'atonie de l'évocation mélancolique. Il ne s'agit pas d'un choix absolument neuf (Philothée O'Neddy avait fait de même...), mais cela restait pour le moins un choix excentrique.

Il n'existe, dans les *Romances sans paroles*, aucune forme fixe. Dans les *Fêtes galantes*, une polémique a opposé récemment deux conceptions de "L'Allée" [100]. D'un côté, Jean-Louis Aroui a proposé dans son étude magistrale du sonnet verlainien de justifier l'hypothèse suivant laquelle le poème était un sonnet renversé déguisé, de l'autre, Alain Chevrier a répliqué qu'il s'agissait en réalité de vers mêlés. Dernier stade (du moins pour l'instant) du débat, J.-L. Aroui a concilié les deux hypothèses : il s'agirait d'un sonnet renversé déguisé précisément en vers mêlés (voir Jean-Louis Aroui, "Métrique des sonnets verlainiens", *RV*, 7, 2002, p. 149-268, Alain Chevrier, "L'Allée n'est pas un sonnet : réfutation d'une hypothèse", *RV*, 9, 2004, p. 124-133, J.-L. Aroui, "L'Allée : sonnet renversé ou rimes mêlées ?", *RV*, 10, 2007, p. 14-26). La solution paraît probante. D'une part, il apparaît clairement que la ponctuation même du poème marque bien les articulations rimiques du sonnet. D'autre part, un faisceau d'indices pragmatiques donne à une telle procédure une évidente pertinence :

1° le texte montre une femme en train de lire un livre avec une grande attention et de regarder de près un certain nombre de "détails" qui la font sourire : cette lecture rusée des éléments érotiques apparemment "si vagues" s'apparente à ce que doit faire le lecteur en lisant le poème, sur le plan érotique, mais aussi sans doute sur le plan du "refoulé" formel ;

2° au XVIIIᵉ siècle, épicentre de la période évoquée par le recueil, le sonnet a une existence... des plus confidentielles, ce poème présentant ainsi un formatage rimique qui apparemment se conforme à une option typique de la période (vers mêlés), tout en présentant clandestinement une forme fixe ;

3° le recours à un sonnet renversé a chez Verlaine une signification homosexuelle à peu près invariable pour la période allant jusqu'à *Sagesse* (y compris lorsqu'il s'agit plutôt en principe d'essayer de répudier l'homosexualité), ce qui rend possible l'hypothèse selon laquelle la femme s'amuse grâce à des lectures saphiques ;

4° comme on l'a vu plus haut pour "La Beauté" de Baudelaire, l'une des catégories de sonnets hétérodoxes est celle qu'on a pu qualifier de "sonnet libertin" au sens de sonnet qui ne respecte pas ce que Baudelaire appelle la loi de la quadruple rime : on change de couleurs dans les rimes du second quatrain, ce qui réduit sensiblement les contraintes auxquelles se confronte le sonnettiste. Aucun des sonnets de Verlaine dans les *Poëmes saturniens* et la plaquette de six sonnets des *Amies* ne présente cette particularité très fréquente dans *Les Fleurs du Mal* (et dans le premier *Parnasse contemporain*, les amateurs de Baudelaire se reconnaissent par leur recours à ce procédé) mais cette lectrice libertine de "L'Allée" se trouve bien dans un sonnet libertin camouflé.

Ainsi, la disparition du sonnet serait en partie une illusion, la fête galante étant à creuser sur le plan formel aussi...

Il aurait fallu pousser plus loin ici l'analyse des formes de répétition dans le recueil, comme l'emploi des quintils à vers répétés très liés à l'emploi de ce genre de forme dans *Les Fleurs du Mal*, l'emploi de formes "hyper-répétitives" avoisinant le pantoum dans les trois premiers poèmes des "Paysages tristes", avec leur ressemblance, de loin, au pantoum "Harmonie du soir" de Baudelaire (voir Alain Chevrier, "La forme pantoum chez Verlaine", *RV*, 10, p. 121-148), ou la manière dont, comme le montre Benoît de Cornulier, les mots et segments rythmiques sont calés et décalés lors de déplacements à l'intérieur du système rythmique des poèmes, ou encore revenir avec plus de précision sur l'organisation des recueils où il nous a été difficile de rendre justice pleinement aux stratégies dispositionnelles du poète. (Pour une lecture très précise de la disposition des *Romances sans paroles*, voir Christian Hervé, "Un livre de contradictions", *Eur*, p. 74-86.) C'est peu dire que la versification verlainienne est d'une extrême richesse, ses contributions au premier volume du *Parnasse contemporain* étant plus audacieuses que celles de la plupart des collaborateurs (mais on notera par exemple les sonnets très étonnants de Baudelaire, "L'Avertisseur" et "Bien loin d'ici"). Il n'empêche que le Parnasse a été un véritable creuset d'expériences formelles, ces expériences prolongeant celles de Hugo et du romantisme sans solution de continuité. Le Parnasse a donc bien contribué, à sa petite manière, à faire bouger l'ordre prosodique.

APPROCHE STYLISTICO-GRAMMATICALE

Un style "des plus faciles"

• Trans-sémiotique ?

La poésie (ou la poétique) verlainienne, est, comme on sait, sempiternellement "raccrochée" à la peinture et à la (petite) musique. La faute à Verlaine lui-même. Et ce ne sont pas des titres comme *Les Fêtes galantes* (référence à Watteau) et comme *Romances sans paroles* (renvoi à Mendelssohn) qui vont infirmer l'"évidence" de ces correspondances. Un titre comme "**Romances sans paroles**", est considéré par la tradition rhétorique et par les théoriciens du style comme une "réunion de contraires", comme un oxymore (Gérard Genette, par exemple, commente ainsi le titre de Mendelssohn : "romance sans paroles, lied sans poème, comme on dit 'obscure clarté' ou 'glorieuse bassesse'" *Figures IV*, p. 113). On gagnerait pourtant à rebaptiser la figure, par exemple, et au risque du néologisme, une "schizologie" (Il faut peut-être préférer ce terme "barbare" à un nom immédiatement parlant (comme "découplage", "dissociation" ou "désunion"), pour sa construction et ses connotations : d'un côté, la prétention "logique" (dite par le suffixe), de l'autre, la coupure "folle".). Car la "schizologie" ne peut être tout à fait assimilée à un oxymore même et surtout si les deux mécanismes sont analysables en termes de réciprocité : l'oxymore joint deux éléments que tout oppose, la schizologie disjoint deux éléments que tout rapproche. Là où l'oxymore propose une "alliance" inespérée, la schizologie tente une séparation qui semble désespérée. Le modèle (ou le prétexte) de l'"amuïssement", chez Verlaine, est peut-être à chercher dans le "mysticisme", voire l'"hésychasme", la prière sans paroles. En fait, il n'y a, évidemment, que des paroles (des éclats de voix et de discours). La "schizologie" verlainienne n'est que l'envers de deux autres "oxymores" : les poèmes-peintures, et les poèmes-musique, dont la figure cherche à accréditer l'existence. Avec Verlaine, tout commence(rait) par des tableaux et des chansons. Au risque d'une lapalissade qui pourrait bien passer pour un paradoxe, l'analyse grammaticale et stylistique vient remettre en question ces "analogies" : Verlaine c'est aussi (et d'abord) de la langue et du style (ce qui n'empêche en rien les interférences).

• Légèreté

Sur Verlaine, une mythologie, parmi d'autres, mais plus que d'autres, continue encore à (ou de) courir : celle de la "légèreté" d'une écriture a-rhétorique. On pourrait, pour en illustrer le principe, mentionner la position tranchante d'un Jean-Luc Steinmetz : "À l'heure présente où l'on se fait un devoir de mesurer avec soin les artifices de la littérature et de dénombrer les figures de style, il est évident que la démarche de Verlaine ne peut qu'irriter" ("Sur les *Romances sans paroles*", *L'École des lettres*, éd. Steve Murphy, n° 14, juillet 1996, p. 111). Alors que le "Mythe de Rimbaud" repose sur une complexité qu'il s'agirait de relativiser voire de dénier (comme le voulait Etiemble), le "Mythe de Verlaine" se fonde sur une Simplicité qu'il faudrait respecter – les deux techniques, qui reviennent évidemment au même, entraînant dans les délices et les risques de la sous-interprétation. Il faut pourtant en rabattre sur le mythe du discours "simple", débarrassé de tout procédé, et qui se refuserait à l'analyse : la stylisation n'est pas l'absence de style, au contraire (ce serait plutôt sa quintessence).

• Autocommentaires

Autre écueil, et peut-être plus dangereux encore : Verlaine est un commentateur, et subtilissime, de lui-même. Malgré les inévitables dénégations d'usage (du genre : "JE N'AURAI JAMAIS FAIT DE THÉORIE", dont le futur antérieur sonne comme une prosopopée posthume), le "Pauvre Lélian" fait preuve d'une conscience réflexive aiguë et (hélas ou tant mieux) perverse. C'est le poète de l'autopastiche-autoparodie ("À la manière de Paul Verlaine"), et c'est un redoutable *heautonexegoumenos*. Non seulement dans le fameux, trop fameux "Art poétique", mais au-delà : "J'ai dit :/Rien de plus cher que la chanson grise/Où l'indécis au précis se joint./Mais il serait des plus faciles à quelqu'un qui croirait que cela en valût la peine, de retracer les pentes d'habitude devenues le lit, profond ou non, clair ou bourbeux, où s'écoulent mon style et ma manière actuels, notamment l'un peu déjà libre versification, enjambements et rejets dépendant plus généralement des deux césures avoisinantes, fréquentes allitérations, quelque chose comme de l'assonance souvent dans le corps du vers, rimes plutôt rares que riches, le mot propre évité des fois à dessein ou presque. En même temps la pensée triste et voulue telle ou crue voulue telle. En quoi j'ai changé partiellement. La sincérité, et, à ses fins, l'impression du moment suivie à la lettre sont ma règle préférée aujourd'hui. Je dis préférée, car rien d'absolu. Tout vraiment est, doit être nuance. [...]" ("Critique des *Poèmes Saturniens*", *La Revue d'aujourd'hui*, 15 mars 1890). Verlaine ? Il coupe l'herbe sous le pied, Verlaine. Et il la coupe de façon terriblement (malicieusement) ambiguë. Comment, par exemple, comprendre le "doit être" final, comme un impératif catégorique ou comme une supputation hypothétique ? Toutes les assertions sont ici modalisées, modulées, nuancées, et, de précautions en épanorthoses, les retouches et les repentirs sont tels que tout le métadiscours tend à s'annuler, à annihiler son objet (un peu comme le "couteau sans lame auquel il manque le manche" de Lichtenberg). Comme si le propre ou le rôle de l'autocommentaire était de détruire *systématiquement* son objet.

• Masques, galimathias, philomathie

En tout cas, une chose est sûre, quoiqu'elle reste encore un peu méconnue ou sous-estimée : Verlaine est l'homme du "système" : c'est le mot qu'il emploie lui-même en 1873 (voir à ce sujet Eleonore M. Zimmermann, *Magies de Verlaine*, Slatkine, Genève-Paris, 1981, p. 89-123). Et dans ce système, qui mixe élégie et satire en de savants accords discords, entre une part non négligeable d'ironie et d'auto-ironie. En matière de style, personne n'est a priori innocent, n'importe quel "acteur" (*persona*, instance énonciative) peut porter le masque du pastiche, de la parodie ou de la distanciation. Comme suffit presque à le montrer, dans les *Fêtes galantes*, le titre primitif d'**"À Clymène"** : **"Galimathias** (*sic*) **double"**. Littré précise bien la visée de la satire, et son origine "classique" (il attribue le distinguo à Boileau) : contrairement au galimatias "simple" (simplement incompréhensible pour le destinataire), le "double" met en jeu un discours "où l'auteur ne se comprend pas lui-même", un discours "inintelligible à celui qui le fait et à celui qui l'écoute". Tel serait le cas du "jargon de religiosité" qui informe ou désinforme le poème. Encore faut-il comprendre comment se construit, dans "À Clymène", ce double malentendu, qui, par ailleurs, rend hommage aux "correspondances" de Baudelaire, et annonce (dès son deuxième vers) le titre d'un futur recueil de Verlaine. Qui ici "entend mal", et quoi ? Dans le "galimathias" autocensuré, il y a peut-être ironie sur l'ironie, ironie au carré, et la double incompréhension n'est sans doute pas là où on la croit. La graphie même du mot, le h en sus, archaïque, préclassique (Montaigne, 1580) en dit long, dès lors qu'elle commémore un lapsus, et faux (apocryphe) : "On a dit que galimatias venait de ce qu'un avocat, plaidant en latin pour Mathias, dans une affaire où il s'agissait d'un coq, s'embrouilla au point de dire *galli Mathias* au lieu de *Gallus Mathiae* ; mais l'anecdote a été inventée pour fournir l'étymologie" (Littré). D'autres possibles étymologiques ont été évoqués (comme le rappelle le *Dictionnaire historique* d'Alain Rey), qui rattachent le mot à des psalmodies parodiques (grec *Kata Matthion*, "selon (saint) Mattieu"), au verbe *galer* ("s'amuser, se moquer"), ou au jargon des étudiants (*gallus* = coq, étudiant + suffixe "mathie" = science). Quoi qu'il en soit, on le voit, il vaut mieux être un peu "philomathe" quand on lit Rimbaud et Verlaine.

• Duperies

Mais, de toute façon, et quelque précaution qu'on prenne, le risque est grand de venir grossir le "troupeau/De dupes ?" des lecteurs de Verlaine ["Colombine", 119]. D'autant que les pièges n'épargnent personne : "Nous fûmes dupes, vous et moi" ["En patinant", 106]. Et d'autant qu'il peut y avoir du plaisir à se laisser duper : "et nous aimions ce jeu de dupes" ["Les Ingénus", 103]. Le discours verlainien mêle l'ingénuité à l'ingéniosité, et tend à faire de nous une dupe heureuse (complice). Il nous laisse, non sans perversité, à nos risques et périls, le soin et le souci d'ausculter les signes et leurs nuances.

• Corpus et "connexité"

Quant au corpus en diptyque qui est ici le nôtre (*Fêtes galantes*, *Romances sans paroles*), il provoque une tension, une hésitation inévitable entre approche singulière de chaque recueil et visée synoptique, entre autarcie et "connexité". On a opté ici pour une lecture transversale. Non pas parce que, d'un recueil à l'autre, on (re)trouverait le "même style", mais, au contraire, parce qu'on trouve plusieurs styles dans un même recueil. Tout se joue toujours dans la polyphonie, voire la cacophonie et l'aphonie (le bruissement, l'amuïssement). Autre raison de la translecture : les deux recueils s'interpénètrent et s'entre-interprètent. Le titre du second, "romances sans paroles", est inclus dans le premier, le dernier mot du premier ("paroles", au reste inaudibles) figure dans le titre du second, etc. Et les questions que de telles "continuités" (ou contiguïtés) soulèvent tendent à franchir la frontière des œuvres, au nombre desquelles : les troubles de la mimèsis et le goût pour la mimophonie (le fétichisme des "voix").

• Polyphonie, titrologie

Une lettre de Rimbaud à Izambard contient un célébrissime verdict sur les *Fêtes galantes* : "C'est fort bizarre, très drôle ; mais vraiment, c'est adorable. Parfois de fortes licences : ainsi,/Et la tigresse épou – vantable d'Hyrcanie/est un vers de ce volume." C'est un curieux mélange que celui-là, une alliance "monstre" que celle du bizarre-drôle-adorable-licencieux, et Rimbaud "vante" ici, à sa façon, la "tigresse épou(x)". De fait, les *Fêtes galantes* sont constituées de registres éclectiques, informées par toute une "polyphonie" (avec un côté saturnales, bakhtinien), traversées par une espèce de "cacophonie", entre éclats de voix (dysphonies) et dialogues de sourds (dysphories). Il n'y aurait pourtant là "aucune disparate" (Robichez, 81), ou plutôt, il y aurait une sorte d'habit d'Arlequin, de pièces raboutées, de patchwork concerté, de rhapsodie subtile. Les recueils, en cela, seraient à la fois composites et composés. L'un des indices majeurs du "système" des différences, du travail d'ajointement-marqueterie, pointe sans doute dans/dès le jeu des intertitres, compte tenu des échos (homéotéleutes, assonances, contre-assonances, rimes senées, variations morphologiques, etc.) qui les rapprochent et les séparent. Pensons, dans les *Fêtes galantes*, à la séquence *ime-ine* de Pantom*ime*-Mandol*ine*-Colomb*ine*-En sourd*ine*, au couple contre-assonantique Clair *de lune*-Man*do*line, à Clym*ène*-Colomb*ine*, à Clym*ène*-Cyth*ère*, à *Co*lombine-*Col*loque, à *En* patinant-*En* bateau-*En* sourdine, à *À* la pro*men*ade-*À* Clymène, à *Les In*génus-*Les In*dolents, à *Sur* l'herbe-*Dans* la grotte-*par* terre, etc. De même, et de façon plus patente encore, dans les *Romances sans paroles*, pour la suite onomastique (la solidarité toponymique) de la section des *Paysages belges*, ou pour la "chaîne" anglaise des *Aquarelles* ("Green", "Spleen", "Streets", "Beams"). Il s'agit, dans tous les cas, de *faire tenir ensemble* – de "recueillir" – ce qui ne va pas forcément ensemble.

• Avertissements

On a pris le parti (fait le pari) d'entrelacer ici les remarques "pure-ment" grammaticales et les analyses stylistiques. À chacun de faire le "départ" entre ces deux approches, ce qui est une façon "active" de lire cette section, et peut-être, paradoxalement, la meilleure, au-delà du pré-mâché, de préparer un concours de recutement.

On a pris aussi le risque, à titre heuristique, de quelques interpré-tations "osées", partant du principe que la recherche stylistico-gram-maticale est aussi (et d'abord) une herméneutique, dont les "critères de validité" restent, ou devraient rester, idéalement, objet perpétuel d'interrogation.

Pour plus de commodité dans les repérages, seront indiquées en gras (comme c'est le cas, *supra*, pour "galimathias double") les unités commentées.

L'hétéroclite lexical

Comme l'a bien souligné Barthes, le "plaisir du texte" peut venir d'une "hétérologie", de la rencontre de deux codes antagonistes. C'est ce qui se produit, par exemple, quand le noble et le trivial entrent en contact. De telles rencontres, au charme calculé et sophistiqué, sont souvent à l'œuvre dans l'idiolecte verlainien.

De l'importance accordée à la "variation diachronique", du goût pour les effets archaïsants, les signes sont nombreux et évidents.

À commencer par les **"latinismes"**.

– Signalons, à titre d'illustration, et parmi les latinismes (à valeur ambiguë) d'"À Clymène" [114], l'**"alme"** des "almes cadences", *v.* 17 (l'adjectif apparaît aussi dans le "Prologue" [35] des *Poèmes saturniens*, au *v.* 17). Derrière cet "alme", peut-être, ou sans doute, l'Écolier limousin de Rabelais (chapitre VI de *Pantagruel*) : "De l'alme, inclyte et celebre academie que l'on vocite Lutèce". Cette façon de relatiniser le français est, selon toute apparence, objet de satire (dès 1529, dans sa préface au *Champ fleury*, Geoffroy Tory, avait épinglé ce mot, entre autres, et stigmatisé les "écumeurs de latin" qui viennent "corrompre et difformer" la langue française). Là où les ennuis (interprétatifs) commencent, c'est que Rabelais use plus tard "sérieusement" de l'adjectif (au chapitre XLVIII du *Tiers Livre*), comme Ronsard, par exemple (dans son *Hymne de Bacchus, v.* 229). Ni comme "nouveaux", ni comme archaïsants, les effets de sens ne sont garantis. Après tout *almus* jouit d'un spectre sémantique favorable = "nourrissant, bienfaisant" (*alma mater* = l'Université). Intertextuellement, le tiraillement continue : l'adjectif appartient en plein au "latin d'église" (*Ave Maria stella/Dei mater alma*), de même qu'il s'inscrit dans un héritage poétique classique : Virgile aimait cette épithète *lux… alma* (*Énéide*, VIII, 455) et l'appliquait souvent aux divinités.

– Autre exemple d'archaïsme : l'emploi de l'adjectif "amène" ("Pleins d'une bienveillance amène", **"En patinant"** [107]). L'épithète représente ici ce que Littré, dans son *Supplément*, appelle, assez oxymoriquement, un "latinisme néologique". Il ne peut que faire penser au topos du *locus amoenus*. C'est là (selon le diagnostic de Claude Cuénot) "un mot rare et recherché, bien à sa place dans les *Fêtes galantes*".

– Sur l'hypothèse d'un (éventuel) **"hellénisme"**, v. Sur quelques "fausses fautes" de Verlaine).

– Les "médiévismes"

Ils sont (ou ils paraissent) légion.

– Signalons simplement ici le **"fors (de)"** (< lat. classique *foris* = "dehors"), qui sert de chute au "Spleen" des *Romances sans paroles* [149], **"Et de tout, fors de vous, hélas !"**, et qui n'est pas sans évoquer Villon et sa *Ballade des menus propos* : "Je connois tout, fors que moi-même". En fait, le mot ne serait devenu "archaïque" qu'à la fin du siècle classique : Richelet (1680) et l'Académie (1694) le donnent comme sorti d'usage.

– Un indatable/indécidable

– Le modalisateur "quasi", suspendu à la rime, inaugure quasiment notre corpus (**"Clair de lune"** [97]) : **"quasi/Tristes"**. "Quasi" mêle les langues et les temps : il est venu du latin, par l'italien. L'adverbe s'emploie à mettre en crise légère le sémantisme adjectival, au risque de la méprise. Que signifie, au juste, "quasi/Tristes" ? Il y a une ambiguïté irréductible de la tristesse inaugurale. Le modalisateur-modulateur "Quasi" est toujours-déjà archaïque, moderne-vieux, comme le souligne Littré : "*Quasi* en français est un mot moderne qui paraît appartenir au XVIᵉ siècle ; il a été tiré probablement de l'italien". Mais le lexicographe avait remarqué, plus haut : "Les puristes du XVIIᵉ siècle déclaraient quasi un terme vieilli, bien qu'employé par les meilleurs auteurs. Aujourd'hui l'usage n'est pas complètement revenu en sa faveur ; toutefois il ne faut pas hésiter à s'en servir." Rien d'étonnant à ce qu'il ait séduit Verlaine, qui l'emploie *quasi ludendo*, et peut-être tragiquement.

– Trivialismes et/ou cataglottismes

– Les familiarités (trivialismes) sont susceptibles de surgir partout, comme c'est le cas, par exemple, du **"Vertigo"** d'"**En patinant"** [107]. Emprunté au latin, entré dans la langue au XVᵉ siècle, il réfère à un mouvement de rotation, de vertige. Il figure déjà chez Molière et Beaumarchais avec un sens analogue. Le mot s'est employé, au figuré, dans le sens de "caprice, fantaisie" (1622) et est sorti d'usage au XIXᵉ siècle. Comme mot technique (disance médicale), il renvoie, depuis Paré, à une maladie du cheval et du mouton. C'est, selon le diagnostic de Claude Cuénot, un terme "rare, légèrement prétentieux et surtout méprisant". Le sens animalisant réveille peut-être ici, par contagion, l'étymologie de "canicule" (< lat. *canicula* = "petite chienne"). On sait que, dans "Sur l'herbe", est émis le souhait d'"être petit chien" [99].

– On commentera, au passage, d'autres trivialismes et prosaïsmes. Mais il faut surtout noter que le registre de langue, chez Verlaine, n'est jamais très sûr. Comment comprendre, par exemple, les **"(Mélancoliques)**

pèlerins" du **"Faune"** [112] ? Ce peut être, bien sûr, un renvoi à l'*Embarquement pour Cythère* de Watteau (une gravure de Watteau a pour légende *Pelerins de l'Isle de Cythère*). Mais "pèlerins" signifie aussi, en langue familière, comme le rappelle Littré : "personne, individu" au sens trivial (cf. "Si tu connaissais le pèlerin", *Molière* Dom Juan). Une sorte d'oxymore tonal, alors, menace le poème, et installe peut-être le blasphème au cœur du sacré.

– Du côté des mots rares (cataglottisme), épinglons l'adjectif **"incarnadine"** (**"L'Allée"** [100]. Cette épithète apparaît dans la poésie précieuse (par exemple chez Claude Malleville, chez Voiture). Le sens chromatique est assez difficile à établir et repose sur un jeu de renvoi : "incarnadine" signifie "de couleur d'incarnat, mais plus faible", et "incarnat" : "d'une couleur entre la couleur de cerise et la couleur de rose". Entre le "entre" et l'effet d'affadissement, tout repose sur la moire, et sur la nuance. Verlaine aurait, en outre, comme l'a noté Claude Cuénot, du goût pour le suffixe "-ine", qui, d'un côté, aurait une "sonorité claire, fraîche, joyeuse", et de l'autre, assurerait le "caractère savant et rare de certaines épithètes".

– Néologismes ?

– **"donneurs de sérénades"** (**"Mandoline"** [113]). "Donneur" n'est pas attesté dans Littré. Mais le mot semble combattre l'*inopia* de la langue, et combler l'une de ses lacunes : "donneur de sérénade" (périphrase obligée) *vs* "*sérénadeur*"//"donneur de conseil" *vs* "conseilleur", ou "conseiller". Cependant "donneur" est enregistré par le *Dictionnaire de Trévoux*, et donné comme appartenant au "style familier" (Scarron). L'intention (ou la connotation) est sans doute ironique. Le suffixe "-eur", en langue, cumule au moins deux rôles : former, d'un côté, des substantifs abstraits (marquant l'état) = "langueur", "pâleur", "candeur", etc. (cf. le système rimique d'"**À Clymène**"), et former, de l'autre, des substantifs concrets (des noms d'agents) = "donneurs", "écouteuses", "chanteuses". À chacune de ces formes, un verbe pourrait être substitué = "qui donnent", "qui écoutent", "qui chantent". Le substantif et le verbe ne sont pas pour autant équivalents. L'expression substantive, d'une part, accentue l'idée de permanence et de répétition (valeur d'aspect continuatif ou itératif). D'autre part, elle permet de sexualiser les procès (les agents). Un syntagme comme "donneurs de sérénades" a le charme de former un microsystème échoïque avec "écouteuses" (polyptote sexuel des suffixes). Et si "donneur" est un mot légèrement familier, "écouteuse" semble, de son côté, un mot rare (dans *Modeste Mignon* de Balzac, on trouve "l'écouteur").

– Le "qui **t'épeures**" d'"**Ariette II**" [126], n'est pas un hapax. Rimbaud emploie, pour sa part, le verbe sous la forme non pronominale (dans "Au Cabaret vert"). Il ne s'agit pas seulement, ou vraiment, ici, de néologisme (variation diachronique), mais aussi et plutôt d'une variation diatopique. L'adjectif "épeuré", dans le *Supplément* de Littré, est donné pour un provincialisme meusien, avec une référence d'André Theuriet (1877). Le verbe peut être considéré comme un parasynonyme de "s'apeurer". Selon Claude Cuénot, il est "d'un emploi singulièrement heureux, car il a moins de force que *s'effrayer*, et c'est un mot poétique et rare, ce qui correspond à l'atmosphère raffinée, quintessenciée et légèrement archaïsante de ce poème". Il y a pourtant, il devrait y avoir contradiction, ou tension entre néologisme et archaïsme. Certes, c'est le charme de Verlaine que de travailler à une polychronie fusionnelle, estompée. Et Cuénot ajoute que ce quasi-néologisme "est une des plus jolies trouvailles ou redécouvertes du poème, que reprendra Paul Valéry (*Album de vers anciens* : *Épisode*)." Verlaine, cependant, reste apparemment très conservateur en matière de langue : en 1871, il déconseille le néologisme à Rimbaud.

– De quelques polysémies piégeantes

– Verlaine et sa politique de la "méprise" poussent à suspecter les mots les plus "innocents". Par exemple, le verbe "dévoiler" dans **"Sur l'herbe"** (**"l'abbé, ta noirceur se dévoile !"** [99]. J.-H. Bornecque soup-çonne l'abbé, à bon droit (*id est* qu'il a raison de le soupçonner, quelle qu'ait été la problématique "intention" de Verlaine) de se "dévoiler" au sens propre comme au figuré. Dans cette perspective, il y aurait ici syllepse rhétorique – et plutôt deux fois qu'une : à la syllepse qui frappe "se dévoile" s'ajouterait celle qui frappe "noirceur", sens moral + vesti-mentaire (comme Booz additionne, par attelage, la probité candide et le lin blanc). Dans cette hypothèse amphibologique, les deux syllepses s'étaieraient mutuellement (intermotivation).

– Le mot "coquettes" (**"coquettes charmantes"** dans **"À la promenade"** [101]) n'est pas un sens si clair. À la fois adjectif et nom, "coquet" est un dérivé diminutif de "coq", enregistré en 1611 au féminin. Son spectre sémantique est flou. Le mot peut signifier, au sens moderne, "séduisant(e) par sa mise" (1743), ou, au sens psychologique (lui-même flottant) : "femme bavarde, polissonne" (XVIe siècle), ou prendre le sens péjoratif de "femme intrigante et frivole" (XVIIIe), ou renvoyer, au sens théâtral, à un "emploi", au principal rôle féminin de séductrice et d'intrigante (du genre Célimène dans le *Misanthrope*, etc.). Sans doute les "coquettes" verlai-niennes sont-elles un peu tout cela à la fois. Elles cumulent (mais dans quelles proportions, et jusqu'à quel point ?) séduction de l'apparence, frivolité des sentiments, perversité de l'âme, et codification du rôle. Il n'est pas impossible, en outre, que l'étymologie joue ici un rôle, compte tenu de l'importance accordée aux oiseaux dans le bestiaire verlainien (cf. aussi le **"quoi qu'on caquette"** [108]).

Questions onomastiques

Un personnel hétérogène, "hétérogénérique" hante le corpus verlainien, issu de légendes, de chansons populaires, de la *Commedia* italienne, du Grand Siècle, de l'Antiquité, etc. : les Kobolds, Clitandre, Pierrot, Camargo, Jean de Nivelle, Scipion(s), *et alii*.

Ici, les ombres ont un nom et un sexe. Oui et non. *Nomina* et *numina*. Ce ne sont, pour l'essentiel, que des Noms de théâtre, presque seulement des "emplois". Et dont la rencontre provoque des couacs chronologiques. Ce syncrétisme onomastique permet un dialogue des siècles, et un dialogue des morts. On ne soulèvera ici que quelques questions.

– **"Cassandre"** est, traditionnellement, dans la Comédie italienne, un *Vecchio* rajeuni et toujours grincheux, membre de la haute bourgeoisie. Mais il semble bien, ici, que le nom soit surdéterminé et profite d'une homonymie avec la mythologie/tragédie grecque. Plane peut-être, fugitivement, l'ombre de la prophétesse de malheur, par malheur inécoutée. Quelques signes semblent aller dans ce sens, depuis la **"larme méconnue"** qu'il/elle verse (**"Pantomime"** [98]), jusqu'à son camouflage physique : **"Cassandre sous son/Capuce"** (**"Colombine"** [118]).

– Parfois, c'est la syntaxe qui met sur la piste d'une bifurcation intertextuelle. **"Colombine"**, par exemple, est l'enfant aux **"yeux pervers"** [118] (qui riment avec "verts") comme Athéna est la "déesse aux yeux pers". Son nom, de toute façon, est compromis dans des sens érotiques. Chez Brantôme, "s'entrebaiser à la Colombine" renvoie à un baiser avec la langue dans la bouche (à la "mode italienne"). Cf. la nouvelle LXXVII de des Périers : *D'un gentilhomme qui mit sa langue en la bouche d'une damoiselle en la baisant*, selon la mode d'Italie.

– Le nom de **"François-les-bas-bleus"** (**"Ariette VI"** [130-131]) est surdéterminé. Il vient sans doute du conte de Charles Nodier, *Jean-François-les-bas-bleus* (où le héros éponyme rédige les devoirs des collégiens paresseux). Plus tard, un opéra comique de Dubreuil, Humbert et Burani, *François-les-bas-bleus* (1883), en fera un écrivain public. C'est le un "nègre", le *ghost writer*, l'homme à la plume prostituée. Claude Cuénot note que François-les-bas-bleus "n'a aucun rapport ni avec Jean de Nivelle, ni avec la mère Michel". Au contraire : c'est l'homme de la compilation et de la contamination. En outre, comme l'a judicieusement proposé Jean BELLEMIN-NOËL [*"Ariettes oubliées* : petits airs du ressouvenir", 1975], il ne faut pas hésiter à décomposer le mot composé : les "bas bleus" soulèvent la question du sexe : les *blue stockings* renvoient à une femme écrivain. Il y a là mise en crise du "scénario de la différence sexuelle".

– Monsieur **"Los(s)"** (au lieu de Law) est doté d'une orthographe et d'une prononciation fantaisistes. John Law était contrôleur général des finances de la France, mais on parle du "système de lass", parce que le w final avait été pris pour deux s, dans une signature. Los(s) est une graphie intermédiaire, qui permet peut-être un calembour sur "loss" = "perte" en anglais (banqueroute de 1720). De toute façon, ce qui est refoulé, ici, c'est la "loi" (law). Le joyeux télescopage des textes ressemble à des saturnales. Apparemment, tout ça "ne rime à rien". Cependant, les rimes sont *systématiquement* manquées (ou plutôt "non attrapées"). Il faut donc y voir de plus près.

– La question de l'antonomase

– Parfois les noms propres sont employés comme noms communs, ce qui ne manque pas de soulever quelques problèmes. Par exemple dans : **"Pierrot, qui n'a rien d'un Clitandre"** (**"Pantomime"** [98]). C'est là un tour trivial, qui renvoie aux prosaïsmes de la langue quotidienne. C'est là aussi, apparemment, une lapalissade : pourquoi confondrait-on deux noms "archétypiques" ? Ce qui autorise, en même temps, la formulation, c'est le frayage linguistique fondé sur un homéotéleute virtuel = "qui n'a rien d'un tendre". Cependant, il y a ici une ironie du "un". Clitandre ? Quel Clitandre ? Le Nom, loin d'être un "désignateur rigide" (Kripke), suppose toute une condensation homonymique. Il y a le Clitandre de la tragédie de jeunesse de Corneille (*Clitandre*), le Clitandre des *Femmes savantes*, il y a le plus plat des petits marquis du *Misanthrope*. Le Nom conjoint le classique, l'obscène et le trivial. "Clitandre", étymologiquement "homme célèbre", est ici un faux parangon stéréotypique : tout se joue dans le flou du comparant, le phore évanescent. Crise axiologique : s'agit-il d'un constat ? d'une litote ? d'une comparaison méliorative ? péjorative ?

– Parfois, le morphème du pluriel (indice d'intégration) permet de franchir un pas de plus dans le processus de substantivation. C'est le cas pour **"tant de Scipions et de Cyrus à bas"** (**"Dans la grotte"** [102]), du moins, à coup sûr, pour le premier nom. Jean-Pierre Bobillot a bien souligné ici "l'excessive diérèse Scipi = ons" qui relève d'"une rhétorique cultivant hyperboliquement l'hyperbole" (Jean-Pierre Bobillot, "'Et la tigresse épou pou pou…' : duplicités métrico-prosodiques dans les vers de Verlaine", *Verlaine*, textes réunis par Martine Bercot, Klincksieck, 1998, p. 284). Quant à **"Des Royers-Collards"** (**"Bruxelles, Simples fresques"** [140]) le patronyme porte, et doublement, la marque du pluriel. Ce qui n'est pas une obligation, cf. Banville, *Le Feuilleton d'Aristophane*, scène 5 = "Des Watteau plus français égarent/Dans un parc ou sur un perron/De blanches duchesses, que parent/Les reflets du Décaméron". L'intégration totale dans la catégorie des noms communs semble être réalisée dans la clausule de **"Walcourt"** [136], **"Bons juifs-errants"**. Il s'agit pourtant d'un pluriel ambigu. Baudelaire, lui, a choisi le singulier : "Comme le Juif errant et comme les apôtres" (*Fleurs du Mal*, CXXVI). Mais l'affaire, chez Verlaine, est d'autant plus embrouillée que la métaphore est entrée en langue : "Juif errant, se dit aussi d'un homme qui est toujours par voie et par chemin, qu'on ne trouve jamais chez lui" (Littré). D'un autre côté, l'épigraphe de "Simples fresques" est tirée de la complainte du *Juif errant*. Le Juif errant, en 1542 n'est qu'un Juif, en 1615, il devient *le* Juif errant : Ahasuérus qui a assisté à la crucifixion, et qui est voué à une punition éternelle. La référence verlainienne est floutée.

L'analyse des noms propres nous éloigne fort, ici, des "asémantèmes" (de Guillaume) et des "désignateurs rigides" (de Kripke). Il règne, chez Verlaine, un cratylisme pervers. Les noms génériques, les noms-Masques cachent bien des pièges. Et y compris les gentilés : "le docteur/Bolonais" n'accomplit pas son programme narratif (v. Sur quelques "fausses fautes" de Verlaine, "Impropriétés" et autres inexactitudes) et "bergamasques" a donné du fil à retordre aux exégètes. L'acteur verlainien avance en désignant son masque du doigt (principe du *Larvatus prodeo*).

Le "système interjectif"

Quoi donc s'entend ?

D'abord et surtout la voix, les voix. Et jusque dans leurs inflexi = ons très ténues, voire "agrammaticales". C'est que l'interjection, de fait, et peut-être de droit, se situe à la limite de la grammaire. Comme le dit déjà, à sa façon, l'étymon même de cette "étiquette" : "interjection" : ce qui est "jeté/lancé entre" (latin *interjectio*, "intercalation", "insertion"). Le cri, la mimèsis onomatopéique tendent à échapper à la nomenclature grammaticale, n'entrent pas si facilement dans l'inventaire des "parties du discours". Et pourtant, rien de plus important, sans doute, que ce que Philippe Hamon a appelé le "vocogramme" (ou le "phraséogramme") d'une époque, défini comme "un ensemble structuré, à la fois invariant et réajustable, de représentations littéraires de discours, d'images de postures d'énonciation, et de lieux d'énonciation formant système, et susceptible de transformations" (*L'Ironie littéraire*, Paris, Hachette, 1996, p. 132). Le XIXe siècle est le siècle de l'attention portée aux voix, aux bruits, le siècle de l'hyperacousie. À preuve le titre de quelques journaux : *Le Tintamarre*, *Le Charivari*, *Le Grelot*, qui symbolisent un "moment charivarique de l'histoire". Chez Verlaine, l'affaire passe, comme on sait, par tout un fétichisme de la voix, tout (ou, en tout cas, beaucoup) se joue entre *Gramma* et *Phonè*. Il faudrait reconstituer, ici, le vocogramme généralisé de l'éclat de voix, des voix sans corps. L'attention portée au "son du corps", rappelle la disjonction d'une "scène primitive" (entendue et non vue). De là, peut-être, l'"écouteurisme" verlainien. Il ne faut pas se tromper sur le(s) sens des **"belles écouteuses"** (**"Mandoline"** [113]). Et d'abord, où est l'adjectif ? où est le substantif ? Sur quoi porte la "dérivation impropre" ? S'agit-il d'écouteuses qui sont belles ou de belles qui écoutent ? L'enjeu n'est pas indifférent (pensons à un titre comme "La belle vieille" de François Mainard, qui désigne moins une vieille qui est belle, qu'une belle qui a bien vieilli). Plutôt considéré comme un substantif (chez Littré), "écouteur, -euse", déverbal d'"écouter", n'est pas seulement du côté de la perception (attentive), mais aussi de l'interception indue (cf. Littré : "C'est un écouteur aux portes"). Quant à "écouter", il ne renvoie pas seulement à une activité sensorielle "neutre", à une innocente audition, mais aussi à un sens classique et érotisé : *écouter un amant* = "ne pas repousser ses hommages". Enfin, "écouter" a pour doublet "ausculter" (< lat. *auscultare*) et il s'agit bien, avec Verlaine, d'ausculter les signes. Une attention aiguë leur est accordée, et une valeur magique et mantique. Comme chez les anciens Grecs, on pratique, en Verlainie, la clédonomancie (la *klédôn* est le présage qu'on tire d'un mot, d'une réponse, ou d'un bruit). Et ici, comme dans toute mantique qui se respecte, les signes ou signaux interjectifs sont loin d'être monosémiques.

– Comme le montre le **"Là !"** qui ouvre **"Dans la grotte"** [102], interjection pourtant supposée "donner le la" du poème (anacrouse), et qui fonctionne ici, à la fois et au moins, comme marqueur spatial pseudo-déictique (valeur locative, adverbiale, reprise par "céans") et comme phatème et menace (inchoative ?) de "passage à l'acte" (faux ou feint *acting out*).

– L'autre anacrouse, le **"Bah !"** qui inaugure **"Les Indolents"** [117] ne vaut guère mieux. De fait, l'interjection, quoique classée comme "familière", n'est pas exempte d'ambiguïté. De là le "etc." qui termine, symptomatiquement, la définition de Littré : "Qui exprime un étonnement mêlé de doute, ou un sentiment d'insouciance, etc.". Les sentiments sont plus mêlés qu'on le croit, comme le reconnaît, à sa manière, le titre même : il y a "dolents", adjectif verlainien (cf. **"D'un si dolent tableau"** [120]) dans "indolents", et la rime a été utilisée dans une "épître chagrine" de Scarron comme le rappelle le *Dictionnaire de Trévoux*. Verlaine est le poète des dérivations parfois explicitées, du genre ***Des astres::Désastres*** (**"Colombine"** [119]), qu'on retrouve ailleurs (chez Banville, par exemple, dans *Le Beau Léandre*, scène 1). On pourrait croire, simplement, à une mécoupure, à une simple équivoque (une "rime équivoquée"), mais c'est une dérivation vraie : "désastre", emprunté à l'italien *disastro* (XVIe siècle), dérivé de *astro* ("astre") au moyen du préfixe péjoratif *dis-* adapté en *dés-* en français, signifie proprement "mauvais astre". Par un jeu de coïncidence homonymique, on est passé de "des" article indéfini au préfixe.

J. Robichez l'a souligné [566], "indolent" est, de toute façon, d'une polysémie retorse : valeur péjorative (*Métromanie* de Piron) + nuance d'ironie (Scarron) + voluptueux abandon (Baudelaire, "Le Serpent qui danse"). Selon Robichez, la chute désambiguïserait : "le tort" des deux indolents, ce serait d'avoir "par un ridicule défaut d'ardeur" laissé échapper l'occasion de la "petite mort" (l'orgasme). Voire. De toute façon, le XVIIIᵉ siècle s'est intéressé au retardement du plaisir : Rousseau a théorisé la "volupté tempérante" (dans *La Nouvelle Héloïse*), Sade préconisé l'ajournement, pour un temps des plaisirs (dans *Juliette*), etc. Et rien n'empêche qu'il y ait une certaine douleur dans ce deuil provisoire.

Un autre indice existe de la perversité sémantique des interjections, dans "Les Indolents", c'est la suite **"Hi ! Hi ! Hi !"** (en double occurrence). Cette séquence, comme le souligne Littré est non seulement polysémique, mais énantiosémique : "sorte d'interjection qui exprime tantôt le rire, tantôt les pleurs". C'est qu'il n'y a rien de plus piégeant qu'une "onomatopée". Chez Molière, la suite peut marquer un rire irrépressible (*Bourgeois gentilhomme*), de même que chez Mme de Sévigné : "et comme Arlequin : hi, hi, hi, hi, hi, lui fit-elle en lui riant au nez". Mais, d'un autre côté, "faire des hi et des ho" renvoie à "un grand étonnement", et "Point de hi, point de ha" signifie point de souffrance, point d'obstacle (Sévigné). Rien de plus spécieux (de moins "naturel") qu'une onomatopée : une interjection comme "ouf", interprétée aujourd'hui comme une marque de soulagement, a pu signifier, au siècle classique, la douleur (pensons à l'Arnolphe de *L'École des femmes* dont le "Ouf !" n'est pas si loin du "Hélas !" de *Bérénice*).

– Le **"hélas !"** verlainien, dans **"L'ariette, hélas ! de toutes lyres !"** (**"Ariette II"** [126]), travaille comme une "interjection" au plus près du sens étymologique. Ce qui ne l'exonère pas, au contraire, d'une interprétation plurielle. "Hélas" a, de fait, sémantiquement beaucoup varié. Si l'interjection a fini par se spécialiser dans la plainte, l'élégiaque, elle n'en a pas moins restée longtemps sous le signe de la non-spécialisation sémantique. Au XVIIᵉ siècle, par exemple, elle marque moins la douleur que le regret, ou, de façon plus ouverte, un fort mouvement affectif. Or, Verlaine, ici, joue visiblement à un double jeu. D'un côté, il évoque (incite à deviner) "Le contour subtil des voix anciennes", de l'autre, il se permet des allusions assez lestes, comme le confirme le mot-rime et le mot-chute **"escarpolette"**. Ce mot, outre son sens approximatif de "balançoire", est peut-être aussi un technicisme (une disance professionnelle) = "rengaine" dans le langage du théâtre [J.-S. Chaussivert, "Fête et jeu verlainiens", *La petite musique de Verlaine*, CDU et SEDES, 1982, p. 54]. En fait "escarpolette", qui renvoie à un objet vieillot, ne tolère, comme terme poétique, aucune substitution avec "balançoire". Il est typique de l'idiolecte verlainien, d'abord à cause du suffixe "-ette" (Jean-Pierre Richard), ensuite parce qu'il contient peut-être une signature secrète : jadis communément orthographié "escarpaulette", il pourrait représenter une féminisation de "Paul", renforcée par le suffixe, et signifier "une certaine ambivalence sexuelle" [Pierre Glaudes, "Vertiges verlainiens : Paul et l'escarpolette", p. 13-14]. En somme, il y aurait "l'escart Paulette", comme il y a "la folie Baudelaire" (Sainte-Beuve). On sait que Verlaine a le sens des métamorphoses onomastiques ("Pauvre Lélian", etc.). Quant à "escarpe", c'est un mot pour dire "voleur" (Larchey, Delvau, Canler), que Verlaine a utilisé en contexte interlope dans "Croquis parisien" : entre la 2e et la 3e strophe figurait : "Le long des maisons, escarpe et putain/Se coulaient sans bruit,/…". L'escarpolette, il est temps, pour finir, de le rappeler, est d'un des thèmes favoris de la "peinture mondaine" du XVIIIe siècle. On la trouve dans les fêtes galantes de Watteau, de Lancret, de Pater. Avec Fragonard, son mouvement s'amplifie et métaphorise le désir. *Les Hasards heureux de l'escarpolette* (1767) montre un curieux qui surprend les dessous d'une jeune femme. Sade, dans son *Histoire de Juliette*, évoque une "balançoire" ou "machine voluptueuse", et l'une des manies des *Cent Vingt journées de Sodome* exploite la scène peinte par Fragonard, etc., etc. Chez l'*Homo ludens*, on le voit, l'escarpolette a vocation particulière aux jeux de vertige (Roger Caillois appelle *ilinx*, vertige en grec, cette attirance particulière [Les jeux et les hommes, 1958]). On admettra volontiers que le modalisateur "Hélas !", pris dans un tel contexte, soulève quelques problèmes d'interprétation.

– Verlaine peut user, à l'occasion, d'archaïsmes familiers, de vulgarismes du genre **"palsembleu !"** (**"Ariette VI"** [130]). Il s'agit ici, pour parler comme Benveniste, d'une tension contradictoire entre "euphémie" et "blasphémie", "palsembleu !" devant s'entendre (et ne pas s'entendre) comme l'agglutination, l'anamorphose phonétique d'un blasphème ("Par le Sang de Dieu"). L'interjection, ici, est peut-être "désémantisée", et ne compteraient, dans cette perspective, que l'effet d'archaïsme, la coloration, la patine "anciennes". Elle peut être aussi surdéterminée. C'est que le contexte semble permettre (encourager ?) l'activation d'autres sens possibles, comme un plus littéral : "Par le sang bleu", celui de la "noblesse", ce qui pourrait suggérer une satire politique. De même, que le sens d'"impure", dès lors qu'il s'agit de "sang", peut toucher à des interprétations physiologiques. Ici la "chaise" (à porteurs ?), oscille peut-être discrètement, impunément, "entre deux chaises", entre blasphème et satire, "Chaise(-Dieu)" et "chaise (percée)".

Dans le même poème, surgit, bien "légèrement" (lestement) le litanique ***"Domi/nus vobiscum !"***, qui n'a pas plus de sens peut-être (mais pas moins non plus) qu'un **"Do, mi,/sol, la, si"** ou un **"Do, mi,/sol"** (**"Sur l'herbe"** [99]).

Enfin, le **"Oui dam !"**, qui entre dans le jeu rimique *Dam::flamme*, ne manque pas, lui non plus, d'être provocant. Tout se passe comme si l'on avait affaire, ici, à l'interjection "Dame !", avec un *e* apocopé pour le plaisir de rater la rime. Interjection dont l'origine est discutée, et qui renvoie sans doute moins, malgré les apparences, à un "((Par) Notre-)Dame" (traité parfois comme un "régionalisme"), qu'à Dieu lui-même (< AF *damedeu* "le seigneur Dieu"). Entre la Vierge et Dieu, le sexe change (comme le sexe des rimes change, au moins graphiquement, de "dam" à "dame", et comme se superposent, à la rime, "flamme" et "homme"). Telle que la particule-interjection est orthographiée, elle entre en écho avec l'ancienne forme renforcée "Oui-da" (dont l'élément 2 est parfois donné comme issu des impératifs *dis* et *va*). De même qu'elle évoque le *dam* qu'on retrouve dans "à son grand dam" (< latin *damnum*, "perte" et "préjudice"), qui apparaîtrait ici (contrairement à l'orthoépie qui voudrait qu'on prononçât [dã]), dans une version dénasalisée.

La liste des interjections est loin d'être close, mais elle suffit déjà, peut-être, à émettre l'hypothèse d'un "système interjectif", fondé sur la contradiction (énantiosémie) ou, à tout le moins, sur l'ambiguïté. D'autres stratégies d'ambiguïsation sont évidemment à l'œuvre, et qui mobilisent d'autres "parties du discours" (la micro-analyse des interjections valant pour un argument *a fortiori*). Au dossier des ambivalences, il faudrait ajouter, par exemple, l'emploi du "à peine" : dans **"Triste à peine"** (**"Bruxelles"** [139]), "à peine" fonctionne, apparemment comme une locution adverbiale d'atténuation, d'euphémisation, mais les deux mots peuvent aussi, à l'inverse, et insidieusement, prendre une valeur d'intensification = "jusqu'à la peine", comme on peut être "triste à mourir" (*tristis usque ad mortem*). Même la rhétorique la plus tonitruante peut et doit être soupçonnée. C'est que les ambiguïtés tonales sont peut-être plus difficiles à déceler qu'on pense. Dans **"Lettre"** [115-116], par exemple, nombreuses et "patentes" sont les figures de l'ironie, mais elles sont souvent douteuses – telles les hyperboles – parce qu'elles incluent ou n'excluent pas l'auto-ironie (forme de chleuasme) et parce que les pastiches-parodies d'hyperboles précieuses, l'hyperbole sur l'hyperbole, peuvent être interprétés comme un signe de pudeur et une forme paradoxale de la sincérité. La trace du "déjà-écrit" peut valoir pour un signe, même et surtout distancié, de la vérité. C'est le cas, aussi, pour les hypocoristiques gradables (**"Chère"/"très chère"** [114/115, 116]), **"Madame"/"adorable Madame"** [115], et toute une rhétorique de l'emphase, parmi laquelle l'énallage de personne **vous/tu** comme un jeu du Fort/Da [115-116], les hendiadys grandiloquents (**"Va finir ma vie et ma peine"** [102]), **"conquérir le monde et tous ses trésors"** [115], les chiasmes pompeux et les polyptotes clinquants.

Autour du verbe

• Sur quelques formes en "-ant"

– Des périphrases aspectuelles resémantisées ?

On connaît la présence (surcommentée) de la forme *aller* + V-*ant* que l'on trouve dans **"Clair de lune"** (**"vont charmant"** [97]) ou dans **"À la promenade"** (**"vont flottant légers"** [101]). C'est une périphrase aspectuelle qui marque l'aspect duratif/progressif du procès (comparable, en cela, à la "forme progressive" anglaise). Ce schème est archaïsant, il ressortit à une "syntaxe vieillotte" de la tournure participiale (Robichez). Il n'en soulève pas moins (il n'en soulève que plus) quelques questions. La première est celle de la subduction. Le "coverbe" *aller* est-il désémantisé, perd-il sa valeur première (cinétique) ? Ce n'est ici pas si sûr : les actions supposent des "mouvements", une kinésique chorégraphique des "masques", un déplacement aérien des costumes clairs. Il existe, outre la resémantisation, un autre signe d'un travail de la forme-sens, et c'est la dissociation. Un effet de tmèse peut venir séparer, en effet, le quasi-auxiliaire du V-*ant* : **"Que s'en vont,** – cher amour qui t'épeures, –/**Balançant** jeunes et vieilles heures !"** ("Ariette II" [126]). Verlaine met ici en cause et en crise le critère de cohésion/coalescence qui fonde la périphrase progressive (le sémantisme de "balancer" y est sans doute pour quelque chose). Ailleurs Verlaine est allé jusqu'à la dissociation-apposition : "Moi, j'allais, rêvant du divin Platon" ("Croquis parisien"). On sait que, souvent, on trouve chez Verlaine **"aller"** en emploi quasi-absolu, aux prépositions postposées ou antéposées près (par exemple : "– Eux ils vont toujours ! […] <u>vers</u>" [119] ou "<u>Dans</u> l'herbe noire/Les Kobolds vont" [137]).

– Un gérondif en vedette

Verlaine peut jouer aussi sur les ambiguïtés que permet un emploi flottant, "hors syntaxe". Tel est le cas du gérondif titulaire **"En patinant"** [106]. Il s'agit ici d'un titre apparemment "partiel", qui recouvre (thématiquement) les deux derniers quatrains (sur seize). Ce genre de motivation décentrée, justifiée *in extremis*, appartient à toute une tradition titrologique (pensons à *La Chartreuse de Parme*). C'est un titre-équivoque, comme l'a rappelé Robichez : au XVIIe siècle, "patiner" signifie "caresser indiscrètement", sens que l'on trouve dans *Le Roman comique* de Scarron, ou chez la Claudine de *George Dandin* ("je n'aime pas les patineurs"). Pire encore : *patiner*, au sens "obvie" de glissade, peut lui-même être soupçonné d'amphibologie, d'énantiosémie : le verbe renvoie aussi bien au déplacement qu'au "sur-place" (se dit d'une machine, d'une locomotive, par exemple, "dont les roues tournent sans avancer faute d'adhérence suffisante", 1845-

1846 ; "patinage", au sens mécanique, date de 1860). En fait, le gérondif-titre, en emploi absolu, décontextualisé, "économise" sur sa valence : il n'a pas de "sujet" (pas de "contrôleur"), il n'a pas de complément. S'agit-il ici d'un verbe monovalent (intransitif), ou bivalent (transitif direct) ? "Patiner", verbe transitif, pourrait renvoyer à la patine du faussaire (sens pictural) = "enduire (un objet) d'une substance qui donne l'aspect de la patine" (1867). Le poème met en images, en tout cas, des scènes-tableautins de genre, use du vocabulaire de la peinture ("ciels"/cieux), construit un faux passé : pensons à l'archaïsme pseudo-fautif "férut", voire aux effets archaïsants de la graphie (Verlaine a choisi l'archéogramme *f* pour *s* pour imiter la typographie des XVIIe-XVIIIe siècles). Règne ici une poétique de faussaire et de faux air. Le gérondif-titre, comme c'est sa vocation, procède à une forte condensation. La critique génétique a rappelé les avant-titres du poème : "Les quatre saisons", qui est un titre (évidemment) englobant, et "Sur la glace", qui est un titre (faussement) parcellaire. "En patinant" conjoint les deux, et tout un art poétique.

• Une locution verbale dissociée

– La locution verbale "avoir beau" + infinitif, **"Et même les lilas ont beau/Pousser leur haleine poivrée"** (**"En patinant"** [106]). "Avoir beau" (+ infinitif) est une sorte de semi-auxiliaire qui marque une idée de concession, de "faire inutile". La discordance mètre-syntaxe (l'enjambement) peut induire, fugitivement, une resémantisation de "beau" ou d'"avoir beau". "L'avoir beau" ou "l'avoir belle" signifiait : "avoir l'occasion favorable". "Avoir beau" s'employait, jadis, dans le sens : "avoir beau jeu". Autre interprétation : "beau" serait à l'origine une épithète incidente à un infinitif substantivé ("il a beau parler" = "il parle bien"). Verlaine réactive légèrement ici la tension entre sens positif et sens concessif, ou plutôt pseudo-concessif. Littré a rendu compte, à sa façon, du renversement en diachronie : "*avoir beau*, c'est toujours avoir beau champ, beau temps, belle occasion ; *avoir beau faire*, c'est proprement avoir tout favorable pour faire. Voilà le sens ancien et naturel. Mais par une ironie facile à comprendre, *avoir beau* a pris le sens d'avoir le champ libre, de pouvoir faire ce qu'on voudra, et, par suite, de se perdre en vains efforts. *Vous avez beau dire*, c'est, primitivement, il est bien à vous de dire ; puis, vous pouvez dire, on vous permet de dire, mais cela ne servira à rien". L'isotopie des *topoi* printaniers, la coupure entre le semi-auxiliaire et l'auxilié, réveillent un peu la tension sémantique entre le sens favorable et l'effort vain. Ensuite, alors qu'on s'attendrait à ce que "pousser" soit en emploi absolu, le verbe est suivi d'un régime direct, qui fait songer à un pseudo-complément d'objet interne (du genre "dormir son sommeil") : les lilas semblent "pousser leur pousse", en passant, par un glissement synesthésique, du visuel à l'olfactif. Il n'est pas sûr que l'"haleine poivrée", supposée jouer comme un aphrodisiaque, n'ait ici qu'un sens positif et excitant. Voltaire parle, au figuré, d'un "ouvrage poivré" – et, employé "bassement", "poivrer" signifie "communiquer une maladie honteuse" (Littré).

• **Des impératifs inutiles ?**

La répétition insistante des impératifs : **"Tournez, tournez..."** dans **"Bruxelles. Chevaux de bois"** [141-142] appelle analyse. L'exécution d'un tel ordre semble osciller, ici, entre actif et passif. C'est que, apparemment, et malgré la tradition de l'apostrophe rhétorique, l'injonction ressemble à un adynaton : des chevaux de bois ne tournent pas (on les fait tourner). Curieuse "action passive" des chevaux, curieuse pression contative (injonctive-optative) du poète. Mais il y a "carrousel" ("manège de chevaux de bois" en Belgique, 1870), et "carrousel" (lieu symbolique du pouvoir, pensons à la *place du Carrousel*, à Paris), "manège" (hippique ou mécanique) et "manège" ("manière d'agir adroite et artificieuse").

Autre anomalie : il s'agit d'ordonner ce qui se fait déjà, paradoxe pragmatique (totale inutilité) d'un "performatif" condamné à la "félicité". C'est ici une situation d'énonciation proche de ce que Fontanier, dans *Les Figures du discours*, appelle (faute, sans doute, de mieux) une "métalepse" : "Il faut aussi sans doute rapporter à la *Métalepse*, à moins qu'on n'en veuille faire une figure particulière, ce tour non moins hardi que les précédents, par lequel, dans la chaleur de l'enthousiasme ou du sentiment, on abandonne tout à coup le rôle de narrateur pour celui de maître ou d'arbitre souverain, en sorte que, au lieu de raconter simplement une chose qui se fait ou qui est faite, on commande, on ordonne qu'elle se fasse" (suivent un exemple épique et un exemple sublime de Voltaire). On trouve une autre métalepse verlainienne dans **"Malines"** [143] : **"Dormez les vaches ! Reposez/Doux taureaux"**. Mais face aux chevaux, en tout cas, on s'en doute, l'enthousiasme n'est qu'ironie, et les "ordres" du poète relèvent plutôt du contre-ordre et de la dissuasion (épitrope, contrefision), du genre : "Continuez, c'est bien" (sur le ton de l'antiphrase). Et pourtant, ils tournent. Et par métonymie, ceux qui les montent. C'est qu'il y a, aussi, deux sens à "révolution", et qu'ici le sens circulaire cache le sens politique. "Tourner" est une tâche infernale (répétitive), comme celle qui pourrait échoir à des chevaux de bât. Les tours, les retours, l'éternel retour se confondent avec le travail de la poésie (rimes, rythmes, tropes, versus), avec la mimèsis de la fausse fête, de la fête aliénée. C'est bien là, comme le veut Arnaud Bernardet, une éthique et de la politique sur le "mode mineur", et, "en sourdine", "l'exigence critique d'un monde meilleur".

Le jeu des personnes

La poésie verlainienne, comme sans doute toute poésie, entraîne dans les charmes et les pièges de l'interlocution (*le parler à*) et de la délocution (*le parler de*). Certes, on y trouve des phatèmes (du genre : **"n'est-ce pas ?"** [125, 128]), voire **"est-ce pas !"** [120], avec ellipse archaïsante du discordantiel), des hypocoristiques (du genre : "très chère" [115-116], du pathos avec ses exagérations, de l'ethos avec ses nu-ances et ses subjectivèmes (affectifs/évaluatifs, axiologiques/non-axiologiques), bref, toute la menue monnaie de l'échange et de l'affect. Et pourtant (ou : et donc) l'univers subjectif-intersubjectif se perd dans des ambiguïtés multiples.

– Tu/vous I. Dans **"Colloque sentimental"** [122], lorsque le protagoniste questionne en **"tu"**, l'antagoniste répond en **"vous"**. L'interlocution n'est jamais qu'une incommunication. La cruauté du voussoiement est soulignée, démultipliée (P̲ourquoi v̲oulez-v̲ous s̲ouvienne). Autre problème : le sexe des acteurs. Les énoncés sont tels, ici, qu'ils désexualisent les sujets, tout est fait pour dé-marquer, dés-accorder les genres. Parfois, au contraire, tout est fait pour le rappeler (cf. **"m'ont conduit et t'ont conduite"**, dans **"Le Faune"** [112]). Rien d'étonnant à ce qu'une scansion comme **"la tigresse épou(x)"** (**"Dans la grotte"** [102]) (pour reprendre ici la lecture de J.-P. Bobillot ['"Et la tigresse épou pou pou…"' : duplicités métrico-prosodiques dans les vers de Verlaine", *L'École des Lettres, Paul Verlaine*, n° 14, juillet 1996], et l'effet d'oxymore sexuel qu'elle provoque *à demi-mot*, ait retenu l'attention de Rimbaud.

– Tu/Vous II. Dans **"Lettre"** [115-116], l'alternance **vous/tu** est le fait d'un même locuteur, qui assume et assure la commutation (énallage de personne). Il s'agit manifestement d'un jeu rhétorique. Mais le ludique est aussi, comme on sait, la forme polie du pathétique : le sujet parlant ou écrivant ne trouve jamais la "bonne distance" énonciative (pensons au "Que je vous aime, que je t'aime !" dans *La Bonne Chanson*).

– Nous. Le **"nous"** d'**"Ariette IV"** [128] est aussi, à sa façon, de sens problématique. "Il faut, voyez-vous, nous pardonner les choses". "Nous" peut être, ici, un vrai pluriel, de type inclusif (= je + vous), mais peut fonctionner aussi comme une énallage de personne (= je), comme une sorte de "nous" d'affection distanciée, voire de "nous" auctorial. De sorte que l'on ne sait pas trop, dans l'incipit, si "pardonner" a ou non un sens réciproque. Il n'est pas sûr que le second vers ("De cette façon nous serons bien heureuses") suffise à désambiguïser la situation énonciative. Il peut y avoir, dissymétriquement, une "pardonnante" et une "pardon-née", comme il peut y avoir un pardon symétrisé. L'apparent désir de symétrie, que soulignent, notamment, le numéral cardinal "deux" et le topos des "âmes sœurs", semble faussé, comme l'indique ou l'implique la monométrie impaire (hendécasyllabes). L'explicit, de toute façon, abolit le procès même du pardon "Sans même savoir qu'elles sont pardonnées" ("sont" n'est pas "se sont"). Autre problème : le sexe du "nous" (forme épicène). Déclarativement féminin au début, grâce au genre de l'attribut ("nous serons bien heureuses"), le pronom (ou du moins la personne, dès lors qu'on bascule à l'impératif optatif) devient sexuellement ambigu ("Soyons deux enfants, soyons deux jeunes filles"), puisque le substantif "enfant" est de sexe-genre ambigu (un/une enfant). Il s'agit bien, ici, de "Cheminer loin des femmes et des hommes". Le discours, à l'inverse de la langue (féminin + masculin = masculin), "neutralise" l'opposition sexuelle au moyen du féminin.

– **Tu III.** Le "tu", dans **"Tu dirais"** (**"Ariette I"** [125]) n'est pas, non plus, dépourvu d'ambiguïté. L'interprétation référentielle oscille entre adresse singulière et "tu" impersonnel. S'agit-il d'un "véritable" interlocuteur (clés : Mathilde ? Rimbaud ?), d'une relation de connivence avec l'archilecteur, ou d'un tutoiement général-générique ? Suivant l'usage latin, le "tu" peut être l'équivalent d'un impersonnel. Chez Verlaine, l'interlocution n'est jamais sûre. Et pas davantage la délocution :

– **Elle.** Le **"Elle"** inaugural de **"Beams"** [154], par exemple, pose un problème d'identification redoutable. La "non-personne" est un piège référentiel et impose un calcul inférentiel. Qui est "Elle" ? Les réponses varient, selon que l'on s'appuie sur le paratexte ("la comtesse-de-Flandre"), le contexte (Mathilde-Rimbaud), l'intertexte (le Christ-Marie), ou le cotexte : la pièce finale fonctionne en "allégorie ouverte" avec isotopies plurielles et non moins plurielles ruptures d'isotopie (Steve Murphy). La fin du recueil est non finie, Verlaine procède à un déni de fin, de monosémie en tout cas. Le sens "rayonne".

– Le "on" omnipersonnel

Le **"on veut croire"** de "Charleroi" [137-138] fonctionne comme une périphrase verbale "détachée". Ce tour syntaxique semble ici à mi-chemin entre l'incise ("veut-on croire"//"croit-on", "dit-on") et l'incidente ("on veut le croire"). Il s'agirait, pour certains, d'un "provincialisme". Pour Robichez, c'est l'équivalent d'un "on dirait", et "le verbe *vouloir* n'y a pas plus de valeur que dans *vouloir dire*" [589]. Voire. Si Verlaine avait voulu dire "on dirait", il l'aurait dit. En structure périphrastique, il est vrai, grande est la tentation de croire à la désémantisation du semi-auxiliaire (sens subduit). Notons, cependant, que "vouloir" et "croire" sont, en langue, des verbes au sémantisme menacé, qui peuvent tous deux s'inclure dans des périphrases verbales à titre de coverbes. "Croire", en emploi absolu, a sans doute ici un sens fort (*vs* "on veut croire que…"), et sans doute, de même, "vouloir". Le quasi-auxiliaire conserve peut-être un sens plein (saisie plénière), et son sujet, le pronom-caméléon "on", pourrait bien être ici l'indice d'une "mauvaise foi" (Sartre), une sorte de "Je sais bien, mais quand même" (Octave Mannoni). Il se noue un nœud modal, entre le "volitif" (pathique, axiologique) et le "désidératif", le possible (modalité aléthique) et le probable (modalité épistémique). Le "on", indéfini omnipersonnel, peut représenter n'importe quel sujet, et jusqu'à tout le lectorat, à moins qu'il ne représente, par énallage, qu'un "je". Verlaine radicalisera plus tard, dans *Sagesse*, le "détachement" du "on veut croire" : "D'une douleur on veut croire orpheline" (construction interprétable, parmi d'autres possibilités, comme une relative à pronom ellipsé : "(qu')on veut croire").

– Le "il" impersonnel

– Dans "Colloque sentimental" [122], un échange stichomythique met en système **"Te souvient-il"/"Il m'en souvienne"** (polyptote modal, seconde occurrence au subjonctif en emploi contraint). Vaugelas, qui a théorisé la concurrence "il me souvient" *vs* "je me souviens", en fait une variation libre (ils sont "tous deux bons"), même s'il ajoute que "je me souviens" est "un peu plus usité à la Cour". Verlaine recourt ici à une construction un peu précieuse, qui fait sa part à l'archaïque. De fait, le tour "il me souvient de quelque chose" existe depuis les plus anciens textes : "De grant dulor li poüst suvenir" (*Roland*, 3488). trad. de Bédier : "Il lui souviendrait d'une grande douleur". Pour Wartburg, dans ce tour syntaxique, la préposition "de", à l'origine, n'aurait pas été une préposition vide ou incolore, mais aurait eu un sens d'extraction, et aurait représenté le surgissement du souvenir hors de l'inconscient [t. XII, 378]. En ce sens, il y aurait ici contamination entre le sémantique ("extase ancienne") et le tour syntaxique ancien (qui remonte le/du passé). Ce que Proust appelle "la rumeur des distances traversées".

Selon Ferdinand Brunot et Charles Bruneau, "Je me souviens" renvoie à une "activité volontaire du sujet pensant", tandis que "Il me souvient" implique un "malgré nous". Il y aurait, à ce compte, une mise en tension (un effet de contradiction) entre la demande et l'acte involontaire, une espèce de *double bind* (comme dans "Sois spontané"). Une injonction comme "aime-moi" relèverait du même paradoxe énonciatif.

Enfin, et comme souvent, il ne faut pas négliger la piste intertextuelle. Ce tour est un écho (une réponse ?) au *Lac* lamartinien : "Un soir, t'en souvient-il, nous voguions en silence" (*Méditations*, 1820). Les effets de sens ne sont pas sûrs : effet de pastiche, de parodie, sincérité paradoxale (qui passe par la pudeur de l'artifice) ? Une chose est sûre : l'impersonnalité (syntaxique) ne se confond pas avec l'impassibilité (parnassienne). Il peut y avoir ici, en même temps, affect et distanciation.

– Au dossier de l'impersonnalisation, il faut évidemment inclure le célébrissime tourniquet entre **"Il pleure"** et **"il pleut"**, qui ouvre l'"**Ariette III**" des *Romances sans paroles* [127]. Ici se fondent et se confondent le météorologique et l'élégiaque. Il ne s'agirait pas là, en l'occurrence, d'une "ariette oubliée", mais d'une ariette "oublieuse" : d'une peine sans cause ou "sans raison". Le poème constitue ainsi un défi herméneutique majeur, placé sous le signe de l'éréthisme, de la "pire peine". Mais, ici comme dans une "réticence" classique, on peut supposer que le mystère contient sa propre solution, que le fin mot de l'énigme est, à la fois, éludé et élucidé (par le jeu des structures).

• Un peu d'histoire

La critique a souvent interrogé, et depuis longtemps, le *Il* liminaire, "*il* étrange" et "irrégulier", "dû évidemment à l'analogie avec le *il* de *il pleut*". De là, cet axiome : "Pour bien saisir le sens profond du premier *il*, il faut donc comprendre clairement la signification du second" (voir Gerold Hilty, "'Il' impersonnel. Syntaxe historique et interprétation littéraire", *Le Français moderne*, t. 27, n° 4, oct. 1959, p. 241). Ce n'est pourtant qu'un postulat, et discutable : d'un côté, une forme "impersonnelle" (ou plutôt impersonnalisée ou dépersonnalisée) "il pleure", de l'autre une forme "unipersonnelle", "il pleut" (les verbes météorologiques n'existant qu'à la forme impersonnelle). Partons tout de même de la seconde occurrence. Quelles valeur/fonction accorder à ce "il" ? Les étiquettes pleuvent : pour certains (C. de Boer, par exemple) le pronom n'a "aucun contenu", c'est un "pur morphème", un *Scheinsubjekt* (sujet apparent) né du besoin de donner à n'importe quel verbe un sujet formel, morphologique (un "sujet grammatical"). À ce compte, cette forme proclitique atone serait un homonyme du "il" représentant, un indice personnel neutre dépourvu de référent (de contenu sémantique). Ferdinand Brunot et Charles Bruneau parlent, eux, de "pseudo-sujet" (voir *Précis de grammaire historique de la langue française*, Paris, Masson, 5e éd. 1949, p. 314-316). Il est question aussi et ailleurs de "pronom postiche", de simple "régisseur verbal", d'"indice du tour impersonnel", etc., etc. Pour d'autres (Georges et Robert Le Bidois), ce "il" est un véritable sujet à valeur de démonstratif (comparable à "ça"). Pour Bally, le "il" représente quelque chose de "diffus et pensé très inconsciemment, malaisé à dégager", mais pour cela non moins réel ; un "état général de l'atmosphère", un "agent indéterminé". En anglais, la question du "il météorologique" est réglée par le recours au "neutre" *it*. Ce que (ne) sait (que trop)

Verlaine, comme l'atteste sa première épigraphe autocensurée (un vers de Longfellow) : *"It rains and the wind is never weary"*. On le voit : le "il" de "il pleut" n'est pas exempt d'ambiguïté. Quant au "il" du "il pleure", le tour n'est pas si nouveau. La langue médiévale fourmille en structures impersonnelles. Jehan Maillart, dans le *Roman du comte d'Artois*, use d'un tour impersonnel "impossible à traduire" (selon Brunot et Bruneau) : "Lez cors à trembler commence/Et lez cuers leur estreint et serre" (*v.* 3766-3767). En régime classique, Corneille peut dire "il t'ennuie avec moi" (*Mélite*, *v.* 1929), Racine, "il te fâche en ces lieux d'abandonner ta proie" (*Mithridate*, *v.* 972). Ce genre de "il", à en croire les deux grammairiens, viserait à un effet de relief : "L'action est ainsi mise en vedette". En synchronie et dans une autre langue, en allemand, par exemple, on ne dit pas "je pense", mais "il pense en moi". Pensons à Rimbaud ("C'est faux de dire : Je pense : on devrait dire : On me pense").

• Microlecture

Avant d'aller plus avant dans la comparaison des deux "il", il vaut mieux tenir compte de leur mode d'apparition (analyse cotextuelle). Apparemment, les deux vers de Verlaine relèvent, syntaxiquement, d'un "parallélisme de construction" un peu forcé (épizeuxe par décalque anticipé), rhétoriquement, d'une figure de l'analogie, construite comme un petit "suspense" : comparant (phore) + comparé (thème). Quant à la "conversion" du personnel en impersonnel, ce serait là un "simple artifice de style" [Brunot et Bruneau, 316]. Le microsystème "analogique" mérite, cependant, qu'on s'y arrête. Le "tour" impersonnel est un bon tour joué à la syntaxe (et aux lecteurs). Tout est fait pour que l'on confonde les deux schèmes. À commencer par la paronomase pleure/pleut qui réduplique les consonnes d'attaque, et repose, du côté vocalique, sur une apophonie (un degré d'aperture sépare [œ] et [ø]). "Pleure" pourrait, en outre, être considéré comme un mot-valise (un bloconyme) qui se décondenserait en "pleut + cœur". Ou encore : "Il pleu-re" pourrait être lu comme une sorte d'équivalent en miroir de "il re-pleut" (le préfixe "re-", en langue, étant doté d'une valeur itérative, intensive ou réciproque). Mais en fait, d'un vers à l'autre, rien ne s'équivaut, *tout varie* : les verbes (en dépit ou à cause de la paronomase *pleure/pleut*), les prépositions locatives (*dans/sur*), les déterminants (possessif *mon*/défini *la*), sans compter, évidemment, les substantifs finaux (*cœur/ville*). Il y aurait là un effet de divergence croissante. Cependant, les deux "il" homophones-homographes, seule répétition littérale du module (mais l'écart typographique majuscule/minuscule aurait déjà de quoi alerter) sont peut-être le lieu de la plus grande variation (antanaclase externe). Dans cette perspective, penser en termes de "nivellement", de "coïncidence" syntaxique serait une erreur. Tout se passe comme si Verlaine appliquait le principe rhétorique de la *maxima dissimilitudo in maxima similitudine*, ou le principe psychanalytique de l'opposition violente dans "la plus petite différence" (Freud). Les opérations se reflètent et s'inversent : à l'impersonnalisation du personnel ("Il pleure") semble répondre, dans un système de vases communicants, une personnalisation de l'impersonnel ("il pleut"). "Il pleure" n'est pas loin d'un "ça pleure" (pensons à Groddek, Freud ou Lacan). Mais qui pleut dans l'"unipersonnel" *il pleut* ? En fait, "pleuvoir" peut admettre dans sa valence, en actant sujet, plusieurs personnes. Le verbe peut être régi par la personne 1 (dans la Bible) : *Ego pluam super terram quadraginta diebus et quadraginta noctibus* (*Genèse*, VII, 4). Il peut être conjugué à la personne 2 : "Eau, quand donc pleuvras-tu ? Quand tonneras-tu, foudre ?" (Baudelaire, "Le Cygne"). Sans compter le jeu des sens figurés et des synesthésies : "Pâle dans son lit vert où la lumière pleut" (Rimbaud). Le "il météorologique" n'est pas si "impersonnel" qu'on veut bien le croire, et cette "personne d'univers" (Moignet) ne se confond pas de fait ni de droit avec un degré zéro de l'identité. Spitzer l'appelle, dans une contorsion un peu casuiste, "le grand Neutre de la nature" (*Das grosse Neutrum der Natur*). Dans la langue grecque, on dit : "le dieu pleut", "Zeus pleut". En latin, *Juppiter tonat*. Chez Rabelais, c'est "le ciel". De même chez Ronsard : "Pleuve le ciel des parfums et des roses" (*Les Amours*, CLXXII). "Il", c'est encore Dieu pour Port-Royal. Il pleut = Dieu est pleuvant (sujet-copule-prédicat). Et c'est toujours Dieu pour Claudel : "Dieu pleut sur mes sillons" (*L'Annonce faite à Marie*, I, 1). Verlaine, lui, écrit : **"Des gares tonnent"** (**"Charleroi"** [137]), et ce verbe métaphorique peut aussi s'interpréter comme une sécularisation-" profanation", une mécanisation de Dieu (*sive Natura*).

• Une assimilation topique ?

Les pleurs, la pluie. L'analogie est topique, mais il ne s'agit pas seulement (forcément) d'un "topos romantique", même si la météorologie-état d'âme fait son entrée en force dans la littérature au XIXe siècle. La correspondance entre macrocosme et microcosme, la pluie-pleurs ne datent pas de la "modernité", comme suffirait à le montrer une épigramme d'Asclépiade (IIIe siècle av. J.-C.) : "De mes larmes mouillées (c'est la pluie des amants)".

Cependant, outre l'assimilation topique, une autre hypothèse syntaxique serait à explorer : celle qui ferait de **"comme"** non un comparatif, mais un concomitant, glosable par **"tandis que"**. Et l'on sait que cette locution conjonctive apparaît parfois dans les ariettes (**"Ariette V"** [129], **"Ariette IX"** [135]). Le sens se joue peut-être ici dans une hésitation entre le "comme" analogique et le "comme" chronologique (assimilable à un *cum historicum*, une conjonction temporelle-causale). Concomitance n'est pas comparaison. La possibilité même d'une oscillation sémantique serait le signe qu'il ne faut pas "confondre" trop vite les deux schèmes syntaxiques.

Si l'on en reste à la lecture analogique, le système comme-comparatif peut impliquer, compte tenu de l'épigraphe tirée de (attribuée à) Rimbaud : il pleure "doucement". Ce "Il pleut doucement sur la ville" est peut-être une citation apocryphe, ou une phrase "orale", voire une espèce de "code secret" qui lie les deux poètes. On trouve, en revanche, chez Rimbaud, ceci : "une poudre noire <u>pleut doucement sur</u> ma <u>veillée</u>" ("Phrases", *Illuminations*). Où "pleut" admet, comme on voit, un sujet personnel.

Ici, l'impersonne et la "non-personne" (Benveniste) se contaminent réciproquement. Le "Il" inaugural n'est pas forcément "impersonnel" et oblige à des calculs inférentiels. Si le "il" de "il pleut" peut dissimuler "Dieu", ce pourrait être (déjà) le cas de celui de "il pleure". "Pleurer" peut, en tout cas, chez Verlaine, par animisme anthropomorphique, avoir pour sujet "le vent" : **"le vent pleure"** (**"Charleroi"** [137]). Le premier "Il" peut-il "représenter" un "vrai" sujet (autre qu'un "je" impersonnalisé) ? Rien n'empêche la seconde occurrence de "Il pleure" (*v.* 9) de renvoyer à la strophe précédente ("le chant de la pluie"). Mais la première occurrence ? "Il" pourrait (aussi) être considéré comme un représentant sans antécédent, un anaphorisant sans anaphorisé, selon la technique des incipit mystérieux, du genre : "Comment s'étaient-ils rencontrés ?", ou, pour rester chez Verlaine : **"Elle voulut aller sur les flots de la mer"** (**"*Beams*"** [154]). À ce compte-là, il y aurait une sorte de défi herméneutique, que le recours au paratexte (à la fois dehors et dedans, d'autant qu'il s'intègre au système rimique) permettrait peut-être de relever. Le premier "Il" pourrait renvoyer à l'épigraphe, ou à sa signature. Un "il" intérieur, intériorisé pleure, fait pleurer (et non un "elle", un "à cause d'une femme"). Le "Il" liminaire, alors, désignerait très obliquement Rimbaud, qui ferait "la pluie et le beau temps" dans le cœur du poète. Notons que, même chez les Classiques, un homme peut pleuvoir, comme c'est le cas chez La Fontaine : "notre homme/[…] pleut, vente, et fait en somme/Un climat pour lui tout seul […]" (*Jupiter et le métayer*).

Reste, pour finir, à revenir sur la question de l'ariette "oublieuse", du "deuil sans raison". Ne pas "savoir pourquoi" relève souvent de la mauvaise foi, d'une *libido nesciendi* (cf. le "Je ne sais pourquoi" de *Sagesse*). Il n'y a jamais loin, cependant, de la nescience à la prescience. On sait (au moins depuis Proust) que les *quoique* sont des *parce que* méconnus. Qu'est-ce qui peut causer de la "peine", non quoique, mais parce que "sans amour et sans haine". Quoi ? La sexualité. Un sens pornographique, évidemment, est possible, en filigrane ou en surimpression. Mais on encourt, en en risquant l'hypothèse, l'accusation de crime de lèse-élégie. Il n'est pas sûr, pourtant, qu'il y ait, en Verlainie, une "dichotomie" élégie/pornographie, et l'association larmes-sperme est *aussi* un topos (les larmes d'Eros). Il existe une pluie sexuelle : "pleurer" est un verbe qui peut se compromettre/se comprendre dans une acception érotisée, "cœur" est un organe suspect qui appelle, par paronomase, une autre localisation corporelle, sans parler de "pénétrer". L'obscène, chez Verlaine, court en sous-main : la "langueur qui pénètre mon cœur", la "pire peine", ne sont pas loin, aussi scandaleuses que ces homonymies-fantômes puissent paraître, de la "longueur" et de la "pine-pénis". Si l'on suppose une correspondance totale entre les deux premiers vers, alors il faut poser l'existence d'une homologie virtuelle, du type a/b = c/d. "Il pleure dans mon cœur/Comme il pleut sur la X". Où "pleure" est à "cœur" ce que "pleut" est à X. (X = queue). "La ville", en ce sens, masquerait, dans un effet de parhyponoïan, le vit ou le vil refoulés. Il n'est pas si étonnant que "Rimbaud" apparaisse en surplomb, comme un signe érotique ("reins beaux") et météorologique ("rainbow") – et vienne remplacer l'équivoque "Long/fellow", le "compagnon long".

Si les deux vers liminaires d'"Ariette III", ultra-mémorables, marquent les âmes et les corps, c'est, peut-être, parce qu'ils célèbrent et conjoignent le passé enfoui de la langue (et son refoulé "Dieu"), le topos antique-romantique de la pluie-pleurs, l'inconsolable chagrin énigmatique de la condition humaine et le cryptage zutique d'une connivence sexuelle.

Quant au sexe

On rechigne ou on répugne, de façon générale, ou endoxale, à pratiquer une lecture "sexuelle" de la "poésie". Ce malaise dans l'érotisation, est perceptible dans (dès) la constitution artificielle du corpus verlainien, dès lors que le triptyque du programme "néglige" (censure ?) des textes intermédiaires : non pas, seulement, le madrigal-épithalame de *La Bonne chanson*, mais aussi (surtout ?) la plaquette saphique des *Amies* ou les parodies "mauvais genre" de l'*Album zutique*. Que dire à des candidats à l'agrégation, sinon que lès "outils" de l'analyse stylistique devraient (théoriquement) être au service d'un déniaisement, lutter contre la scotomisation, mais qu'ils servent parfois à occulter le sens pornographique des textes (un rapport récent du jury de CAPES édulcore un peu, anticipant sur les futurs commentaires *ad usum delphini* des impétrants, le sens des *Chercheuses de poux*, malgré la multiplication des signes douteux - pour leur décryptage, voir Steve Murphy, *Le Premier Rimbaud*). Aux agrégatifs, aux "amateurs" de poésie de mesurer le bien-fondé de l'affadissement et de décider, comme disait Cocteau, jusqu'où ils peuvent aller trop loin. On ne peut ici, dans le petit espace qui est le nôtre, que rappeler une évidence : que "l'Ecole du sexe" (comme disent aussi ses détracteurs) n'est pas un réductionnisme. Freud, accusé de "pansexualisme" avait déjà souligné la chose : "Je ne connais rien de plus réconfortant que le fait de se trouver pour une fois d'accord avec ses adversaires. La psychanalyse n'a jamais oublié qu'il existe des tendances non-sexuelles, [...] et elle a affirmé, sans attendre les objections, que les névroses sont des produits, non de la sexualité, mais du conflit entre le moi et la sexualité" (*Introduction à la psychanalyse*). Non, "tout n'est pas sexuel", dans les textes comme dans la vie, et c'est justement parce que tout n'est pas sexuel qu'il y a des problèmes (interprétatifs). La poétique et la politique sexuelles de Verlaine ne se laissent pas réduire à un "ne... que" (un "nœud... queue"). Telle a été l'erreur assez grotesque d'un Faurisson face aux *Voyelles* de Rimbaud (il y a bien du pornographique en elles, mais il y a *en même temps* autre chose). Le sexe n'empêche pas le reste. *L'un* (le pornographique) *n'empêche pas l'autre* (le romantique, le pathétique, le politique, etc.). Verlaine, comme Rimbaud (comme Baudelaire, et... quelques autres) est du côté du *et aussi*. Tout est dans *l'équivoque*, la (au moins) double entente, dans le "jeu" du sens – et de dupes. Le nom de "Paul Verlaine" n'admet pas seulement pour anamorphoses **"Pauvre Lélian"** (auto-surnom anagrammatique élégiaque et auto-ironique) et **"Pablo (Maria) de Herlañes"** (pseudo-métonomasie pseudonymique), mais aussi, à suivre Eugène Vermersch, **"Pôle-Vers-L'Aine"** (homonymie et mécoupure érotique), c'est-à-dire, métonymiquement, le sexe, et sa désignation floutée, filoutée ("vers"), lieu de la jonction énigmatique entre le précis et l'indécis. Ainsi, lire Verlaine, c'est être sans cesse ballotté entre sens "intentionnel" (côté auteur) et "attentionnel" (côté lecteur), entre allusion auctorale (toujours manquable) et illusion lectorale (toujours coupable).

Toute une mythologie voudrait nous faire croire, dans le corpus-Verlaine, à la dichotomie : d'un côté la délicatesse des sentiments, parfois et "à peine" érotisés, de l'autre quelques obscénités (de même, à en croire les Chorizontes, l'*Iliade* et l'*Odyssée* viendraient d'un auteur différent). Verlaine, pourtant, n'est pas vraiment ou seulement du côté de l'impressionnisme (de la sous-expression), mais de la surimpression, du palimpseste, de l'impression démultipliée. L'interprétation sexuelle n'"enlève" rien au texte, elle restitue, reconstitue du sens. La surimpression n'est pas une lecture blasphématoire, "iconoclaste", elle est, au contraire restauratrice, rassemblante. La lecture doit refuser d'être dia-bolique, "séparatrice", elle doit être sym-bolique. Fadeur, verdeur : la valeur de Verlaine est dans l'association des deux. En cela, Verlaine malmène notre "on veut croire", il nous apprend ou nous rappelle ce que l'on sait déjà, ce que l'on sait bien (mais quand même), ce que l'on ne veut pas toujours ou vraiment savoir.

L'obscène, la mantique et la dupe

Nomen, omen : "vers l'aine" représente, au risque de l'oxymore, une sorte d'allusif précis – ainsi fonctionnent, comme l'a noté Pierre Guiraud, les mots de la sexualité dans la langue ("truc", "machin", "chose", "ça", "quelque part"). Le nom de l'auteur, à lui seul, prédispose à une poétique de l'approximation, du "mode mineur". Rien d'étonnant à ce Verlaine recoure souvent, parmi d'autres locatifs flous exprès, à la préposition **"vers"**, voire à **"vers les"**, qui semble fonctionner comme une signature secrète ("vers les ramures grises" dans "Ariette I" [125], "Vers les près" dans "Malines" [143], etc.). De tels morphèmes permettent d'écrire du louche, du scabreux, impunément. Mais le véritable "obscène" verlainien se tient au plus près de son étymon : *obscenus*, à l'origine, signifie : "de mauvais augure". Et ce qui se joue "vers l'aine" (< sanscrit *anji*), renvoie, à la fois aux "parties honteuses" et à l'endroit d'une "blessure mortelle". L'obscène verlainien tient aussi et d'abord à la présence constante mais discrète des signes néfastes et funestes. Que l'on pense à leur multiplication dans les *Fêtes galantes*, par exemple, à commencer par l'homonymie que cache sans doute le nom de **Cassandre** (acteur *bifrons* et bisexué, vieillard italien ridicule et jeune grecque vaticinante). **"Quoi donc s'entend ?"**. Le verbe est ambigu, et oscille entre perception ou interception auditive, plaisir ou angoisse de l'"écouteurisme" (pensons aux "belles écouteuses") et défi interprétatif (s'entend = se comprend). Nombreux sont les signes mantiques, parmi lesquels ceux qu'adressent les éléments naturels comme la "brise" ou les "ramures" (songeons aux frémissements des chênes de Dodone), le ramage "oiseux" des oiseaux (ornithomancie), l'avertissement des rêves (oniromancie), la chute d'une statue (exemple classique de mauvais présage), la perversité des cœurs, le cours fatal des astres, etc., etc. Tout est toujours-presque-déjà perdu, comme le "quasi/Tristes" inaugural le laisse entendre, comme le confirment le quasi-oxymore "sangloter d'extase" [97], tel élément du décor, tel moment-piège ("un soir équivoque" [103]), tel chant contrasté ("un langoureux rossignol/Clame la détresse"

[109]), tels signes ominaux : "Présageant sans doute une suite/Mauvaise à ces instants sereins" [112], "les frissons de brise" [113], "Bah ! malgré les destins jaloux" [117], "Eux ils vont toujours/Fatidique cours/Des astres./Oh ! dis-moi vers quels/Mornes ou cruels désastres" [119], "dans mon rêve où le chagrin profond/Évoque un avenir solitaire et fatal" [120], "Voix de notre désespoir,/**Le rossignol chantera**" [121] – le tiroir verbal du futur, dans le dernier exemple, pouvant (ou devant) s'interpréter comme un "futur modal", "prophétique".

Il semble que les *Fêtes* soient traversées par des effets de prosopopée : langage des plantes – symbolisme phytologique – et surtout (ou en même temps) : avertissement des oiseaux, des **"ramures chanteuses"** (**"Mandoline"** [113]), par métonymie ou hypallage). Mais, s'il s'agit bien de présages, ils restent, dans la tradition d'Apollon *loxias*, obliques. Comme suffirait presque à le soupçonner le brouillage perceptif, l'estompement chromatique et tonal. C'est que les **"ramures"** sont parfois **"assombries"** (**"L'Allée"** [100]), parfois **"grises"** (**"Ariette I"** [125]). Que signifie **"assombries"** ? "rendues sombre" par qui ? par quoi ? Au sens premier (comme "le temps est assombri par les nuages") ? Ou au sens figuré (comme Hugo dit : "Pencher votre beau front assombri par instants", *Rayons*, XXXIII) ? Les "ramures grises" ne sont pas plus claires : **"C'est vers les ramures grises,/Le chœur des petites voix"**. À quoi renvoie le **"chœur"**, à un sens musical ? Au sens théâtral d'un "accompagnement" tragique (ou ironique) méconnu ? Comment comprendre **"petites"**, dans son sens physique (faible intensité) ou hypocoristique ? Mezza voce, sotto-voce. Point d'harmonieuse "polyphonie", mais un risque de cacophonie ou d'aphonie (le *fading* des voix). Il n'est jamais sûr que l'on comprenne les oiseaux, ou Dieu (*coeli enarrant gloriam dei*). Pas de miracle à la saint François, malgré "François-les-bas-bleus". Quoiqu'il (parce qu'il) règne, chez Verlaine, une hyperesthésie sémiotique, l'ornithomancie reste douteuse. Il y a les **"ramures réelles"** parmi lesquelles "Se plaignent les tourterelles" (**"Ariette IX"** [135]), comme il y a le ramage ambigu du rossignol. D'un rossignol, on attend un chant harmonieux, mais, chez Verlaine, le chant *desinit in piscem* : **"Dont un langoureux rossignol/Clame la détresse à tue-tête"** [109]. La voix traditionnellement "langoureuse" du rossignol ressemble, pour finir, aux décibéliques clameurs du "rossignol d'Arcadie" : on saute de l'âme à l'âne, du mélodique à l'ithyphallique [Bernardet, 141]. Les oiseaux ne représentent pas toujours, de fait, un discours fiable : **"Et partout les mauvais conseils/Tombèrent sur nous des ramures"** (**"En patinant"** [107]). Du décor aux acteurs, des "ramures" aux ramages, le sens glisse, métonymiquement et perversement. De même des chants d'oiseaux aux "rires oiseux" [107]. On sait que "ramage" a, classiquement, un double sens : "chant des oiseaux" au sens propre, "langage inintelligible", au sens figuré (chez les humains). De là, la décision d'agir, "quoi qu'on caquette" [108]. Quoi donc s'entend ? Quelque précaution qu'on prenne face aux signes, le risque est grand de venir grossir le "troupeau/De dupes ?" ["Colombine", 119]. Curieusement, le souci de ne pas être "dupe" renvoie aussi à l'obsession ornithologique (ornithomantique) des recueils. C'est que **"dupe"** a un rapport avec "huppe", avec le "plumage de huppe". La huppe est un oiseau passereau "qui passe pour un des plus niais" (Littré). "Huppe" est un mot onomatopéique (<bas latin *uppa*<latin classique *upupa*) agrémenté d'un "d- expressif", ou un déverbal de *dé-hupper* "enlever la huppe". "Duppe" est d'abord apparu, comme le précise le *Dictionnaire historique*, dans l'argot des tricheurs et des soudards (XVᵉ siècle). Revenons à Littré : "La *huppe* ou la *duppe* fut prise, dans le jargon ou argot du temps, pour une personne aisée à tromper, sens que *pigeon* a de nos jours".

Rien d'étonnant à ce que les oiseaux verlainiens soient trompeurs, énigmatiques en tout cas. Le **"rossignol"** au plumage roussâtre (*russus*), qui "clame à tue-tête" comme un "roussin d'Arcadie", peut renvoyer, outre le "membre viril", à quelques sens connexes (comme l'instrument de torture qui arrache des cris aux victimes, ou le cauchemar de ce qui ne trouve pas preneur, reste "invendu". Chez Balzac, par exemple, un "rossignol" est un "livre invendu" (1835). Pensons à cette auto-épigraphe anonyme de Verlaine, dans "Ariette IV" [128] : "De la douceur, de la douceur, de la douceur" [Inconnu]). De même, les **"perruches chéries"** de **"L'Allée"** [100] ne sont pas sans rapport avec la **"perruque"** ("de travers") dans **"Sur l'herbe"** [99]. Liées par un lien étymologique, et audelà. Une "perruche" est (aussi) une femme qui parle à tort et à travers (1855), cf. "une voix de perruche". Une "perruque" est (aussi) une personne obstinément attachée au passé (dès l'Ancien Régime). En emploi adjectivé, "perruque" cristallise le jugement négatif des Romantiques sur les Classiques (Stendhal parle d'un "style perruque"). On le voit : le nom même des oiseaux peut cacher quelques pièges (et même s'ils ne sont pas nommés comme dans *Birds in the night*"). On ne peut se fier aux présages des oiseaux, ni, en général, à ceux de la Nature. Au lieu d'interroger "les frissons de brise" [113], ou ce qui "bruissait"/"Comme des sistres" [137], il faut prêter l'oreille au "bruissement de la langue" (Barthes). Tout se joue dans les subtilités du langage et les ambiguïtés du discours. Le poète entraîne dans les paradoxes du malentendu, les chausse-trapes du mal-vu ou de l'entrevu. Il laisse à son lecteur, non sans perversité, coûte que coûte et vaille que vaille, la tâche – ô combien délicate – de dégager l'intelligible du sensible.

Sur quelques "fausses fautes" de Verlaine

En matière de syntaxe ou de lexique (sans parler du reste), Verlaine semble, parfois, souvent, tomber dans l'hypocorrection. Mais, on (et il) le sait bien : dans le champ du langage, user d'un registre volontairement fautif, c'est faire preuve de maîtrise. Verlaine crée une "grammaire de la maladresse", de l'acte manqué "exprès". Jean-Pierre Richard a parlé de "déhanchements syntaxiques". Verlaine, c'est tout un art de la fausse ou de la feinte faute – au risque de l'inexactitude, à la limite du solécisme et du barbarisme – dont il faut démonter les mécanismes.

• Anachronismes

Parmi toutes les "fautes" reprochées à Verlaine, l'accusation d'ana-chronisme est sans doute la moins fondée (la plus impertinente), puisque le ou les univers poétiques évoqués donnent sans cesse l'impression (et ont sans doute constamment pour but) de brouiller *systématiquement* les repères chronologiques. On ne donnera ici qu'un exemple : le cas d'**"une impure"** (**"Ariette VI"** [130]). L'adjectif, en emploi substantivé signifie : "femme galante". À en croire Claude Cuénot, le mot renvoie à la langue du Second Empire, au monde de Napoléon III, et non à celui des chansons anciennes "contaminées" et montées en centon. À en croire Olivier Bivort, c'est un mot qui relève du langage "précieux". À en croire [HERVÉ, site internet], qui s'appuie sur le Robert, la première occurrence remonterait à 1768 (chez Collé) et Balzac et Baudelaire l'auraient employé en ayant conscience qu'il renvoyait au siècle précédent. L'écriture verlainienne tend, on le voit bien, un piège projectif (on se croirait devant un test de Rorschach). Selon le *Dictionnaire historique* d'Alain Rey, le mot est substantivé au XVIIe siècle, "à la fois avec une valeur de neutre (1656) et pour désigner une personne impure ; en particulier le féminin *une impure* (1668) a désigné une courtisane ; cet emploi a disparu". La "querelle de datation" – ce monstre dix-septiémo-dix-huitiémo-dix-neuviémiste – n'est pas un symptôme indifférent. C'est qu'il y a une "polychronie" verlai-nienne, comme il y a une polysémie et une polyphonie. Le discours poétique "combine" une stratification, un feuilleté savants des significa-tions, dont "l'innocence" est toujours à questionner. Et c'est justement quand Verlaine évoque un univers *Zeitlos*, hors-temps, qu'il faut le soup-çonner des pires cumuls, archaïco-modernes, ludico-satiriques.

• De quelques solécismes

– Commençons par des constructions "à la limite du solécisme", comme l'usage du pronom interrogatif dans **"Charleroi"** [137] : **"Quoi donc se sent ?"**, **"Quoi bruissait/comme des sistres ?"** Ces morphèmes-sujets "neutres" (à référent animé-inanimé), cette syntaxe fruste, "brutale", brute, travaillent à une mise en scène de l'attention aiguë, "aux aguets" (la forme "quoi" peut aussi être employée comme interjection). Les pronoms mettent en crise la notion de phrase "développée", en se substituant aux interrogateurs complexes ("Qu'est-ce qui"/"Qu'est-ce que c'est qui") ou à l'inversion sujet-verbe ("Que sent-on ?"). Cette crise syntaxique, à laquelle la modalité d'énonciation interrogative sert d'alibi, est le prix à payer pour une initiation aux signes, au bruissement mantique (tel celui des chênes de Dodone) ou aux mystères isiaques (cf. *Le Roman de la momie*). Le "je" verlainien s'emploie à vaticiner, à (re)devenir *vates*. **"Je devine"**, dans "Ariette II" [126], oscille entre "(a)percevoir à peine" et "prophétiser". Être poète-prophète, c'est user et abuser de la mé-connaissance, et du mal-entendu. Le "Je-ne-sais-quoi" référentiel suppose un "presque rien" syntaxique, proche du haïku japonais. Cependant, même le "presque rien" est travaillé. À preuve, le "Quoi bruissait" qui est, synchroniquement, rudimentaire, et philologiquement précieux (il reproduit une interrogation latine en *Quid ?*). Un pas de plus dans la déconstruction, et c'est la question nominale **"Où Charleroi ?"**, espèce de dirème à auxiliaire ellipsé, à la fois ultra-primaire et hyperclassique (calqué sur l'"économie" syntaxique du latin). De même encore la phrase averbale (**"Plutôt des bouges..."**) qui fait songer à l'ellipse du *sunt* latin (équivalent du présentatif c'est/ce sont). La syntaxe verlainienne raréfiée est, en même temps, iconoclaste et sophistiquée (savante). La grammaire, même et surtout malmenée, est l'objet d'une recherche, comme le montrent les constructions en miroir de la valence ("Quoi donc se sent ?/On sent donc quoi ?") qui font passer le pronom de la position 1 de sujet à la fonction objet. Pris dans une syntaxe minimale, le sémantisme de **"sentir"** révèle toute sa polysémie : pressentiment, sentiment, sensation (auditive/visuelle/tactile/olfactive/dégoûtée).

– **"Laissons-nous persuader/Au souffle"** (**"En sourdine"** [121]). Le choix prépositionnel ("au") nous renvoie à un tour archaïque, à une ancienne construction du complément d'agent. Il s'agit ici de l'agent d'un infinitif semi-actif (périphrase verbale tolérative). C'est un tour classique. On dit : "se laisser séduire à quelqu'un". Cf. "mais je me laisse emporter au plaisir de..." (Mme de Sévigné), "et ne vous laissez point séduire à vos bontés" (Molière, *Femmes savantes*, V, 2). Sur l'usage et la survivance du "à" comme introducteur de l'agent, deux thèses sont soutenables : une continuation populaire du latin *ab*, ou une influence savante. Il y aurait peut-être aussi, chez Verlaine, une influence du datif grec. On sait qu'une citation d'Homère *peithômètha nukti mélainè* (*Iliade*, VIII, 502 et IX, 65) = "Mais laissons-nous persuader à la nuit noire", servait primitivement d'épigraphe à l'"Ariette II" [126].

– Le **"Quoi qu'on caquette"** qui sert de clausule à **"En patinant"** [108], appelle un petit commentaire. Non pour la graphie du verbe (Littré fait de la concurrence "caquète"/"caquette" une variante libre), mais parce que "Quoi qu'on caquette" n'est pas "quoiqu'on caquette". C'est que "caqueter" est normalement intransitif. Et que Verlaine s'est peut-être laissé emporter par l'intertextualité moliéresque (le fameux "quoi qu'on die" de Trissotin, dans le "Sonnet à la princesse Uranie sur sa fièvre"). Cependant, rien n'interdit, finalement, à "caqueter" d'être traité comme un verbe transitif. Que peut-on caquetter, si ce n'est des couacs, "complément d'objet interne" (comme dans "vivre sa vie", ou "dormir son sommeil") à la fois virtuel et bien sonore.

– Dernier exemple, dernier cas-limite : les **"avoines folles"** qui apparaissent à la fin de **"Colloque sentimental"** [122]. Il s'agit ici d'une sorte de solécisme, dès lors que l'ordre syntaxique est perturbé. L'avoine et son épithète forment normalement un syntagme où l'antéposition adjectivale est de rigueur, on parle de "folles avoines" pour désigner l'avoine sauvage, plante adventice. Le refus de l'inversion constitue ici une "licence" poétique paradoxale. Le "redressement" du syntagme, au-delà de l'hypothèse simpliste des "nécessités de la rime", s'écrit-il sous l'influence de : "herbes folles" ? de "vignes folles" ("Après trois ans") ? Quoi qu'il en soit, la postposition verlainienne a pour effet (et sans doute pour but) d'insister sur la "folie". Ici comme ailleurs, le référent (les graminées prolifiques, plantes ténues, fragiles) compte moins que son expression linguistique. Le latin tolère les deux ordres (adjectif-nom, nom-adjectif), il dit indifféremment *avena fatua* (qui signifie d'abord "fade, insipide", puis "insensée, folle", épithète qui renvoie à la divination, à la folie mantique) ou *steriles avenae* (les "folles avoines" chez Virgile). La traduction par "avoines stériles" pourrait expliquer la postposition de "folles". D'un autre côté, revenir à l'ordre libre du latin, c'est aussi réveiller le sens de l'étymon – *avena* signifie aussi : "chalumeau, flûte pastorale", et, au pluriel, les chalumeaux réunis formant la flûte de Pan. L'avoine conjoint le sauvage, le stérile et le poétique. On le voit : Verlaine, en rajoutant le distique final, a rajouté une "pointe" énigmatique. Le mystère de la clausule reste à peine écorné.

• **Barbarisme**

Un barbarisme : **la forme "férut"** [106] (**"En patinant"**, *v.* 4). La critique n'a pas manqué de contester, en effet, le thème vocalique "u" de la désinence (barbarisme flexionnel au lieu de "-it"). Il est vrai que *férir*, usuel jusqu'au xvie siècle, puis éliminé par "frapper" (*Dictionnaire historique*), est, pour nous, un verbe "défectif" qui n'est plus guère utilisé qu'à l'infinitif, voire dans une locution figée ("sans coup férir"). Nous ne sommes pas (plus) habitués aux paradigmes de *férir*, comme le montre l'erreur (célèbre) corrigée par Rousseau au livre III des *Confessions*, à propos du "t" supposé fautif de la devise : *tel fiert qui ne tue pas* ("fiert" ne venant pas de *ferus* "fier, menaçant", mais du verbe *ferit* = "il frappe, il blesse"). Littré, qui a reconstitué le système des conjugaisons de *férir*, donne pour l'aoriste, "je féris". Rien d'étonnant, donc, à ce que les verdicts de Bivort [82, n. 3] ou de Claude Cuénot soient sans appel : nous aurions affaire, ici, au "barbarisme *férut* au lieu de *férit*, passé simple de *férir*". Et Cuénot d'invoquer, pour justifier la confusion, la forme adjectivale "féru" (qu'il tire d'un recueil de Sercy, apud Mongrédien : "on parle d'une montagne voisine qu'on appelle Cœur-Féru"). La forme adjective "féru" est encore bien présente dans la langue moderne ("être féru de"/"contre"), et le passé simple "férut" pourrait être interprété comme une réfection analogique sauvage. Comment, donc, comprendre "férut", le faux (ou feint) parfait défini de Verlaine : *lapsus calami* ? faute "exprès" ? La littérature a toujours recouru aux fautes volontaires, et l'on sait bien que le passé simple est un tiroir verbal mythique (Barthes) et qu'il se prête par là à des anamorphoses iconoclastes (pensons aux permutations désinentielles de Queneau). "Férut" pourrait être ici un signe de l'humour et de l'ironie verlainiennes, et les "cervelles" frappées par l'Été et par la passion (conformément à l'iso-topie amoureuse de "féru") impliquer un détraquement de la morphologie verbale. L'affaire est, cependant, un peu plus compliquée. C'est que la "confusion" des voyelles thématiques (u/i) est aussi un héritage du passé. Dans la *Chanson de Roland*, la forme "ferut" (adjectif ou participe) est plus fréquente (sept occurrences) que le passé simple "ferit" (deux occurrences). La variance u/i entre aussi en écho, pour passer à la Renaissance, avec un jeu de Montaigne sur "lettre-ferits" et "lettres-férus" : "Mon vulgaire Périgordin [la langue parlée dans le Périgord] appelle fort plaisamment "Lettre-ferits" ces savanteaux, comme si vous disiez "lettre-férus", auxquels les lettres ont donné un coup de marteau, comme on dit." (*Essais*, I, 25, "Du pédantisme"). Montaigne joue ici sur deux participes passés possibles du verbe *férir* (parmi d'autres : *fru, fruis, feruit, firit*, etc.). Autant le dire crûment : reprocher à Verlaine un "barbarisme", c'est sous-estimer à la fois le poète et la langue (les concurrences allomorphiques). En fait, ont existé deux passés simples de férir : ferire > ferivit > feriit > ferit *vs* ferire > feruit > ferut. La seconde forme a eu beaucoup de succès au XVIᵉ siècle. On la trouve dans le *Gargantua* de Rabelais ("Soubdain après, tyra son dict braquemart et en ferut l'archier…") comme chez Ronsard, dans une *Élégie* de 1565 ("Le beau Chorebe, et l'ardeur violente/Dont pour Cassandre Amour tant le ferut/Que pour la Dame à la fin il mourut"). Le supposé "barbarisme" de Verlaine est un archaïsme ultra-classique.

– L'ambiguïté de **la forme "fût"** dans **"Ariette VII"**. "Est-il possible – le fût-il, –/Ce fier exil [...]" [132]. Jacques Robichez s'interroge sur la possibilité d'une inadvertance (coquille typographique ou *lapsus calami*), et risque fugitivement l'hypothèse d'un passé simple. Il est vrai que, entre "fût" et "fut", le signe diacritique qui distingue les deux modes, homophones à la personne 3, est ténu. En outre, la séquence "est-il possible/le fût-il" repose sur la reprise du même verbe (polyptote) et l'usage du pronom anaphorique *le*, comme si le passage d'un segment verbal à l'autre n'impliquait qu'un changement de temporalité. Cependant, les trois éditions publiées du temps de Verlaine portent la leçon "fût". En fait, comme le note Bivort : "Dans le tour au présent, la postposition du pronom est engendrée par la forme interrogative. Il n'en va pas de même dans le tour au subjonctif, et c'est une fausse symétrie qui induit à mettre les deux constructions en parallèle" (Olivier Bivort, "Grammaire et poésie : D'un subjonctif expressif dans les *Romances sans paroles*", *Scritti in onore di Lidia Meak*, Università degli studi di Trieste, Torino, L'Harmattan Italia, 2001, p. 53). De fait, "le passé simple aurait tendance à appeler un point d'interrogation dans l'incidente entre tirets". Il s'agirait donc bien là d'un subjonctif imparfait. Reste à en analyser le fonctionnement et les effets. La tâche semble d'autant plus importante que, selon les typologies des traités de ponctuation, la "parenthèse" glisserait incidemment une "information accessoire", tandis que l'énoncé entre tirets – la "tirade" pour parler comme Marc Wilmet – mettrait en relief une "information essentielle" [WILMET, 576]. On sait qu'il existe un subjonctif imparfait en construction absolue avec postposition du sujet clitique, en climat binaire (dans des structures à deux propositions), dont la fonction est de marquer l'hypothèse, la concession ou l'opposition. L'absence de ligateur fait parler de "subordination implicite" (Wagner et Pinchon), ou de "subordination paratactique" (Le Goffic). La structure est glosable par *si* ou *même si* + indicatif imparfait ou par *quand bien même* + conditionnel présent. Selon une hypothèse de Robichez, il s'agirait, chez Verlaine, d'une "parenthèse elliptique", paraphrasable par = "et quand bien même il serait possible, faut-il le croire nécessaire". Comme le note Bivort, une telle ellipse paraît improbable, dès lors que ce serait la proposition principale supposée qui contiendrait l'essentiel de la phrase. En fait, le système des ponctuants construit ici un isolat : le subjonctif est employé en proposition indépendante. Il existe un subjonctif sans "que", spécialisé dans l'expression du regret du passé ou d'un souhait qui ne peut être réalisé. Ferdinand Brunot l'appelle "l'optatif". C'est celui que l'on trouve, par exemple, dans : "Plût aux dieux que ce fût le dernier de ses crimes" (Racine). Le subjonctif peut servir à la formulation d'un souhait vain, devenir un optatif irréel : "Fût-il déjà venu, ce tems désiré !" (Rousseau, *La Nouvelle Héloïse*). La décadence du subjonctif imparfait a plongé ce genre d'emploi dans une survivance précaire. Lacan, l'antidoxal, l'a employé : "Plût au ciel que les *Écrits* restassent, comme ce serait plutôt le cas des paroles". Tout se joue dans une tension entre souhait et déréalisation. Pour Moignet, le subjonctif imparfait est du côté du "regret" : il exprime une "idée regardante" voisine du souhait, mais d'orientation opposée. Le souhait est du côté du "subjonctif I" (présent), le regret du côté du "subjonctif II" (imparfait). Ce qui s'énonce, ici, c'est un "espoir fataliste", désenchanté. Le "je" lyrique, écartelé entre le "cœur" et l'"âme", cherche une troisième voix – et cet écartèlement quoique (ou parce que) atténué, est terrible. L'impressionniste Verlaine nous a tendu le piège d'un "subjonctif expressif".

• "Impropriétés" et autres inexactitudes

– Parmi les (apparentes) impropriétés, figurent les "mots si **spécieux**" [103] des **"Ingénus"** (v. 11), adjectif "un peu pédant et un peu impropre", à en croire Robichez [558]. Notons d'abord la curieuse modulation scalaire : un mot est impropre ou il ne l'est pas (quant au pédantisme, c'est affaire d'idéologie). En fait, Verlaine fait un emploi "spécieux" du mot "spécieux". Au sens premier (< lat. *speciosus*), l'adjectif signifie "de bel aspect, d'extérieur brillant", et il garde longtemps ce sens propre originel, qui disparaît à l'époque classique. Dès la fin du XVIe siècle, le sens mute et devient péjoratif, il renvoie alors à "une apparence de vérité destinée à tromper". L'adjectif, ici, est pris dans une sorte de tourniquet mélioratif-péjoratif, esthétique-éthique. On pourrait même considérer "spécieux", mis en vedette par l'intensif *si*, par la diérèse ("spéci = eux"), par le contexte du "soir équivoque", par le régime hémiphémique ("tout bas"), et par l'effet d'ébranlement qu'il produit, comme une sorte de mot-valise (bloconyme) du genre "spéciaux + vicieux" (euphémisé par un mode de discours "précieux").

– Autre incongruité sémantique : **"Le marbre/Au souffle du matin tournoie, épars"** (**"L'Amour par terre"** [120]). Robichez y voit une phrase "absurde", la "seule faute de goût" des *Fêtes galantes* [568]. Il existe pourtant une tradition de l'adynaton, comme il y a un topos de la statue animée. "Amour", après tout, est à la fois une statue et un Dieu. Et l'Amour, ici, est transformé en "girouette", ce qui n'est pas dépourvu de toute pertinence métaphorique. À moins (l'un n'empêche pas l'autre) qu'il ne s'agisse d'une hypallage (le souffle tournoie sur le marbre). Valéry écrira, pour sa part : "Où tant de marbre est tremblant sur tant d'ombre" (*Cimetière marin*). Autre hypothèse : le supposé "marbre" ne serait que du (vulgaire) plâtre. Etc. Bref, l'"impertinence" n'est pas (ne devrait pas être) autre chose qu'un déclencheur herméneutique.

– Nouvel exemple (il n'en manque décidément pas) : les **"courbatures"** qui terminent **"Cythère"** [110]. Le mot a agacé un stylisticien comme

Claude Cuénot, puisqu'il n'aurait ici "ni le sens hippologique, ni le sens courant". Il faudrait comprendre, à l'en croire, "crampes d'estomac", mot qui serait "irritant et impertinent par son impropriété même". Il est vrai que la scène, prise au sens littéral, peut un peu surprendre. Certes l'on sait bien que, entre deux orgies, on a besoin de "confortatifs restaurants" (Sade). Mais ici le remède aux "courbatures" – au sens courant du terme, n'en déplaise à la critique = "indisposition caractérisée par une sensation de brisement ou de contusion des muscles et des membres et une extrême lassitude" (Littré) – n'est pas très innocent. Il suffit de se rappeler que Verlaine est l'homme des jeux de mots scabreux (comme "prépuce-cul" pour *crépuscule*, "in-femme" pour *infâme*, etc., etc.). Comme l'a noté Steve Murphy, dans **"sorbets et confitures"**, si l'on tend un peu l'oreille, s'entend toute une gymnastique pornographique (après tout, nous sommes à "Cythère"). Ajoutons que "confiture", au XVIIIe siècle, renvoie à des "fruits conservés et confits". Même "innocente", cette gourmandise est souvent surdéterminée, érotisée (pensons à ce souvenir d'enfance de Stendhal où l'original de Mme de Merteuil lui offre une "noix confite"). Pensons aussi, côté XIXe siècle, à une métaphore du *Lorenzaccio* : "une jeune chatte qui veut bien des confitures, mais qui ne veut pas se salir la patte".

– Dans le domaine intertextuel, Verlaine dérogerait parfois aux scénarios topiques. Tel serait le cas, par exemple, pour "l'excellent docteur/Bolonais" de **"Fantoches"** qui **"cueille avec lenteur/Des simples"** [109]. L'action, performée "avec lenteur", peut renvoyer à une opération "sérieuse", méticuleuse, ou à l'inverse, à des locutions familières figées, du genre : "cueillir des pâquerettes" = *flâner*, *musarder* (Victorien Sardou, *La Famille Benoîton*, 1866). En fait, dans la *commedia* italienne, et la critique n'a pas manqué de le souligner, le docteur bolonais n'herborise pas (il est jurisconsulte et non médecin-herboriste). Cette inexactitude qui touche aux "emplois", cette erreur de casting, pourrait jouer (aussi) comme un "signal" ou un déclencheur herméneutique, et mettre sur la voie d'une double isotopie. C'est qu'il y a "simples" (plantes médicinales) et "simples" (d'esprit), comme il y a "cueillir" (récolter) et "cueillir" : "prendre aisément (quelqu'un)". Le verbe, avec cette seconde acception, ne serait entré dans la langue (familière) qu'en 1878, à en croire le *Dictionnaire historique* d'Alain Rey. Mais rien n'empêche Verlaine d'être un peu en avance sur les datations officielles. Ici, les "simples" ne sont jamais "simples", et l'herbe n'est jamais que de l'herbe (un titre comme "Sur l'herbe" élude superbement ce qu'on y fait, et pas qu'y dîner). Cueillir les simples, c'est aussi (et surtout) attraper les dupes. Et c'est l'obsession des *Fêtes galantes* : associer le docte et le(s) naïf(s), le flou et les floués (lectorat inclus). De là la nécessité de lire "avec lenteur" Verlaine. À la loupe.

Il n'y aurait pas loin de cette double isotopie, si l'on veut bien convenir de son existence, à un syntagme quasi innocent comme **"En bateau"** [111]. Le poème auquel ces deux mots servent de titre serait, selon le verdict de Claude Cuénot, une "délicieuse scène de genre", teintée de ou tentée par une forme de "réalisme" (façon Chardin en peinture) à cause de l'immixtion de "deux mots non poétiques" : "briquet" et "culotte". Bivort, dans son sillage, parle de "prosaïsme" [92]. L'affaire est, peut-être, un peu plus compliquée, si l'on admet que "bateau", dérivé en -*ellus* de l'anglo-normand *bat* "bateau", peut en cacher un autre : son homonyme "bateau", terme d'argot que le *Dictionnaire de l'argot moderne* de L. Rigaud (1881) date de 1866. Cf. AF *baastel, bastel* (*v.* 1220), probablement "marion-nette", d'où "instrument d'escamoteur", "escamotage" (le dérivé "bate-leur", toujours vivant, ayant pu favoriser l'émergence du sens argotique). Par le jeu d'un glissement diaphasique, "bateau" au sens 2 réalise l'idée de mystification, surtout en locutions. Le syntagme prépositionnel "En bateau" pourrait bien ici évoquer et cacher – *peccatum omissionis* – la locution verbale "mener en bateau". "Pousser un bateau" (au sens de "mentir") est enregistré, en tout cas, par le *Dictionnaire de la langue verte* d'A. Delvau publié en 1866. Selon le *Dictionnaire historique*, "monter un bateau" remonterait à 1867, et la variante "mener en bateau" à 1872, au sens de "donner le change". Verlaine serait, là encore, (légèrement) en avance sur le *terminus a quo* officiel. Et il ferait tout (ou presque) pour que l'on prenne des vessies pour des lanternes. De quel "bateau" s'agirait-il ? Les mots "incongrus", *briquet* et *culotte* suffisent peut-être à le soupçon-ner, comme l'a suggéré Steve Murphy [*LV*, 175]. Le **"briquet"**, à partir de 1809, est un "petit appareil servant à produire du feu". Mais, entre le XIXe et le XVIIIe siècle, le référent et donc le sens ont évolué. En 1735, le "briquet" (qui a remplacé *fusil*) est une "pièce d'acier avec laquelle on bat un silex pour en tirer du feu". De cet objet primitif procède la locution "*battre le briquet*" (1752), "encore employée avec un sens figuré", et qui a disparu (Alain Rey). Curieuse ellipse lexicographique. Quel sens figuré ? Littré, apparemment, répond : "Familièrement et figurément, battre le briquet, se frapper les chevilles des pieds en marchant". Ce n'est pas, on s'en doute un peu, le seul sens figuré de la locution. Il en est un autre, un peu moins consignable. C'est que "briquet" est le comparant-type (le phore prototypique) des actes réitérés, ce que reconnaît, à sa façon, le *Dictionnaire* de Boiste (14e éd., 1857), dans une citation de Buffon qui ne manque pas de sel : "Il en est de beaucoup d'entreprises comme de battre le briquet ; on n'y réussit que par des actes réitérés, et souvent à l'instant du désespoir.". Une chanson populaire et pseudo-innocente comme "Au Clair de la lune" éclaire, pour peu que l'on y prenne garde, le sens porno-graphique de l'opération : "Va chez la voisi-ne,/On bat le briquet" (*id est* :

on fornique). Évidemment, tout est dit, chez Verlaine, sur le "mode mineur", c'est-à-dire (aussi) avec des diminutifs. Comme le montrent (même si, en synchronie, on l'oublie) le "briqu*et*" et la "cul*otte*". "Briquet" est un diminutif de "brique", sens originel : "morceau, petite quantité" (cf. "Briquet", mot-appellatif et nom propre d'un petit chien de chasse). Quant à **"culotte"**, il entre dans le système cul>culot>culotte. De même, "bateau" est aussi, au départ, un diminutif, comme, à l'origine, son parasynonyme "esquif" (< italien schifo, "petite embarcation") qui esquive et esquisse un sens pornographique. La scène est à la fois sous- et surérotisée : petit sexe, et "course brève".

Avec le "briquet dans la culotte", on retrouve, bien entendu, les amphibologies célèbres, trop célèbres (en ce qu'elles "fixent" et restreignent le corpus du double jeu) dont la critique reconnaît, homéopathiquement, qu'elles frappent : le verbe *patiner* ("glisser sur la glace" et "lutiner", entre autres acceptions), le *rossignol* (à la fois oiseau et pénis, parmi d'autres possibles), la *lune* (l'astre et les fesses, sans préjudice du reste), etc., etc. Verlaine, il faut bien le reconnaître, aime beaucoup "cueillir les simples" et "mener en bateau".

On terminera là-dessus la liste (suggestive et non exhaustive) des pseudo-fautes de Verlaine, liée à toute une mythologie biographico-philologique du mauvais procès et de la *lectio facilior*. Tout se joue dans le feuilleté, le cumul des sens : la "maladresse" n'exclut pas la sophistication, pas plus que le mélancolique n'exclut le pornographique ou le politique. Le secret du discours n'est pas dans "l'impression", mais dans la surimpression, dans le palimpseste discret des significations. On a donc intérêt à parier – il y a beaucoup à y gagner (pour le poète comme pour son lectorat) – que Verlaine est le poète des fausses fautes et des notations vraies. Et que tout le reste est ("méchante") métalittérature.

Clausule

Une poétique d'apparence "légère" s'étaie sur des procédés insidieusement et peut-être dangereusement simples. Verlaine montre, quasi démontre que subtilité et gaucherie ne s'excluent pas nécessairement, bien au contraire. Et c'est au prix des pires imprudences : une ligne de démarcation à peine perceptible, parfois, sépare le piège exquis de la pièce d'apparence oiseuse ou frelatée. En Verlainie règnent conjointement, au risque et à la limite de l'indicible, le naïf et le retors, la simplification impressionniste et la stylisation sophistiquée, l'illusion sentimentale et les allusions obscènes, la fadeur et la verdeur, le souci philologique et le clin d'œil intertextuel, l'exigence éthique ou politique et le "mode mineur", la feinte erreur et l'heureuse faute – le faux imprécis et l'indécis vrai.

BIBLIOGRAPHIE

Éditions

BERCOT M., Verlaine, *Poèmes saturniens*, Livre de poche, 1996. [Édition utile pour son annotation très nourrie, notamment pour relever les allusions à Baudelaire et à la peinture.]

BIVORT O., P. Verlaine, *Fêtes galantes, précédé de Les Amies et suivi de La Bonne Chanson*, Le livre de poche classique, 2000. [Édition pourvue d'une introduction importante qui ouvre de nouvelles perspectives pour les *Fêtes galantes* ; annotation excellente.]

BIVORT O., P. Verlaine, *Romances sans paroles, Cellulairement*, Le livre de poche classique, 2002. [Introduction intéressante et annotation très utile. L'édition a le désavantage de donner le texte de l'édition originale qui fausse souvent la ponctuation, en particulier, de Verlaine.]

BOREL J. et. LE DANTEC Y.-G., Verlaine, *Œuvres poétiques complètes*, Gallimard, "Bibliothèque de la Pléiade", 1989 [1962]. [Édition de référence pour l'œuvre après *Parallèlement* et les œuvres non recueillies en volume ; noté *OPC* in texte.]

BOREL J., Verlaine, *Œuvres en prose complètes*, Gallimard, "Bibliothèque de la Pléiade", 1972. [noté *Pr* in texte]

[**Édition au programme de l'Agrégation 2008** à laquelle renvoient les numéros de page entre crochets in texte] BOREL J., Verlaine P., *Fêtes galantes, Romances sans paroles, précédé de Poèmes saturniens*, Gallimard, "Poésie/Gallimard", 1973. [Édition dépassée par celles en Livre de poche de Bercot M. et Bivort O.]

BORNECQUE J.-H., *Les* Poèmes saturniens *de P. Verlaine*, Nizet, 1977 [1952]. [Recherche en grande partie biographique, motivée en grande partie par l'idée que le recueil aurait été inspiré par l'amour de Verlaine pour sa cousine Élisa Dujardin ; l'auteur a mis en évidence de nombreuses "sources".]

BORNECQUE J.-H., *Lumières sur les* Fêtes galantes *de P. Verlaine*, Nizet, 1969 [1951]. [Travail important qui a localisé des intertextes décisifs et montré un certain nombre des références artistiques du recueil, en particulier chez Watteau.]

MURPHY S., avec BONNA J. et LEFRERE J.-J., Verlaine, *Fêtes galantes*, Champion, à paraître. [Édition comportant de nouveaux documents manuscrits et imprimés.]

MURPHY S., Verlaine, *Poëmes saturniens*, Champion, 2007. [Édition philologique avec introduction, postface et notes.]

ROBICHEZ J., Verlaine, *Œuvres poétiques*, Garnier, 1994 [1969]. [Édition de référence pour les recueils publiés jusqu'en 1889, se terminant sur *Parallèlement* ; ne contient pas les œuvres non recueillies en volume. Philologiquement soignée, avec une précieuse annotation ; une tendance cependant à imputer au poète des erreurs qui n'en sont pas ; noté *OP* in texte.]

S. MURPHY, avec BONNA J. et LEFRERE J.-J., Verlaine, *Romances sans paroles*, Champion, 2003. [Édition fac-similaire (seul manque le manuscrit de "Charleroi"), avec une introduction, une postface et des notes.]

VERLAINE P., *Fêtes galantes*, avertissement d'E. DELAHAYE, Messein, 1920 (réédition Bibliothèque de l'image, 1997). [Fac-similé complet de l'ensemble Zweig.]

Concordances

EIGELDINGER F., GODET D. et WEHRLI E., *Table de Concordances rythmique et syntaxique des Poésies de P. Verlaine, Poèmes saturniens, Fêtes galantes, La Bonne Chanson, Romances sans paroles*, Genève, Slatkine, 1985.

Correspondance

PAKENHAM M., P. Verlaine, *Correspondance générale*, t. 1, *1857-1885*, Fayard, 2004. [Ouvrage hautement annoté par le plus grand spécialiste de Verlaine. Fournit, mieux que les biographies, une idée du Verlaine des années 1860 et 1870 et qui rend notamment attentif à son humour et à ses convictions sociales ; noté *CG1* in texte.]

VAN BEVER A., *Correspondance de P. Verlaine*, 3 vol., Messein, 1922, 1923, 1929.

Correspondance de Baudelaire

PICHOIS C., Baudelaire, *Correspondance de Baudelaire*, 2 vol., Gallimard, "Bibliothèque de la Pléiade", 1973 [noté *CB* in texte].

Livres et thèses

Histoire littéraire, réception

BIVORT O., *Verlaine*, Presses de l'université de Paris-Sorbonne, 1997. [Ouvrage très utile, noté *OB* in texte, auquel on trouvera quelque compléments dans l'édition de la *Correspondance générale* de M. Pakenham, voir *supra*.]

ILLOUZ J.-N., *Le Symbolisme*, Livre de poche, 2004. [Comme le livre de B. Marchal, ce travail permet de comprendre le mouvement au-delà des clichés habituels.]

MARCHAL B., *Lire le symbolisme*, Dunod, 1993. [Excellente introduction, très nuancée ; voir aussi l'ouvrage de J.-N. Illouz, *infra*.]

MORTELETTE Y., *Histoire du Parnasse*, Fayard, 2005. [Travail parfaitement documenté mais qui revient pour l'essentiel à la vision habituelle du Parnasse, sans assez se poser des questions concernant la manière de définir le mouvement.]

MORTELETTE Y., *Le Parnasse*, Presses de l'université de Paris-Sorbonne, 2006. [Florilège de réactions au Parnasse, éclairant notamment pour les *Poëmes saturniens*.]

Approches générales

BERNADET A., *Fêtes galantes, Romances sans paroles, précédé de Poèmes saturniens de P. Verlaine*, Gallimard, "Foliothèque", 2007. [Admirable essai : lecture indispensable, en particulier pour les *Poëmes saturniens*, noté *AB1* in texte.]

BERNADET A., *L'Exil et l'Utopie. Politiques de Verlaine*, Presses universitaires de Saint-Étienne, 2007. [Ce livre permet, comme le précédent, d'appréhender la continuité des politiques et de la manière de Verlaine, au-delà de l'apparente frontière de la conversion, avec de brillantes microlectures et une analyse nouvelle des rapports entre l'esthétique et l'éthique, la stratégie "en sourdine" de Verlaine permettant de repenser des phénomènes au cœur de la critique verlainienne, sans les idées reçues qui les escortaient ; noté *AB2* in texte.]

BERNADET A., *Verlaine première manière*, CNED/Presses universitaires de France, 2007.

BRUNEL P., *Le Premier Verlaine, des* Poèmes saturniens *aux* Romances sans paroles, Klincksieck, 2007. [Publication en novembre.]

MURPHY S., *Marges du premier Verlaine*, Champion, 2003. [Exégèses de plusieurs poèmes saturniens ("Résignation", "Nevermore [1]", "Après trois ans", "Monsieur Prudhomme", "Çavitri", "César Borgia"...), insistant sur la dimension politique de l'œuvre du premier Verlaine et sur son rôle dans le Parnasse.]

WANLIN N., *Du pittoresque au pictural. Valeurs et usages des arts dans la poésie française de 1830 à 1872*, université de Paris-Sorbonne (Paris IV), 2006. [Après Aloysius Bertrand, l'auteur étudie les *Poëmes et saturniens* et les *Fêtes galantes*, dans une déconstruction importantes de beaucoup d'analyses de la picturalité de ces recueils.]

WHIDDEN S., *Leaving Parnassus. The Lyric Subject in Verlaine and Rimbaud*, Rodopi, 2007. [La crise du sujet lyrique, avec des analyses intéressantes portant sur *Poëmes saturniens* et *Romances sans paroles*.]

ZAYED G., *La Formation littéraire de Verlaine*, Nizet, 1970 [1962]. [Travail global sur les intertextes verlainiens.]

ZIMMERMANN E. M., *Magies de Verlaine. Étude de l'évolution poétique de P. Verlaine*, Genève, Slatkine, 1981 [1967]. [Peut-être la meilleure analyse *globale* de l'œuvre de cette période, même si sur beaucoup de points elle a été forcément dépassée par les études plus récentes.]

Choix de volumes collectifs

(Pour faire court dans les rubriques suivantes, des sigles ont été employés.)

EL : *L'École des Lettres*, *Verlaine*, éd. Murphy S., juin-juil. 1996.

Eur : *Verlaine*, éd. Murphy S., *Europe*, 936, avril 2007.

FV : *Forces de Verlaine*, éd. Frémy Y., *Revue des sciences humaines*, 285, 2007.

LV : *Lectures de Verlaine*, éd. Murphy S., Presses universitaires de Rennes, 2007.

PMV : *La Petite Musique de Verlaine*, SEDES-CDU, 1982.

PRV : *Les premiers recueils de Verlaine*, éd. Guyaux A., Presses de l'université de Paris-Sorbonne, 1997.

RV : *Revue Verlaine* (Charleville-Mézières).

SV : *Spiritualité verlainienne*, Colloque de Metz, éd. Dufetel J., Klincksieck, 1997.

VALL : *Verlaine à la loupe*, Colloque de Cerisy, éd. Gouvard J.-M. et Murphy S., Champion, 2000.

V1896 : *Verlaine 1896-1996*, Colloque de Dijon, éd. Bercot M., Klincksieck, 1998.

Articles et chapitres

BERNADET A., "' tre poète lyrique et vivre de son état'. Fragments d'une théorie de l'individuation chez Verlaine", *RV*, 7-8, 2002, p. 84-120.

HOVASSE J.-M., "Hugo-Verlaine", 1996 : http://groupugo.div.jussieu.fr/Groupugo/96-11-23hovasse. htm

PRATT B., "Verlaine et l'impressionnisme", *Revue d'histoire littéraire de la France*, n° 6, nov.-déc. 1990, p. 899-923. [Déconstruction perspicace d'un cliché qui nuit à la compréhension des *Romances sans paroles*.]

RICHARD J.-P., *Poésie et profondeur*, Le Seuil, 1955.

Scepi H., "Diction et figuration (remarques sur les relations de l'image et du texte dans quelques poèmes de Verlaine)", *LV*, 2007.

Wanlin N., "Le dispositif du paysage dans *Poèmes saturniens* et *Fêtes galantes*", *ibid.*

Poèmes saturniens

Bernadet A., "De la technique à l'éthique : le zigzag et le fouillis de l'eau-forte : 'Marine' et 'Effet de nuit'", *LV*, 2007.

Bivort O., "Verlaine et la rhétorique de la mélancolie", in *Sotto il segno di Saturno, malinconia, spleen e nevrosi nelle letteratura dell'Ottocento*, Schena Editore, 1994, p. 143-167.

Chaucheyras T., "Verlaine – Cros : la reprise du texte lyrique hétérogène", *RV*, 3-4, 1996, p. 89-113.

Dupas S., "Le chant des "pensers clandestins" : poétiques obliques du désir dans les *Poèmes saturniens*", *ibid.*

Stead E., "Gravures textuelles : un genre littéraire", *Romantisme*, n° 118, 2002, p. 113-132.

Fêtes galantes

Andrès P., "Verlaine et Banville, parallèlement", *VALL*, 2000, p. 291-306.

Bernadet A., "César et Cléopâtre : la véritable philosophie de la 'Lettre'", *Méthode*, 2007.

Fukuda J., "L'ironie lyrique dans les *Fêtes galantes*", *RV*, 5, 1997, p. 60-76.

Genette G., *Figures IV*, Le Seuil, 1999 ("Paysage de fantaisie", p. 171-190).

Kliebenstein G., "La hantise du sens (les formes-spectres dans 'Colloque sentimental')", *LV*, 2007.

Romances sans paroles

Dessons G., "Verlaine, poète banal", *LV*, 2007.

Frémy Y., "La cinquième *ariette oubliée*, entre mémoire et absence", *ibid.*

Hervé C., "Le temps dans les *Romances sans paroles*", *ibid.*

Hervé C., "Relecture de *Romances sans paroles*"
http://perso.wanadoo.fr/romances-sans-paroles [Consultation obligatoire !]

Hervé V., "Un livre de contradictions", *Eur*, 2007, p. 74-86.

Lécroart P., "Mythes et réalités : la musique dans les *Romances sans paroles*", *ibid.*

Sanchez J., "Analogies et désignation dans les *Ariettes oubliées*", *SV*, 1997, p. 151-169.

Whidden V., "Oiseaux dans la nuit : lecture de 'Birds in the night'", *ibid.*

Grammaire, stylistique et versification : ouvrages

AROUI J.-L., *Poétique des strophes de Verlaine : analyse métrique, typographique et comparative*, Thèse Paris-VIII, 2 vol., 1996. [Thèse décisive.]

BOBILLOT J.-P., *Recherches sur la crise d'identité du vers. 1873-1913*, Thèse Paris III, Atelier national de reproduction des thèses, 4 vol., 1991. [Analyse d'une grande originalité, notamment pour Verlaine.]

CHEVRIER A., *Le Sexe des rimes*, Les Belles Lettres, 1996. [Analyse savoureuse de l'alternance en genre des rimes.]

CUÉNOT C., *Le Style de P. Verlaine*, CDU, 2 vol., 1963. [Des éléments d'analyse intéressants mais à utiliser avec prudence ; totalement inutilisable pour la versification en particulier.]

DE CORNULIER B., *Théorie du vers. Rimbaud, Verlaine, Mallarmé*, Le Seuil, 1982. [L'ouvrage qui a renouvelé l'étude de la métrique française, voir aussi son ouvrage plus complexe, et plus brillant encore, *Art poëtique. Notions et problèmes de métrique*, Presses universitaires de Lyon, 1995.]

GOUVARD J.-M., *Critique du vers*, Champion, 2000. [Verlaine est l'un des principaux points de référence pour ce travail de grande envergure portant sur l'alexandrin (le titre du livre est assez trompeur) dans le sillage des travaux de DE Cornulier B.]

Grammaire, stylistique et versification : articles

AROUI J.-L., "Métrique des sonnets verlainiens", *RV*, 7, 2002, p. 149-268. [Enquête précieuse, typologiquement rigoureuse et comportant de très nombreux éclairages nouveaux.]

BOBILLOT J.-P., "'Et la tigresse épou pou pou…' : duplicités métrico-prosodiques dans les vers de Verlaine", *ibid.*, p. 279-287.

BUFFARD-MORET B., *La Chanson poétique au XIXe siècle*, Presses universitaires de Rennes, 2006, p. 301-319. [Permet d'avoir une idée très juste de la chanson poétique verlainienne.]

DE CORNULIER B., "La pensée rythmique de Verlaine", *Eur*, 2007, p. 87-96, "Sur la métrique de Verlaine dans les *Poèmes saturniens*", *LV*, 2007 et "Aspects de la versification de Verlaine dans les *Fêtes galantes*", in *PRV*, 2007. [Ces articles très clairs offrent d'excellentes introductions à la versification verlainienne dans les deux premiers recueils, avec des analyses nouvelles.]

DE CORNULIER B., "Pour lire Verlaine : petit essai d'analyse du 4-6", *EL*, 1996, p. 95-109.

DELENTE É., "Les descriptions démonstratives chez Verlaine", *VALL*, 2000, p. 185-200.

DÜRRENMATT J., "Le tiret et la virgule : notes sur la ponctuation poétique de Verlaine", *LV*, 2007.

GRIMAUD M., "'Art poétique' de Verlaine, ou de la rhétorique du double-jeu", *Romances Notes*, 20, 2, hiver 1979-1980, p. 195-201. [Ceci est un article très utile pour pouvoir se méfier de l'abus théorique de ce poème qui a été quasi systématique dans la critique verlainienne jusqu'à une date très récente.]

WAGNER R.L., PINCHON J., *Grammaire du français classique et moderne*, Hachette Sup, Paris, 1991.

WILMET M., *Grammaire critique du français*, Duculot, 1998.

Éditions Atlande
F - 92200 Neuilly

Achevé d'imprimer sur les presses de Tournai Graphic
à Tournai (Belgique) en décembre 2007.

Dépôt légal décembre 2007.